马毓鸿 著

故宫简史

王朝背影　国家宝藏　紫禁风云

汕头大学出版社

图书在版编目（CIP）数据

故宫简史 / 马毓鸿著 . -- 汕头：汕头大学出版社，2020.10
ISBN 978-7-5658-4114-9

Ⅰ. ①故… Ⅱ. ①马… Ⅲ. ①故宫—史料 Ⅳ. ① K928.74

中国版本图书馆 CIP 数据核字（2020）第 194106 号

故宫简史　　　　　　　　　　　　　　　　GUGONG JIANSHI

著　　者：	马毓鸿
责任编辑：	郭　炜
责任技编：	黄东生
封面设计：	高高国际
出版发行：	汕头大学出版社
	广东省汕头市大学路 243 号汕头大学校园内　邮政编码：515063
电　　话：	0754-82904613
印　　刷：	北京盛通印刷股份有限公司
开　　本：	710 mm × 1000 mm　1/16
印　　张：	23.5
字　　数：	322 千字
版　　次：	2020 年 10 月第 1 版
印　　次：	2020 年 10 月第 1 次印刷
定　　价：	99.00 元

ISBN 978-7-5658-4114-9

版权所有，翻版必究
如发现印装质量问题，请与承印厂联系退换

推荐序

紫禁城,封建王朝的最高象征;故宫,世界文化遗产重镇。

本书作者马毓鸿努力爬梳史料,以抽丝剥茧的考据功夫,从历史、地理、城市规划、建筑庭园、美学艺术、文物典藏、朝廷斗争、君臣心理等多元观点切入,脱离传统平铺直叙的窠臼,以侦探推理和创新想象手法,利用18万余言和丰富的统计数据,透过9章共计45回合的精彩叙事,重新复原紫禁城和故宫六百年来千丝万缕的互动历程,为读者打开一个引人入胜、前所未有的崭新视野。

我与马毓鸿相识于2013年底,当时我是台北历史博物馆馆长,他经友人推荐来本馆举办"神壶奇技——鸿远阁珍藏·索振海内绘鼻烟壶精选展",在二楼展出他精心收藏的冀派内画大师索振海内绘鼻烟壶遗作158件,引领观众细品内绘鼻烟壶的精丽雅致,悠游于索振海壶中舞墨的方寸世界。我问他为何会有这批收藏,他说缘起于13年前为岳父马汉宝先生挑选生日礼物,看到索振海所作老虎内画鼻烟壶后,惊为天人,从此迷上内绘这一绝活,开始搜购古董鼻烟壶,并成为国际中国鼻烟壶学会理事。

毓鸿兄是位勤奋的收藏家，凡有所藏，必悉心搜罗相关历史、艺术或文化文献，深入研究，并多方请教专家，因此能在短期内卓然有成，并自成一家之言。以鼻烟壶为例，他在北京家里庋藏近500件，大部分出于索振海之手。他结合收藏实践心得著成《盈握神奇：鸿远阁藏索振海内画鼻烟壶》和《鼻烟壶收藏入门百科》二书。前者7万余言，中英对照，以近500幅精美图片，逐一介绍自己的收藏。后者则从鼻烟壶背景开始，逐步探讨壶的辨真认伪、制作工艺的高低评价、相关资料的搜集归纳，以迄市场行情调查和预测等收藏执行步骤，成为一部关于鼻烟壶收藏的最系统、最科学的工具书。

毓鸿兄毕业于台湾大学法律系，在美国加州大学伯克利分校法学院获得博士学位，早年执业律师，之后成功转型为企业家。他年轻时曾习国画和西洋画，岳祖父马寿华也以书画著称，在世时一直是台湾美术家协会主席，其书画作品两岸故宫博物院都有收藏；2017年台北历史博物馆还曾出版马毓鸿为他写的艺术史传记《台湾传统水墨画的振兴者：马寿华》。马毓鸿本身也收藏书画，和北京故宫博物院前院长郑欣淼和副院长李文儒都有私交。他也因为喜好文物和历史的关系，一直很关心两岸故宫博物院的发展，因此，本书写作虽然是在极短时间内完成，其实是他多年积累文献、交游广阔和博闻强记所展现的璀璨成果。

毓鸿兄兴趣广泛，喜欢阅读，为人幽默，雅好各类收藏，不拘一格。他在北京的家"鸿远阁"，被友人昵称为"小故宫"。而我最喜欢的，是听他畅谈政治，从国际变化到台海局势，天南地北，无所不谈，每次一谈就是两三小时，非常过瘾。

欣闻他即将出书，与社会大众分享多年研究故宫的成果，我有机会在付梓前拜读初稿，并草就此序，深感荣幸。现在，容我试举几个书中例子，一则借以展现马毓鸿一流的说故事技巧，以及他对两岸故宫博物院的真诚关心，一则也聊尽为读者导读的责任。

在本书开宗明义第一章《北京紫禁终建成》的第一回合《明朝三座紫禁城》里，他引述了明朝权臣刘伯温的预言："南京紫禁城人是打不进来的，鸟倒是飞得进来，比如燕子就可以飞进来。"结果，后来飞进来的正是燕王朱棣，也是日后建造北京紫禁城的明成祖。接着，他就告诉我们："其实，明朝总共有三座紫禁城，开国皇帝朱元璋就打造了两座。事实上，朱元璋刚开始打造的并非南京紫禁城，而是位于家乡凤阳的紫禁城，直到1375年，朱元璋放弃营建中都的计划后，才集中力量完成南京紫禁城的建设。如果说北京紫禁城是南京紫禁城的改进版，那么凤阳紫禁城就是明朝紫禁城母版。"短短几句话，就清楚交代了三座紫禁城的来历。

在第五章《皇宫变成博物院》他是这样开头的："1925年10月10日，就在这一天，紫禁城乾清门广场前聚集了3000多位重要人物，神武门的门洞上悬挂了一个新匾额，是李石曾写的颜体大字'故宫博物院'，大家都是为了这一天的开幕典礼前来。皇室宫殿，这数百年来的禁地，从这一天起，将对外正式开放。从紫禁城到故宫，这个名称的改变，意味着从今以后，这里不再是皇宫，而成了一座博物院。千千万万的普通民众从此可以走进昔日神秘的皇家宫殿。这浓缩中国建筑艺术精华的宫殿群，这庋藏深宫里的大量历代珍贵书画瑰宝，原属于过去明清皇室的专享，从这一天开始，一一展现在广大人民群众之前。"这段话展现了中国博物馆事业发展史上的一个重要节点，与法国卢浮宫从皇家宫廷转变为公共博物馆的历史如出一辙，正可中西映照。

最后，让我们看他是如何为本书收尾的：在第九章《六百岁风华绝代》第五回合《两岸共筑故宫梦》里他这样写道："北京故宫博物院和台北故宫博物院原是同一个故宫，藏品品类极为相似，互补性强，尤其又经过数十年的积淀和发展，真正才是彼此最合适、最有力的帮手。只是不知道哪一天，台北故宫博物院的专家才能够按图索骥，把故宫珍宝放回它原来的位置，而不是在你我的梦里。大家心里都明白，那将是最美好的一天。"

马毓鸿笔带真情，畅言紫禁城六百年风华，对于紫禁城关爱者来说，将是一场不同凡响的阅读飨宴。

张誉腾博士、教授
台北历史博物馆前馆长
台湾博物馆学会前理事长

自 序

故宫本身就是一部六百年的历史，随便沾点边，就是一门学问，《故宫简史》无意专研学问，只希望在轻松引述六百年中围绕故宫的人、事、物，从不同角度去了解它的过去、现在及未来，所以，这本书的真正目的是在读者心中慢慢地播放故宫曾经发生过的精彩片段，好体会它的难得，懂得它的美，甚至感受它遭遇过的辛酸。

北京紫禁城作为明清帝宅数百年，作为故宫博物院只有九十五年的时间，但是，谈故宫历史，只谈博物馆史，有负众望，大家期待的故宫史，是能重现它六百年荣辱兴衰历程的皇皇巨著，简史难比巨著，所以，想写好《故宫简史》更是难上加难。

提笔写《故宫简史》是基于一股冲动。友人高欣从事出版业，对2020年故宫第六百年满怀憧憬，找到我是认为我没有故宫学者的包袱，可以用全新的视野去解读故宫这六百年经历的点点滴滴，用一般人更容易接受的叙事方式来写，但是写作时间给的很少，还有一个特殊要求，就是为了庆祝故宫六百年生日，全书分九章，每章分五小节，以呼应过去天子"九五至尊"，凸显紫禁城天子故居的尊贵。我也竟然不自量力地答应了。

可能冥冥之中，注定我应该完成这本书。从远的来说，岳祖父马寿华的结拜兄弟李宗侗曾是故宫博物院秘书长，李宗侗既是故宫博物院首任理事长李石曾的侄子，又是故宫博物院首任院长易培基的女婿，岳祖父与李石曾亦交往甚密，其本人于台湾也成为台北故宫博物院首届管理委员，他的书画也分别被两岸故宫收藏，其子我岳父马汉宝后来也成为台北故宫博物院的清点委员；从近的来说，我与两岸故宫院方素有交往，举如台北故宫博物院邀约观赏不时展出的院藏马寿华书画，2005年捐赠书画给北京故宫博物院及2011年故宫出版社为我的鼻烟壶收藏出版了《盈握神奇：鸿远阁藏索振海内画鼻烟壶》一书等情谊，和故宫不但有一定渊源，从院外人士了解故宫层面来看，更有亲身体验、长时间观察和情感上的亲近，写故宫，似乎变得责无旁贷。

《故宫简史》并不是简单的编年纪事，而是有选择地描述牵连故宫的重要人、事、物。从开篇《北京紫禁终建成（1420）》阐述紫禁城的肇建背景到末篇《六百岁风华绝代（2020）》基于现状展望未来的期待；其中，第二章《明朝从此当皇宫（1421—1644）》谈的是朱家大院内的酸甜苦辣，底旋律却是礼制、明朝文官和太监制度三者纠结的无奈；第三章《白山黑水新主人（1644—1911）》迎来来自满族的新主人，入关后政治制度的变迁和拥抱汉文化的态度与紫禁城内的更迭及文物的充实息息相关，后来挡不住的外侮和时势的转移决定了紫禁城日后的命运；第四章《溥仪经营小朝廷（1912—1925）》可以看到溥仪小朝廷在紫禁内廷苟延残喘，偷天换日地盗用国宝，直到最终被赶出宫廷，永无回头之路的下场；第五章《皇宫变成博物院（1925—1949）》翻开了故宫新的一页，讲述从博物院初期的筚路蓝缕，到抗战国宝分流，直到国共战争尾声部分国宝来到台湾的故事；第六章《故宫迎来新纪元（1950—1965）》讲述新中国为故宫带来整顿残破、找回文物的契机，但新建设一度也危及故宫的存在，海峡彼端休养生息后也催生了台北故宫博物院；第七章《风雨飘摇故宫挺（1966—1976）》述说"文革"期间故宫扮演着中国传统文化的最大堡垒，故宫人奋不顾身地守护着故宫，台湾的故宫书画人也适时地捍卫着中国传统书画的地位，在艰难中，故宫还充当外交尖兵屡屡出击得胜的事迹；第八章《继往开来新格局（1977—2019）》则是搜集过去数十年来故宫各方面的进步及发展，涉及两岸的交流、市场化、科技推广及公关媒体等领域的种种突破。

不难发现，书中内容终究是和明、清、民国、新中国一般以"人"和"宏大叙事语境"为主的历史有区别，故宫不仅仅是书中每个故事不可缺少的部分，更像是故事主角，和故事中的情节环环相扣，始终如一。

我在这本书的写作过程中，少不了遭遇故宫内部资料的采集瓶颈，所幸有两岸故宫友人们的及时相助，在此一并致谢，尤其是台北故宫博物院前院长冯明珠及现任常务副院长余佩瑾、书画处处长刘芳如、研究员林天人还提供宝贵意见，扩充了我思考想象的空间。写稿期间，内人马佑远处理生活繁琐，留下安静时空予我，并且充当第一位审稿读者，更是不可缺的帮手。

2020年恰逢故宫诞辰六百年，又因为全球新冠肺炎疫情变得更加不寻常，许多步调都因此被打乱，虽然如此，在许多幕后英雄的努力之下，庆祝故宫六百年的《故宫简史》还能及时于2020年出书，值此书付梓前夕，更应饮水思源，感谢曾经为它有所付出的每一个人。

马毓鸿

目 录

壹　北京紫禁终建成（1420）

明朝三座紫禁城　　　　　　　3
先移皇陵到北京　　　　　　　10
后泞其宫而潴焉　　　　　　　18
紫禁风水不过期　　　　　　　24
汉人京师头一回　　　　　　　32

贰　明朝从此当皇宫（1421—1644）

新宫雷劈遭天谴　　　　　　　45
嘉靖不走东华门　　　　　　　54
万历自困紫禁城　　　　　　　65
前朝后宫那些事　　　　　　　73
崇祯苦守朱家院　　　　　　　80

叁　白山黑水新主人（1644—1911）

清宫变身有原因	89
正大光明皇家猜	101
三希堂主狂收藏	108
战乱祸延皇家苑	123
紫禁告别天命论	130

肆　溥仪经营小朝廷（1912—1925）

国中国里似神仙	141
复辟称帝白折腾	147
国家宝贝攒着花	153
一时政变促离宫	159
小朝廷回归梦碎	165

伍　皇宫变成博物院（1925—1949）

故宫初期历险难	175
故宫院长光环沉	180
宝藏颠沛不流离	187
文化侵占行不通	194
国宝从此分两地	203

陆　故宫迎来新纪元（1950—1965）

开国收整残帝宅	211

大小宝贝找回家　　　　　　　　218
　　主席牵挂紫禁城　　　　　　　　228
　　时代考验旧皇宫　　　　　　　　233
　　故宫文物再出发　　　　　　　　238

柒　**风雨飘摇故宫挺（1966—1976）**

　　心系书画故宫人　　　　　　　　247
　　故宫茶壶小风暴　　　　　　　　253
　　皇宫旧店新开张　　　　　　　　256
　　文物外交亮高招　　　　　　　　259
　　天摇地动试宫魂　　　　　　　　262

捌　**继往开来新格局（1977—2019）**

　　库藏增减总有时　　　　　　　　269
　　文物代表争出场　　　　　　　　277
　　雍正拉近两岸情　　　　　　　　285
　　宫廷风情入镜头　　　　　　　　292
　　故宫新姿迎大众　　　　　　　　297

玖　**六百岁风华绝代（2020）**

　　百年大修迎大庆　　　　　　　　307
　　文化遗产属世界　　　　　　　　316
　　科技古法求永恒　　　　　　　　322

| 故宫学方兴未艾 | 330 |
| 两岸共筑故宫梦 | 337 |

注释   343

故宫大事记   357

壹

北京紫禁终建成

（1420）

明朝三座紫禁城

> 刘伯温说:"南京紫禁城人是打不进来的,鸟倒是飞得进来,比如燕子就可以飞进来。"

皇帝一定是要和其他人不一样,他的尊贵帝位是上天注定,所以,一诏令天下就说"奉天承运"[1]。

中国人向来以龙的传人自居,龙的图案在唐以前,并未被皇室所独占,但是到了宋朝,龙已经成为皇权的象征,皇宫器物常用龙的图案来装饰。北宋哲宗元符年间,政府第一次颁布禁令:除了皇帝之外,五爪金龙的图案禁止其他任何人使用。

皇帝不但要大家相信他当上皇帝是天命,他是天帝之子,是龙脉传承者,一切礼法、典章制度,所用器物,都围绕着这个前提做文章,甚至他住的皇宫也离不开这个命题,处处讲究。从周、秦汉一直到最后一个封建朝代清朝的近三千年中,皆是如此。

中国封建社会阶级意识形成后，建筑模仿星象的权力也被最高统治者垄断——结合天文星象将"天人合一""唯我中心"体现在都城和宫殿建筑理念之中。战国人石申所著《石氏星经》指出天空的中央是紫微、太微、天市三垣，所以，"中天三垣"的概念常被考虑在都城的建筑中——紫微垣处中心，往往被视为天帝居住的天宫和天帝之子所住宫殿的最完美标志。《周礼》中天子"明堂"在概念上指的就是在天空中央的紫微宫。秦始皇的咸阳宫也被称为"则紫微，象帝宫"，效法取象天帝的紫微宫，端居中央。

秦朝的都城设计深受天象影响，在京城营建整体上多方面模拟天象。秦都咸阳的宫殿分布于渭水南北两岸，渭水贯穿国都。波光粼粼的渭水，仿佛星光灿烂的银河，在河上架建宽广的桥梁连接两岸，恰似鹊桥衔接天界，因而在《三辅黄图》中留下了"渭水贯都，以象天汉；横桥南渡，以法牵牛"的记载。渭南的信宫也被更名为象征天极的"极庙"，在阿房宫殿前设置同是奎宿星名的"阁道"，经过正殿的大路当作天文中的"本初子午线"，将这些天象一一体现在都城之中，俨然形成以天下正中、唯我独尊主宰者身份自居的氛围。

汉高祖刘邦夺取天下之后，鉴于渭水北岸的秦朝皇宫已成废墟，便选在渭水南岸秦朝兴乐宫一带奠都，命名为"长安"。高祖七年（前200年）开始由丞相萧何主持修建长安宫殿，但萧何自作主张，在秦朝兴乐宫的基础上再扩建后并改名为长乐宫，又在秦朝章台上兴建了规模宏伟的未央宫。

高祖东征归来，见状，勃然大怒，责问萧何："天下匈匈，苦战数岁，成败未可知，是何治宫室过度也！"

萧何答曰："夫天子以四海为家，非壮丽无以重威，且无令后世有以加也。"

刘邦也觉得萧何的这番说辞颇有道理：只有把皇帝居住的宫殿建得壮丽，才能彰显其威严，而且要成为最完美的，使后人没有办法再改进、超越。现在虽然已经见不到汉朝宫殿群的全貌，但是从其十余米高及占地五万多平方米的宫殿遗迹可以想见，这些宫殿当年是何等壮丽辉煌。

秦汉时期，礼制上规定皇宫称作"禁中"，到了唐代，人们更是强调皇宫就是天帝之子所居紫微宫的属性，于是，人们开始称皇宫为"紫禁"[2]。从此以后，不再像秦汉偏重京城整体上模仿天象，皇宫不仅要壮丽宏伟，令人敬仰，还要在皇城本身尽量模仿紫微垣星象上下功夫，在建筑规范、名称、尺度及细节上体现天子紫微垣般的尊贵地位。在这方面，没有任何一个朝代做得比明朝还要认真。

其实，明朝总共有三座紫禁城。明朝开国皇帝朱元璋就打造了两座。

朱元璋出身农民，还当过和尚、乞丐，自然更迫切地希望证明他是上天赐命，理所当然应该成为一统天下的皇帝。而最容易"晒"其天命尊贵地位的方式，无异于建造符合礼制又讲求龙脉风水的紫禁城，可以无时无刻形象地巍立在皇城之上，让百姓景仰信服。

事实上，朱元璋刚开始最专心打造的紫禁城并非南京紫禁城，而是位于他和许多期盼衣锦还乡的开国功臣的家乡——临濠。临濠因位于凤凰山之南，后改名凤阳（今安徽凤阳）[3]。凤阳乃当时的中都，为了取法唐、宋、元都城，朱元璋还派专人前往三朝故都实地考察。凤阳紫禁城之营建可谓兴师动众、劳民伤财，其营建所用材质及华丽程度，远超南京紫禁城及后来的北京紫禁城，不仅"令天下名材至斯"，还遣使到尚未归入图籍的附属国"求大木"。城内木构建筑穷极侈丽，画工彩绘鲜艳夺目，石构建筑华丽奇巧，雕镂图案精美绝伦。最重要的是，其规划是遵循《周礼·考工记》中王城制度的规定，严格按照传统的对称原则及中轴线上宫阙的建筑布局。

如果说，北京紫禁城是南京紫禁城的改进版，那么凤阳紫禁城就是明朝紫禁城的母版。虽然凤阳紫禁城曾经是以吴王新宫（南京紫禁城的前身）为原型进行改进的，但最终还是凤阳紫禁城建造进度超前。所以吴王新宫在增建成南京紫禁城时，是完完全全以当时的凤阳紫禁城为蓝本。经过前两座紫

朱元璋朝服像

禁城的建造，北京紫禁城得到了许多可以借鉴的经验，从而使其成为所有紫禁城中的最佳版本。同样的营建经历，在世界中外历史上都不曾再见过。

吴王新宫及南京城的肇建，离不开一位被传颂为"诸葛亮再世"的人——刘基。刘基，即刘伯温，他是朱元璋极其倚重的开国元勋，在朱元璋还是吴王之时，他已被吩咐主持吴王新宫的堪舆营建，《大明太祖高皇帝实录》记载"上乃命刘基等卜地，定作新宫于钟山之阳"。随着朱元璋称帝及定都南京，南京城的堪舆及营建重任，还是落在了他身上。民间传说一直以为是刘伯温主持修建的北京都城，其实，北京都城及紫禁城开始修建已是他死后三十余年的事。

相传刘伯温为寻觅龙脉宝地建造南京紫禁城，堪舆南京风水，几乎踏遍南京的每一寸地，但是他对如何向朱元璋报告勘测结果伤透脑筋，原来，他发现南京的"龙头之地"竟然在钟山之南的燕雀湖，而且是五百余丈宽、深有百余尺的大湖，湖中如何建造帝王之居？

姑且不论刘伯温是否真的算出龙头是在燕雀湖中，朱元璋最终确实动用数十万民夫和士兵，日夜不停地，硬是把偌大的燕雀湖填平了，然后用了大量的石块和木桩填塞成地基，在上面建起了中国历史上唯一一座经过填湖盖成的皇宫。

现代人若观研南京城布局，再综合历史因素考虑，也将惊人地得出与刘伯温相同的结果。

南京城在明代以前一直是沿着玄武湖至聚宝山这一南北轴线发展的，北部是六朝都城旧址，南部是南唐至元代始终繁荣的原南唐故都。朱元璋攻占南京后，暂用南唐皇宫为吴王府，但是此处腹地狭窄，又接近闹市，搬迁大量居民不易，且将宫殿置于南部闹市区，也不合规制，实在不适合规划帝制规模的宫殿。若将帝宫置于六朝故都宫城旧址，朱元璋又忌"六朝国祚不永"。在玄武湖至聚宝山轴线上的任何位置建造帝宫，均无法跳脱旧城形制的束缚，也难以达到帝宫规模的要求，更何况北部六朝故址和南唐故都旧址

明南京城平面示意图

皆犯"国祚不永"的大忌，均不可取。南京城西北太接近山区又濒临长江，而明初主要军事威胁来自长江以北地区，建帝宫于此方位将不利防卫。所以，在万般无奈的情况下，位于南京城东北（玄武湖东南）的燕雀湖成为最合理的选择。

另一个关于刘伯温神机妙算的传说也替南京紫禁城的历史发展留下了伏笔。

南京城修建完成之后，朱元璋带领刘伯温、李善长、宋濂等一批文武大臣，一起查看刚修好的南京城墙。朱元璋看到城墙修得如此雄伟高大，十分高兴，兴之所至，他对着在场的文武大臣说："这城墙修得如此雄伟高大，可谓固若金汤，这天底下还有谁能打得进来？"

李善长和宋濂异口同声："皇上英明，大明基业定能永传子孙千世万代，永垂不朽。"其他臣子亦争相附和，唯有刘伯温在旁一直沉默不语。朱元璋纳闷，就问刘伯温："贤卿也参加了设计和修建南京城的工作，为何默默不语，你觉得这城墙修得如何？"

刘伯温沉思片刻后说："陛下，这南京城墙确实坚固无比，任何人都打不进来，但是……"

朱元璋和周围的人听到"但是"两个字，都竖起了耳朵，想听下去，朱元璋马上接着问："但是什么？赶紧说。"

看了一眼朱元璋，再看了一眼其他人，刘伯温说："南京紫禁城人是打不进来的，鸟倒是飞得进来，比如燕子就可以飞进来。"

大家一听，哈哈大笑，以为是玩笑话，唯独刘伯温还是没笑。他没笑是因为他话中有玄机，朱元璋和当时到场的一些人一直到死都不明白，倒是当时在场的活到朱棣打进南京那天的人，他们才明白刘伯温的话不是说着玩的——刘伯温说的燕子，就是燕王朱棣。

朱棣，也是日后建造北京紫禁城的明成祖。

先移皇陵到北京

朱棣当时没有意识到,"靖难"效应的持续发酵,会成为建造北京紫禁城和迁都的最主要原因。

迁都北京并没有因明成祖一心向往而顺风顺水。

若追根究底,成祖也并非明朝第一位有迁都北方想法的皇帝。明太祖从称帝的第一天起,就考虑北方边防的重要。他着眼北方防御和南北发展均衡的需要,想将京师设在北方关中或中原地区。定都南京时,他也曾定北宋故都汴梁(即今河南开封)为北京,但是经过两次御驾亲访,又深觉由于多年战乱,汴梁民生凋敝,再加上当地水路转运艰辛,难以建都,才打消了迁都汴梁的念头。

但是迁都北方的念头像一块大石头,后来又重新压在朱元璋的心头。

原来在启用南京紫禁城后,从湖心堆积建起来的南京紫禁城,因为地基不牢固,已经开始倾陷下沉,不但容易造成排水不易,内部淹水,而且从端门向内一路直走进来，竟是越走地势越往下倾斜。整个紫禁城呈南高北低走向，仿佛江河日下，天天诅咒着明朝国运将日渐衰落。而且北方的军事威胁始终困扰着朱元璋，直到洪武二十四年（1391年），他还特别派遣皇太子朱标去陕西进行"建都关中"的准备，不料，朱标早逝。朱元璋驾崩之后，朱标之子朱允炆继位，是为建文帝，建文帝已经没心思考虑迁都北方这件事，他整天盯着掌握军权封地的族亲藩王们的动静，尤其担心军功才略过人的叔叔燕王朱棣。

建文帝深恐藩王夺权篡位，理所当然地采纳了齐泰、黄子澄等亲信保卫皇权的"削藩"建议。朱棣自然无法忍受被褫夺兵权降为庶人的待遇。建文元年（1399年），他先发制人，起兵反抗挥师南下，以《皇明祖训》所言"朝无正臣，内有奸逆，必举兵诛讨，以清君侧"为理由，指齐秦、黄子澄为奸臣，必须诛讨，称自己的举动是"清君侧，靖国难"，史称"靖难之役"。

不过，朱棣选择性地忽略了祖训中的必须是皇帝先召唤藩王，藩王才能发兵，而且肃清奸臣后，五日内必须离京的要求。"靖难"显然是朱棣为夺取皇位而发兵的借口，不仅导致皇位归属的改变，也极大地影响了明朝此后两百年间政治、思想的走向。朱棣当时没有意识到，"靖难"效应的持续发酵，会成为建造北京紫禁城和迁都的最主要原因。

朱棣经由统治阶级的内部争斗，夺取侄儿的皇位，登基为皇帝，乃成王败寇之残酷现实。其他族亲国戚及文臣武将在"靖难"中不得不有所倾向：站错边的，轻则丢官降级，重则身家不保，株连九族。南京朝臣原为建文帝部属亲信者，无不人人自危；而朱棣身居南京如入异乡之地，若为稳固政权大肆铲除异己，又何尝不是战战兢兢。

但是事实上，朱棣对反对他的建文旧臣一点也没有手软。他诛杀齐泰、黄子澄、方孝孺，歼灭其族。因方孝孺受牵连而死者就有873人，充军等入罪者千余人，因黄子澄受牵连者也有345人。朱棣还逮捕及诛杀了众多建文旧臣，如铁铉、陈迪、侯泰、卓敬、暴昭、毛泰、刘端、黄观、茅大芳、王叔英等五十多人。他们皆视死如归，临死前还留下"忠愤激发，视刀锯鼎镬甘之若饴，百世而下，凛凛犹有生气"的血泪字句。他们的家人和亲属也无一幸免，不是被诛杀，就是被流放、充军、充妓或处以其他刑罚，在南京实际遭殃或被影响的家庭的数量实在多如繁星，难以估计。

但为了朝政能继续运行下去，朱棣不得不仰赖南京城业已成熟的文官体系，部门领导也不宜过多变动，这些幸存的建文旧臣也都得像犯了精神分裂症般的，一瞬间马上改认篡国贼为新主子。

另一桩令朱棣噩梦连连的事，就是攻进南京时宫中起火，建文帝下落不明。传说有谓其自焚而亡，有谓其借地道逃出，后遁入空门为僧，又有流亡东南亚之说。无论事实真相如何，朱棣虽然以天子之礼将"其"入殓，但不承认其建文年号，而将建文元年至四年改为洪武三十二年至三十五年，次年改为永乐元年（1403年），以此表明他不是继承朱允炆的帝位，而是从明太祖朱元璋手里继承的帝位。史学家咸信朱棣派遣郑和多次下西洋，并非宣扬国威，而是试图寻找建文帝的行踪，可见朱棣对此耿耿于怀，唯恐建文帝哪天再出现，拥戴他的旧势力随时都有可能死灰复燃。

朱棣心中最坚实、最温暖的靠山，毫无疑问是他的发迹地北平（1421年改名北京）。他11岁被封为燕王，封地在遥远且人烟稀少的北平。北平当时不过是大明的一个布政司，经过朱棣数十年的苦心经营，他和他的部属熟悉这里，也对此地有着深厚的感情。所以，永乐元年农历正月十三这一天，当朱棣和群臣共聚一堂时，一位叫李志刚的礼部尚书提议：北平是皇上"承运龙兴之地"，应该遵循太祖高皇帝另设一个都城的制度，把北平立为都城。朱棣满心欢喜，当场就答应了下来，把北平府改成顺天府，又称"行在"，即皇帝出行暂住的地方。

不久，朱棣上朝时差一点就被投诚的御史大夫景清刺杀。从此，他在南京城里经常做噩梦，久居北方的他此时很难不怀念北平故地，或许心里也已经开始做起了迁都北平的打算。

同年五月，他对大臣们提出将北平升格为国都的想法，却遭到大臣们的激烈反对。他开始对迁都这件事变得十分小心谨慎，决定以迂回秘密的方式，为迁都做系统性的缜密的准备。

这一年，北平突然搬来了许多从江浙一带过来的南方人。他们得到政府的允诺，如果迁至北平，可以得五年免缴税赋的优待条件。他们在家乡多是从事商业的较富裕的人家，很快又在北京开始做起他们在南方经营的买卖。在北平近郊也突然多了许多农民开始垦荒种地，大规模的移民活动已经悄悄地迅速展开了。

永乐四年（1406年），在南京皇宫里，不清楚是朱棣暗中授意还是群臣揣摩君意，以丘福为首的一群大臣，建议在北平兴建一座新的宫殿，朱棣非常高兴地接受了这个建议。于是，一项浩大的工程便由此拉开了序幕。

为这项工程东奔西跑做准备的都是皇帝的亲信，其中较著名的有工部尚书宋礼、吏部右侍郎师逵和户部左侍郎古朴。他们前往四川、湖广等地的深山老林监督采伐建造宫殿所需的楠木。高大珍贵的楠木多生长于原始森林之中，那里终年有蛊毒瘴疠肆虐及凶禽猛兽出没，官员、士兵和百姓冒着生命危险进山采木，很多人因此丢了性命，所以有人用"入山一千，出山五百"来形容为采木所付出的巨大代价。

这些楠木后来有些被用作紫禁城主殿太和殿的大柱子，比较遗憾的是，这些永乐年间的原版柱子，在今日的太和殿中已不见踪影，我们目前看到的大柱子，是清朝时用松木拼凑而成的。

在现今这个科技进步、运输发达的时代，想把这些巨木从原生地运至紫禁城，已经是非常艰难的工程，更不用说在六百年前，当时耗费的人力、财

明十三陵图

力可想而知[4]。根据史料，这些木料多半是依靠天然的河流和人工的运河被运送到北京，永乐时期为建造新宫殿而进行的采木工程，据说前后持续了整整十三年。

可以想象得到，建造紫禁城所需石料的开采及运输也绝对不会是一项容易实现的工程。

在今日保和殿后面的御道台阶中间，是紫禁城里最大的石雕"云龙丹陛石"。这块石头长 16.57 米，宽 3.07 米，厚 1.7 米，重约 200 吨。乾隆皇帝不喜欢石头上面原有的明朝雕刻，命人凿掉 0.38 米后重新雕刻成现有的纹饰，若加上凿掉的部分，原材料应该在 300 吨以上。以这块巨石的体量，很难想象，从开采到运入皇宫是如何办到的。

据《明史》记载，此石料采自京西房山大石窝，为将巨石翻出石坑，明政府动用了万余名民工，结果人手还是不够，兵部又紧急调拨了六千多名士兵赶往采石场。将巨石运往京城则更为艰巨，先差数万名民工修路填坑，然后用拖旱船的方法，每隔一里地挖一口井，待到隆冬严寒、滴水成冰的日子，从井里汲水泼成冰道，再以两万民工、千余骡子，用滚木的方法齐力拖拽前行，整整用了 28 天的时间，才把巨石运到京师，朝廷为此耗资 11 万两白银。

其他同样耗费无尽心力运到紫禁城的巨石，大部分都被安置在了紫禁城中轴线的御道之上。据当代专家研究结果推断，这次宫殿建设的备料过程历时近十年，可想而知，北京城在这近十年中也逐渐变成大明版图内最繁忙、最庞大的一片建筑工地。

就在朱棣继续谋划迁都北京的过程中，一件对迁都起关键作用的皇家大事发生了。永乐五年（1407 年），朱棣最亲密的人——徐皇后——过世了，她也是朱元璋亲自为燕王朱棣选择的结发妻子。该如何安葬这位皇后成了一件有关国家的家事。按礼制，皇后是要和皇帝合葬的，而皇帝陵墓理应设在当时的首都南京。但是朱棣却暗中派一位大臣带着一位风水师傅前往北京寻找建皇陵的风水宝地,找了两年,跑遍了可选之地,但并未找到可以建皇陵的"吉壤"。

后来风水大师廖均卿找到了一块风水宝地,并请朱棣亲自到现场勘察。那是一片在昌平以北 20 多里的山麓地带,属燕山山脉,东西北三面环山,群峰耸立,雄伟壮观。朱棣看了就心有所属地选了这块地,其他术士看了以后,也大肆奉承夸赞了一番。朱棣觉得很受用,马上降旨将其圈为皇陵禁区。这块当地人叫作"黄土山"的小土坡,朱棣觉得名字不雅,将其改名"天寿山"。这就是今天的明十三陵[5]所在地。

很明显,朱棣是在借修建徐皇后的陵墓释放迁都的信号。大臣们对此也都心知肚明,陆陆续续地,南京城里开始有人上疏,直截了当地反对迁都,没多久,就有河南布政使周文褒、王文振及参议陈祚被贬到农村去当普通的农民,之后就没有人再上奏提这件事,都乖乖地选择保持沉默。

永乐十四年(1416 年)十一月的一个很普通的日子,朱棣突然召集文武百官,和气地与大家讨论关于北京的敏感话题。他对北京紫禁城的兴建表现出异常开放民主的态度,而这一次没有任何臣子提出反对意见,他们不仅一致认为紫禁城应该尽快开工修建,还赞美起北京优越的地理位置,纷纷要求将明朝的首都定在北京。朱棣处心积虑经营多年的迁都愿望,在这一时刻终于成为君臣的合意。

根据史料,紫禁城是自永乐十五年,用了三年半的时间建成的。虽然人们对在如此短的时间里能否建成如此规模宏大的紫禁城还有争议,但毋庸置疑,在永乐十八年(1420 年),这座宫殿终于建成了。

后涒其宫而潴焉

无论元大明宫在明初究竟继续站立了多少年,但自朱棣肇建紫禁城那一天起,大明宫一定是彻彻底底地被拆毁,而且被深深地埋藏在紫禁城的地底下。

今天紫禁城巍然傲立在北京中心,好像理所当然的存在,那曾经是中国历代版图最大的元帝国的皇宫,怎么无影无踪地从北京地表消失了?在过去将近六百年的岁月里,这一直是深埋在紫禁城的一个秘密。

关于元大都宫殿描述的记载原本就不多,如果没有《马可·波罗游记》(*The Travels of Marco Polo*),元大都皇宫只会是一个完全不存在的宫殿,一个无法拼凑出鲜活轮廓的历史名词。

虽然马可·波罗是否曾经来过中国至今仍有异议,但他的游记却毫无争议地成为那个时代在西方最广为流传的中国传说。传说中勾勒出的元朝绝对是世界的中心,有来自世界各地的旅客和货物,有幅员辽阔的帝国疆域,有权力盖世的元世祖忽必烈,有富丽堂皇、美不胜收的皇城和不时让人惊奇的地方风情，这些足以让欧洲兴起一股中国航海热——不少航海探险家对马可·波罗的中国故事深信不疑，他们认为自己若不能亲临其境，将终身无法释怀。著名的探险家哥伦布（Cristoforo Colombo）也是为了追寻他的中国梦，才一不小心发现了新大陆。

游记内容是如此精彩，简直就像是另一本天马行空的《天方夜谭》（*Tales from the Thousand and One Nights*）。所以，在马可·波罗临终前，神父希望替他告解，让他承认一切是他虚构想象出来的，但他含泪激动地说："我愿意向上帝发誓，游记中所描述的一切全是我亲眼所见，事实的真相是，游记所描述的还远不及我亲眼所见的一半！"

马可·波罗描述不及真实一半的元大明宫，已经是"周围有一圈大理石的平台，外侧装着美丽的柱墩和栏杆。""宫顶至高，宫墙及房壁满涂金银，并绘龙、兽、鸟、骑士形象及其他数物于上。屋顶之天花板亦涂金银及绘画……大殿宽广足容六千人聚食而有余，房顶之多，可谓奇观。此宫壮丽富瞻，世人布置之良，诚无逾此者。顶上之瓦皆红黄绿蓝及其他颜色，上涂以釉，光辉灿烂。白色犹如水晶，蓝绿则如各种宝石，致使远处亦见此宫之光辉。"

他还提到皇宫的另一处宫殿："大汗为其将承袭帝位之子建一别宫，形式大小与皇帝无异。俾大汗死后内廷一切礼仪习惯可以延存。"很显然这处宫殿指的是太子住的隆福宫，它和大明宫的建筑形式一模一样，是两座同样气势非凡、美轮美奂的宫殿。

太液池（即今北海与中海）是"位于皇帝皇宫和太子宫之间的另一个人工湖。湖中养着品种繁多的鱼类。皇帝所吃的鱼，皆由此湖供给……湖中还养有天鹅及各种鸟类。有一桥横跨水面，作为皇宫和太子宫的通道"。

忽必烈最喜欢的广寒殿就在太液池中的琼华岛上，马可·波罗说琼华岛是将"世界最美之树皆聚于此"，元世祖还"命人以琉璃矿石满盖此山"，营造出"天宫仙阙""蓬莱仙岛"等天上人间般的意境。其实,广寒殿的前身是金大宁宫,是忽必烈定都燕京后暂住的行宫,也是从这里拉开了元大都规划的序幕。

1260年,踌躇满志的忽必烈第一次踏进金中都时,这里早已被成吉思汗掳掠烧杀殆尽,最后还放火执行了"焦土"政策,据说那把火整整烧了一个多月。"克隆"北宋汴京的金中都成了一个巨大的火场废墟,造成今日若要追忆中都城市景观,只能先从张择端的写生图卷《清明上河图》[6]揣摩。实际的遗迹也只剩下一座塔和一个湖泊——塔是天宁寺的宝塔,湖是莲花池,位于今日的金中都公园。那时不但有以莲花池为名的湖泊,还有莲花河,整个湖泊水系曾经是金中都最主要的供水来源。

成吉思汗那把火烧掉的不仅仅是金中都,还有之前的辽南京、唐幽州以及古蓟城。它们处于大致相同的方位,大约是现在的西城区。由于种种原因,在金都废墟重建元大都已经不是忽必烈的选项。

金皇宫已成废墟,当时无法住进皇宫的忽必烈却被金城东北方的一片湛蓝湖水深深地吸引住了。那片湖水叫作积水潭(后改名为太液池),大宁宫作为金代离宫就在湖中的琼华岛上,竟成了忽必烈最钟爱的行宫广寒殿。

两年后,忽必烈在广寒殿接受皇家玉作完成的一件超大型玉雕——"渎山大玉海"大酒瓮。同年,也是在这里,他同意了著名水利工程学家郭守敬的建议,放弃金中都原来的莲花池水系,引玉泉山高梁河水系入积水潭,为未来新都城取得更丰沛的水源。从此确定了新都将在金城东北方的琼华岛一带,最终,新都的中心点就定在积水潭的东北岸(今鼓楼的位置),有了中心点,城市中轴线[7]和城池的位置自然也就确定了。

元大都的皇宫就是以太液池的琼华岛为中心和三个宫殿共同组成的,东面是大内大明宫(元帝理政和居住之地),西部偏南是隆福宫(太子居住之地），西部偏北是兴圣宫（太后及后妃居住之地）。传统的"前朝后廷"皇宫规范配置，皇宫前为理政、后为寝居之处的格局，只因元帝喜园林宫殿混合搭配而被改变了。

又因水文、地理等环境因素的需要，皇宫位居都城偏南的方位，在汉人礼制中象征着天子地位的都城中心位置也让给了位于皇宫北方的中书省。这或许是因为忽必烈是入主中原的第一位少数民族族皇帝，又深受藏传佛教的影响，对汉族皇帝一向标榜的"天子"身份比较不在乎。

但是，忽必烈却不偏不倚地守住了中轴线。他不但守住了元大都的中轴线，向北270多公里外的元上都（今内蒙古自治区锡林郭勒盟正蓝旗境内）用的竟然是同一条中轴线。他绝未料到，他定的这条中轴线，自此以后又用了七百多年，直到现在。

照规矩，皇宫是要稳稳地坐北朝南，中轴线就是穿过皇宫中央的一条南北线。元皇宫一直是以太液池的琼华岛为中心，琼华岛又是元朝的镇山，依照往例，镇山应该是镇在中轴线上当皇宫的靠山。所以在很长一段时间里，因为没有元皇宫的确实位置，许多学者专家认为元朝的中轴线是穿过琼华岛的，而现存明紫禁城的中轴线是在它东边的另一条线，即穿过午门和太和殿中央的那条线；有另外一批学者专家则相信两者是同一条线。这个争议一直没停过。

很奇妙的是，元皇宫最有代表性而且留传有序的遗迹，竟是决定元大都位置那年雕成的"渎山大玉海"。这件大玉雕目前仍在北海团城展示，虽然它见证了元皇宫的兴起和消亡，却无法诉说这段它亲身经历的沧桑史。

不过，中国历来改朝换代素有"洿其宫而潴焉"[8]的恶习，所以明朝一崛起，这绝美的元大都宫殿难逃被"洿"（挖）、被"潴"（埋）的宿命，便是意料中的事。但奇怪的是，史料对此竟然没有记载，后世也只能凭着其中的只言片语进行抽丝剥茧地推敲。

景山

朱棣在洪武建文年间是用元太子宫隆福宫作燕王府，还曾被建文帝指责"越分"，朱棣辩称"谓臣府僭侈，过于各府，此皇考所赐，自臣之国以来二十余年，并不曾一毫增益，其所不同各王府者，盖《祖训录》营缮条云，明言燕因元之旧有，非臣敢僭越也，此奸臣之枉臣"。他这是拿隆福宫为太祖所赐当挡箭牌。

如果《马可·波罗游记》所言属实，朱棣住的可是与元朝皇帝同规格的宫殿，难怪建文帝看得眼红，怪他僭越。事实上，一直到朱棣称帝后，他才将隆福宫和兴圣宫等一起改建为西宫和西苑。

琼华岛上的广寒殿也是在万历七年才"忽自倾圮"，这是根据明朝首辅张居正的记载确实得知的。而且成祖朱棣定都北京时，还曾"命勿毁"广寒殿。可见，琼华岛顶上的广寒殿并没有在明初被毁坏，而是在明朝建立二百多年以后才因年久失修倒塌的。

这样只剩下元大内的大明宫的去向成谜。照理，大内是正朝，第一个该"洿"、该"潴"的应该是它。

民间虽有传说朱元璋命徐达、常遇春攻下元大都即毁其宫殿，而且怕留污名，不准记载的说法，但是攻城后的记载有提议迁都北平是以"元之宫室大备"，但又因建筑多不符汉制等理由作罢。又有北平官员在写于洪武五至十三年间的诗句中提到元旧宫荒废情景，但没有关于元宫废墟的描述[9]。因此可以推测洪武元年徐达攻占大都时并未破坏大内，可能一直到洪武十四年之前，大明宫还未被完全拆毁。只是到目前为止，这仍然是一段失去的历史，无人知道真相。

不过，绝不会说假话的，终究是地底下的发现。无论元大明宫在明初究竟继续站立了多少年，自朱棣肇建紫禁城那一天起，大明宫一定是彻彻底底地被拆毁，而且被深深地埋藏在紫禁城的地底下。

新中国成立后对故宫及其附近的地底因为进行修缮或考古，已经确认紫禁城是在元大内的遗址上建起来的，但整个向南移了一里（约半公里）。

地底下的发现准确地告诉我们，元代的中轴线[10]是经过大内皇宫的中央，不是琼华岛，而且明紫禁城的中轴线和元中轴线是同一条；更惊人的是，沿着中轴线向北到了元帝寝宫延春阁的位置，成了明朝的镇山，俗称煤山（清改名为景山）。其实下边完全没有煤，挖出来的全是瓦砾和土渣，应该是拆毁元宫的建筑垃圾和挖护城河起出的烂泥巴。它们重重地压在元帝寝宫之上。紫禁城南移一里刚好把镇山隔在宫墙外，朱棣心里当然知道那是礼制帝居象征紫微垣的地方，分明是要断了元朝的王气，让元祚永世不得超生。

紫禁风水不过期

清朝几乎原封不动地接管了明紫禁城,用的是地地道道的"二手货"。

风水,对信的人,是硬道理;对不信的人,则是迷信。但是对所有中国皇帝而言,绝对是宁可信其有,不可信其无。

事实上,风水也不全是迷信,风水不只积累了许多前人的智慧,还包罗了天文、地理、地质、水利、生态、防灾、艺术、美学等现代科学理念。在外国人眼中,风水可能是除了筷子之外最能代表中国的文化符号之一。所以,现在谈紫禁城,似乎不能不谈风水;而过去为了稳固皇朝基业,肇建国都宫殿,更离不开风水和龙脉。

以往建造皇宫、皇陵看风水,风水堪舆找龙脉,代代如此,历久不衰。但是能有几条龙脉?龙脉不是应该千秋万世吗?但一直到最后一个封建王朝都没能实现这个神话。

然而,就像一个上天交付的神圣使命,每一次迁都,不可避免地都是风水大师的任务高峰期，为的就是要找到龙脉，巩固龙穴，为效忠皇朝传承的天子身份买份"天子"保险单，期望保险单永不过期，能"万岁，万岁，万万岁"。

那北京城的龙脉究竟在哪里？龙穴又在皇宫的哪里？

在风水理论中，龙脉最具体形象的解释就是山和川[11]。山如龙体变化，忽高忽低，或隐或现，凸显地形地势的连贯和走向；川如龙之脉络，随龙体势，宽窄深浅有别，湍急舒缓有致；水如龙之血气，流到之处气行风生，时而凝结缭绕。毫无疑问，首都就应该建在山川龙脉中最能"藏风聚气"的位置。

在传说中，中国有一个龙脉之祖，是所有龙脉的发源地，那就是山势雄伟的昆仑山：往北生成北干龙；隔着黄河流域，横出生成中干龙；南隔长江流域，再往南生成南干龙。历朝各代都在这三支龙脉中找到了属于自家皇族的龙脉祖山和龙穴。他们在祖山建皇陵，龙穴建皇宫，而且对龙脉风水好坏与皇朝国祚长短的因果关系几乎深信不疑。

明熹宗朱由校因后金（与金同为女真族）经常侵犯边境，就听信术士之言，以为后金是原金国的后裔，努尔哈赤之所以在关外逞能，是因为金朝皇陵（位于北京西南的房山区）的"王气"再起，要想灭努尔哈赤，就得破后金的风水，断后金的龙脉。

明熹宗遂于天启二年（1622年）、天启三年两次下令大规模毁坏金帝陵。

天启二年金帝陵遭到毁灭性的破坏，明人把金太祖主陵龙脉的龙头砍掉一半，在其咽喉部位挖了一个深坑，填满了鹅卵石，以断其龙脉之"王气"，同时把金帝陵地面上的建筑全部损毁，甚至扒墓道、掘地宫，当时连金帝陵外的金代墓葬也难逃毒手。

天启三年，为了进一步震慑住金帝陵的"王气"，还在金帝陵原址上修了很多关帝庙，这些关帝庙遗址到今日仍可见到。

明朝还禁止祭拜金帝陵，也不准东北人入关祭陵。

金帝陵是海陵王建造的，当初选址时，本来定在黑龙江，可是海陵王来到京西云龙山，因有九条山脊，又称"九龙山"，当他发现那里的风水比黑龙江还好，就把祖坟迁到了九龙山。结果，风水虽好，金朝还是为元朝所灭。从金太祖完颜阿骨打到金哀宗完颜守绪，金朝统治北方120年，前后共9位皇帝。

不过蒙古人灭了金，烧了金中都，却留下金帝陵，还特意把金帝陵大修了一遍，使其成了"京西八景"之一。

明熹宗挖了金帝陵不到三年，努尔哈赤就兵败宁远而死。说不定金帝陵跟后金还真有点关系。明熹宗可能也因此以为断后金"王气"已大功告成，谁知他死后，皇太极改后金为清，带兵直接打到北京，后来李自成[12]等跟着作乱，明朝灭亡，李自成也完了，大清接管了大明江山。再后来，康熙命人修缮金太祖和金世宗的陵寝时，立碑为文："明惑形家之说，谓我朝发祥渤海，气脉相关……为厌胜之术"，大意是明朝被堪舆术士迷惑，以为大清发迹渤海，龙脉和云龙山相通，用种种方法想断大清龙脉。他下文未明说的是：对不起，您断错了。

真挖错了，清朝根本不认金帝陵是他们的祖坟，他们的祖坟在长白山的乔山龙岗脚下，是努尔哈赤把他的祖先葬于此，这祖坟就是被誉为"关外第一陵"的清永陵。

清永陵背靠祖山"启运山"，说也奇怪，启运山上有十二个山头，用风水理论定主山的"青龙""白虎""近岸"，结果这些山都距离永陵十二里，另外还有许多与永陵风水相关的数据都与十二相吻合，似乎和清朝有十二位皇帝有着某种奇妙的关联。更令人匪夷所思的是，启运山的十二个山峰，山峰高的对应的皇帝在位的时间就长，山峰低的对应的皇帝在位的时间就短，中间部位有三个山峰较高，刚好与顺治、康熙、乾隆时期之鼎盛相对应，嘉庆以后国势渐衰，到了最后一个山峰，更是隐藏难见，几乎不能称其为峰，与末代皇帝溥仪亡国之君的遭遇完全吻合。这或许是巧合，也或许是冥冥中注定，不过，确实替风水龙脉之说添加了不少神秘色彩。

即便视风水为无稽之谈的迷信，或把风水灵验解释成事后诸葛的穿凿附会，也无法否认设都北京的种种地理优势。

北干龙蜿蜒万里来到北京，在北京的西、北、东三面形成合围之势，恰好像一道屏风摆在北京城的背后，而北京城就像一把龙椅宝座，稳稳当当地摆在正中间，向南就可以俯视中原。所以，唐朝杜牧曾经说此地是"王不得不王，霸不得不霸"的地方。古人赞美北京城的地理形势，常用"东临辽碣，西依太行，北连朔漠，背扼军都，南控中原"来形容它。"辽"即辽水，为古人心目中的东极要塞；"碣"即秦始皇在渤海中所立的碣石国门；"太行"即我国作为北方东、西地区重要分界的太行山；"朔漠"即我国北方边疆的蒙古草原；"军都"则为燕山山脉中的军都山，也是北京城的天然屏障；"中原"指的是我国大片陆地中心的华北平原地区。北京在中国版图居中扼要，有险可依，有财可资，这是考虑北京为首都，从全国着眼的"大势"。

再考虑北京城和紫禁城所处的自然生态环境，在城西城北，太行、燕山龙脉交结，覆被森林，云气郁积，源自黄土高原的永定河穿行深山老林，到京西冲出山谷，在北京平原西缘伸展流淌，透过石灰岩层，形成西山诸泉，滋润众生，在风水上是能"藏风聚气"的最佳格局。

当初，精通水利的郭守敬建议引高粱河入积水潭作北京城的民生供水水系，引的就是西山诸泉的水。利用地上、地下水源解决城市用水，是城市选址的基本要求，而提供优质的地上、地下水资源为皇家服务，则是皇宫选址必需考虑的。西山诸泉的水都是永定河经过石灰岩层渗滤形成的，水质洁净，玉泉山的泉水尤其质轻味甘，水质最佳。

郭守敬的老师刘秉忠，不但懂水利也懂风水，就是看上西山的玉泉山，以它为元朝龙脉的"祖山"，王脉由此发生。玉泉山的水便是龙脉的血液，成为王脉的一部分，玉泉水有一部分在山中"山势中豁"处"喷跃而出"，成为地上泉；有一部分则继续"洑流"地下。刘秉忠就是以地下洑流的玉泉水为线索，视它为王脉的脉络延伸，来选择皇宫地址和确定"龙穴"的位置。

由地下考古资料综合判断，现在可以推定，这条水脉是由故宫西北方而来，穿过中、北海之间，由故宫西北角向东南曲折穿行，先后洑流经过慈宁宫、中和殿、文华殿与文渊阁之间，传心殿大庖井[13]，然后自东华门出故宫。大庖井应该就是刘秉忠当时堪舆选址开凿的探试井，所以明代黄谏在《京师泉品》评"郊原玉泉第一，京城文华殿东大庖井第二"，可说明两者其实一脉相通。

元大内大明殿的龙穴位置，应该就是以这条水脉和中轴线的交叉点才确定下来的。有了大明殿的位置，中轴线上的建筑物便可一一定位，而大内中轴线作为京城子午线，以此为基准，划出与之平行和垂直的经、纬网状的街衢道路，形成众多的"坊"，"坊"之内又划出一定数量的胡同和火巷，从而确定了全城的平面布局，这个布局至今仍是北京城的基本格局。

元皇宫用水和坐落中央的优选环境因素，却无法解释为何明朝紫禁城基本延续了这个格局，难道明朝朱家的龙脉和元皇族的龙脉是同一回事？

堪舆家廖均卿替明成祖选定了天寿山为皇陵地址，天寿山即成了明朝龙脉的祖山，进入北京即潜入地下，然后到了紫禁城背后的镇山，龙脉才又引领出了头。原来，永乐帝将紫禁城沿元中轴线向南移了一里，又用拆元皇宫的建筑垃圾重重地压在元帝寝宫延春阁之上。在风水上，不但灭了元朝"王气"，还顺便带出明朝龙脉，成了紫禁城的靠山"镇山"。而且明朝的帝后已经不直接取用皇宫内的玉泉水井的水当食用水，而是每日派专人运送京西玉泉山的泉水到皇宫给他们使用。不清楚这个改变是不是因为相信那井水终究是象征元朝龙脉的血液；可是他们绕个弯，舍近求远，还是不愿意放弃味美甘甜的玉泉山泉水。很有可能，历代王朝也不少便宜行事，有选择性地遵守了符合风水的规矩。最典型的例子，就是清朝几乎原封不动地接管了明紫禁城，用的是地地道道的"二手货"。而清的龙脉、龙穴，无论如何不可能和明完全相同。

现在也只能用结果推测真实原因。

历史的结果是：闯王李自成杀进北京城，崇祯皇帝自缢煤山，明朝灭亡。李自成在紫禁城当了四十多天的皇帝，就被吴三桂打跑了。清朝入关，以明朝继承者自居，继续使用紫禁城，摄政王多尔衮还宣布，明朝官员一切照旧，照常任用，借此笼络汉族官员的心。而且他一再强调，入关是为了替苦命的崇祯皇帝报仇，消灭以李自成为首的暴乱分子，清朝为此还厚葬了崇祯皇帝，由清顺治皇帝亲自主持祭拜。

推测其这么做的真实原因，不难想象：当时满族刚入关，以少数民族统治全中国，政基不稳，财政又窘困，肯定希望极力安抚汉族官员百姓，所以很自然地选择了放弃为修建宫殿而大肆征民敛财；而且当时的京师，经过元、明两代的发展，已经十分繁华，皇宫位于京师中心，若为了重新选地建造皇宫，移动都城，作大范围的搬迁，亦将十分困难。

所以，虽然清朝继承的是已被李自成破坏过后的残缺不全的紫禁城，但清统治者也只是做了一个动作，就是把太庙里的明朝留下来的祖宗牌位给换了。

至于明、清的"龙穴"，就无法太过计较了。康熙复建太和殿时，的确是在明奉天殿的原址上盖的。今日眼尖的游客可能会发现，那承载太和殿的大理石台座和太和殿好像尺寸对不上——是的，清朝后盖的太和殿确实小了一号。但是，奉天殿内顶藻井中心盘龙嘴里咬着全天下唯一的轩辕镜，据说

乾清宫、交泰殿和坤宁宫的侧面

此镜有"照妖镜"的功能,如果有不是天子真身坐上殿中的金銮椅,镜子立马自动脱落,掉下来砸死椅中之人。传说虽不尽然全是捏造的,但由其独特性很容易推断出此处的不寻常,很可能就是明代皇家认定的"龙穴"所在。

不过,这个推断早在明朝嘉靖皇帝在位时就已经受到了挑战。嘉靖笃信道教,整天研究"怪力乱神",自信是懂行人,他以后廷只有十四座宫殿,对应紫微垣的十五颗星还少一座宫殿为由,在皇帝寝宫乾清宫和皇后寝宫坤宁宫之间加建一座殿,取《周易》"天地交泰"之义,名交泰殿,象征帝后关系和谐。而乾坤交泰即阴阳交合,本就是"龙穴"的最主要功能。所以此殿虽小,却和奉天殿一样,在藻井盘龙嘴中也含着轩辕镜,足以佐证这里是嘉靖心目中的"龙穴"。

有意思的是,清乾隆皇帝心里明白每个朝代都有定数,不可能真的千秋万世,而《周易》有"天数二十有五"的说法,他不敢过分奢望,只希望清朝像周朝一样能传二十五代，所以他特意刻了二十五方宝玺来代表国家政权，并且把这批印章安放在交泰殿。这意味着乾隆也认定此处即"龙穴"，希望用"龙穴"之气为印章加持，好让愿望成真。

这是否暗示着明紫禁城被清接管之后，"龙穴"同时也被接管了？

紫禁城的风水真的不过期。

汉人京师头一回

> 紫禁城的"种种中国元素",笼统概括,还不止于《周礼》、《易经》、五行、四象、三垣、阴阳、风水等理论和彼此相互影响演绎出的皇家建筑规范……

很容易被忽略,明成祖朱棣定都北京,其实是汉人帝国有史以来的第一次,这不但决定了紫禁城的建筑风格,甚至持续影响着北京的核心地貌,直到今天,六百年间历久不衰。

曾经,"丢燕云则必祸中原",燕云经过契丹、女真、蒙古族的统治,中原果真难过了四百多年,不但战祸不断、生灵涂炭,汉人统治政权的宫殿常被洗劫一空、破坏殆尽,意外的衍生物却是辽南京、金中都、元大都的那些融合了汉族文化色彩的宫殿建筑,用的装饰品也少不了洗劫回来的汉宫战利品。

据说,契丹作为游牧民族,习惯帐幕,不喜居住宫殿,所以干脆将前朝官府修搭扩建,充当辽南京行宫;金人更愿接受汉化,特别"克隆"汴京建中都，苑林用的还是宋徽宗辛苦征集的"艮岳"奇石；元世祖好大喜功，虽参考了汉人规范，建造了举世闻名、气势恢宏的元大都宫殿群，但也难免神来一笔，掺杂草原情趣，搞个苑林皇宫混搭。

这些宫殿走的虽然都是"汉风"，却总是摆脱不了"胡汉混搭风"的问题。

朱棣的北京紫禁城不但走的是"汉风"，而且是在综合了凤阳紫禁城和南京紫禁城的实践经验增益改良的紫禁城3.0版。终究是汉人最熟悉自己的礼制规范，沉淀几千年的"种种中国元素"，在封建王朝的最后一座皇宫上发挥得淋漓尽致，若检验落实程度，给它第一名，绝对当之无愧。

紫禁城的"种种中国元素"，笼统概括，还不止于《周礼》、《易经》、五行、四象、三垣、阴阳、风水等理论和彼此相互影响演绎出的皇家建筑规范，个别情况还得尊重皇帝御讳及喜好，更少不了宗教、风俗、迷信的传统认知，这座皇家大院注定有丰富多彩的文化内涵，更蕴藏着一股不可言喻的神秘力量。

在所有中国元素中，最厉害的就是所谓的"礼制"，它隐身在皇家建筑规范里，几乎存在于北京紫禁城设计建造的所有细节中，务求表现出阶级有别、各守其分，而且处处都在提醒人们一件事——天子在上，不得僭越。

北京城过去就像三层包装的"中国盒子"——大盒子套着小盒子以及更小的盒子。大盒子是京城，小盒子是皇城，更小的盒子是紫禁城，层层递进，层层揭秘。生活在小盒子外的老百姓，无法想象小盒子里能有多富丽堂皇，也不能靠近一步，平添无限想象空间，让人对住在里面的天子产生莫名的敬畏，这也是"中国盒子"最重要的功能之一。

据说，清朝时曾经有外国使节拒绝向中国皇帝行跪拜礼，因为在西方只有上帝才配享有如此大礼。于是礼部官员安排他从正阳门步行进城——这明显是一个别有用心的接待，是打算让气势恢宏的东方建筑群落震慑这位来自

故宫三大殿，从左至右依次为太和殿、中和殿、保和殿

西方的客人，让他战战兢兢地走进去。

  他走过大清门、千步廊、御道，仰望天安门金色重檐、朱红城墙和玉白阶梯栏杆，深远的蓝天为背景，仿佛置身梦境，令人如醉如痴。他慢步经过端门到午门，层层围围，似乎处处暗藏着东方王朝的神秘力量。午门过后，突见豁然开阔的太和门广场，节奏顿时舒缓，内金水河从旁蜿蜒流过，整个画面宁静深远，宛如进入天国一般。

  穿过太和门更如登天界，太和殿站在玉白高台上，耸立偌大广场中，是紫禁城建筑乐章的最高潮，到目前为止，它仍然是世界最大木结构建筑，在这世界之最的大殿里，布置却相当简单，七十二根大柱中，六根被贴上黄金，柱上有象征皇权的巨龙，龙柱团簇围绕着宝座，殿中央只有一个基台，在基台的烘托之下，皇帝的宝座是唯一的主角。目光所及之处，皇权的威严辐射到每一个角落。

在太和殿上，外国使节身不由己地跪倒下来。

他完全被皇城的气势给震慑住了，当然他无法理解为何前朝三殿区域一棵树也没有，整个大殿没有任何日常生活机能，除了用来仰慕崇拜天子，无时无刻不凸显他位处中心的不可撼动的地位，还有目力所及的地方几乎都讲求对称——两侧的建筑完全对称，三大殿中心也完全在同一条直线上。三大殿是皇帝理政的机关所在，也是接见外国使节的地方。

他看不见的是，过了乾清门，是皇室生活区，宫室的气势都不如三大殿，而乾清、坤宁两宫继续站在那一条线上，因为它们是皇帝、皇后的寝宫，嘉靖加建的交泰殿就在两寝宫之间，东西六宫嫔妃居所则两边对称的簇拥着三宫，建筑形制比后三宫低很多，体现了居住在这里的嫔妃的从属地位。

过端门时，若稍加注意，他可以发现端门右侧是太庙，左侧是社稷庙。

靠北墙外的景山，像是紫禁城的背景山，让景观生动起来，更是风水讲求枕山襟水的靠山。它同时也维护住了皇家禁地的宁静安谧，遮挡住景山另一边的喧闹嘈杂。因为按都城规划，那是从元代就已经发展起来的繁华商业区，这个商业区还得天独厚地邻近后海"舳舻蔽水"的重要码头。

他绝对无法想象，这些他见得到、见不到和看不懂的规划，都是依照中国最早的京城都市规划蓝本《周礼·考工记》所定的"古国都如井田法，画为九区。面朝背市、左祖右社，中一区君（皇帝）之宫室，宫室前一区为外朝，朝会藏库之属，皆在焉，后一区为市"（《天府广记》"后市"条）打造出来的。

而这个蓝本体现的就是中国礼制。把坛、庙、朝、市和皇宫紧密结合在一起，紫禁城前三殿、后三宫、东西六宫也构成一个非常完整的建筑体系。这种布局的主导思想就是要强调君权、族权、神权、夫权全部集中统一于皇帝一人身上，皇帝实际成为封建权威的最高代表。

自古以来，皇帝还一直希望子民们相信皇命天定，而且天意不可违。

"象天立宫"即成为皇帝是"天之子"的最形象的依据。古代天文将天体恒星分为太微、紫微、天市三垣，即对应前朝三大殿居太微垣之位，是天帝布政之所，三大殿即对应太微的明堂三星；天子寝宫乾清宫居中，对应天帝帝居，后寝两宫（加后建的交泰殿）东西六宫共十五宫，正如紫微垣有十五颗星；三垣中的天市垣是天帝聚众贸易之所，明清皇城北门地安门外即繁荣市集，对应的就是天市垣。

但是，只因为皇宫的布局合乎礼、顺天命，百姓就应该拥戴遵从他，显然比不上孔子的理想高明。孔子提出"为政以德，譬如北辰，居其所而众星拱之"，提倡的不是天子居所实际在中心位置，而是以道德教化来治理政事，就会像北极星（紫微中的极星）那样，自己居于一定的方位，而群星都会环绕在他的周围。但是历史证明，对天子而言，皇宫布局"合乎礼""象天文"，显然比施行德政容易得多。

民间盛传玉皇大帝的紫微宫有一万间房，而人间的紫禁城宫室有九千九百九十九间半的说法，是"象天立宫"最广为人知的传说。其实，在紫禁城建成后的岁月里，这个数目一直在变化中。根据1973年故宫专家的调查，紫禁城的宫室是八千七百零四间。

故宫博物院前院长晋宏逵曾经说过："紫禁城的总体部署就是这样，用若干条纵深的轴线来安排这么多的建筑，那么这些建筑都是用院落的形式展开的。每个院落当中都有成组的建筑，每栋建筑相互之间都有主有从，有正有配，它就是这样用建筑的手段来表达封建社会、封建礼制所表达的那种等级和秩序。"

八九千间宫室都有自己的地位、自己遵循的建筑规范，不会杂乱无章，靠的是中国历代祖先积累的智慧，比如古老的中国智慧——五行[14]。

紫禁城为何不是灰墙绿瓦，而是红墙黄瓦？因为五行对应——红属火，黄属土；火主光大，土居中央；红黄并用，可以彰显帝居的至尊至大，昭示紫禁城"天下中心"的神圣地位。

但仔细瞧，也并非所有宫殿都是红墙黄瓦。南三所用的就是青瓦。青从木，主生，从春，用青瓦是因南三所为皇子居所，而青瓦象征青少年成长、持续蓬勃向上的态势。同理，文华殿明初原为太子宫，用青瓦，后作皇帝便殿，就换黄瓦。文渊阁藏书畏火，所以也不用红墙黄瓦，因红为火，所以用青（灰色）墙不用红墙，用黑瓦不用黄瓦，因黑为水，水胜火，是以五行理论为根据体现在建筑色彩上的一种平安祈求。

紫禁城内如此多的宫殿，有时会因行政功能区分而有文、武在其名称中，细心的人很快就可以发现一个规律，那就是和文有关的都在东侧，和武有关的都在西侧。五行对应五方、四时及行政内容的联系在《周礼》就有体现，其以宗伯主教化，为春官，从木，从东；以司寇主刑名，为秋官，从金，从西；所以紫禁城内凡是和文化、文治有关的宫殿设施，在东侧，如文华殿、文渊阁；而凡是和兵刑、武备有关的宫殿设施，在西侧，如武英殿、武成阁、军机处。

这五行和五方理论体现在紫禁城整个格局上就更为明显，综观前朝后廷的大格局，前朝位南，从火，主光大，故为施政场所；后廷位北，从水，主藏，故为寝居之所。

《易经》自古被誉为诸经之首，是中华传统文化的总纲领，阐述天地间万象变化的古老经典，和紫禁城的种种建筑规范有更深的渊源。《易经·系辞上》："是故《易》有太极，是生两仪，两仪生四象，四象生八卦，八卦定吉凶，吉凶生大业。"这套老祖宗总结出的万物生成之道即指太极为天地混元之始，由太极生天地，天地运行而有四时，四时运行演变出雷、风、火、山、泽，然后万物生成。阴阳两仪为天地，少阳、太阳、少阴、太阴四象为四时，而四象则演出八卦。紫禁城也在不少建筑细节不着痕迹地提醒着我们两仪、四象、八卦的中国悠久传统智慧。

紫禁城建筑分布的对称齐整、错落有致、强弱得当，即阴阳和协理论的具体实践。从中路两侧东、西各六宫的两两对称、中路前三殿和后寝宫的阳阴有别，高低起伏，都是讲求和谐完整统一的审美观感。再如御花园中绛雪轩与养性斋，平面构图一凸一凹，立体形象一低一高，恰好体现阴阳配合之理；堆秀山与延晖阁，一石质，一木构，正是刚柔相济，于统一中体现变化。从建筑群体及个体之外形布局中暗寓阴阳之道。

较明显的则是与四象对应的神武门和午门。四象象征与对应方位即自古沿袭的东青龙，西白虎，南朱雀，北玄武（黑龟）。午门位于南，又称五凤楼，即与朱雀同；神武门位于北，原名玄武门，康熙时为避玄烨御讳，才改名神武门，二者实同。东、西华门一东一西，其义自明；四方有四象门阙守护，紫禁城四平八稳端坐正中，即居五行所谓之"中"位，中位乃大，顺天合礼。

紫禁城甚至有一个地方直接将四象提升至神灵祀拜的位置，御花园钦安殿旁的四神祠供奉的就是代表四方的青龙、朱雀、白虎、玄武。自明嘉靖皇帝开始，历代皇室就以道教形式向四方神灵祀拜，祈求保佑天下四季平安。它的八方亭估计就是受道教八卦的启发而设计的，不过，八卦在更早以前就已经发展成一门了不起的学问，而且紫禁城也把它派上了用场。

易经传世版本《周易》的首卦为乾卦，乾者象征天，因此成为代表帝王的卦象。乾卦中最好的爻则是"九五"爻；乾卦由六条阳爻组成，由下向上，第六爻为极阳、极盛，但盛极必衰，乃"亢龙有悔"，而"九五"为"飞龙在天"，"九"代表阳爻，"五"为第五爻，是为帝王爻象。除此之外，数字有阳（奇）数、阴（偶）数，阳数以九为最高，五又居正中，因而称帝王为"九五至尊"。

因此，明成祖初建奉天殿（今太和殿），间数是横九纵五。紫禁城内很多地方也用"九"，宫殿门钉也以九为一行，横竖各九行。不仅如此，凡最大最庄严的建筑也用九，天坛圆丘坛石砌，即按九个方向分别砌成一至九块

壹 北京紫禁终建成 | 39

太和殿屋檐上的十个脊兽

故宫简史

壹 北京紫禁终建成 | 41

从景山看故宫全景

汉白玉石。

于是封建统治者连这个数字也垄断了。

对于太和殿而言，却连九这个最大的数字都不足以表达它的尊贵，因此在它的屋脊出现了十个走兽，多出来的这一个叫"行什"，在中国古建筑中也仅此一例。

太和殿不但有行什，用的也是最高规格的重檐庑殿式屋顶，其实有些屋檐形式也成为皇家专用。但不论天安门的重檐歇山顶、中和殿的攒尖顶，或亭榭卷棚顶，或廊房硬山顶，从都城中央制高点的景山向南望去，这些屋顶琉璃瓦在阳光下金光粼粼，有高有低，起伏有致，有如金波碧浪，蔚然成为一片宫殿之海。

这片宫殿之海，明永乐始建，注入了许多传统中国元素，大至皇城整体格局，小至宫门门钉数目，都有细节要求，都有深厚文化底蕴。从1420年建成的那天起，紫禁城宫殿的基本格局就已经确定下来，在它六百岁的生命中，变动不曾大过，始终守护着这块北京核心的地貌，稳稳当当地成为"最中国"的一片土地。

贰

明朝从此当皇宫

(1421—1644)

贰 明朝从此当皇宫

新宫雷劈遭天谴

三大殿在明嘉靖三十六年（1557年）和万历二十五年（1597年）又遭雷击烧毁殆尽，每次都像天子遭老天爷诅咒一般，须要经过伤筋动骨、痛彻心扉的重建过程……

紫禁城这座皇家大院只住过两户人家，一户姓朱，一户姓爱新觉罗。和其他家庭一样，家道总有盛衰起伏，这个大院里发生的大小事情，影响的往往不只是家道，常常也牵动着国家命运和百姓福祉。紫禁城仿佛置身其中的当事人，也尝尽了酸甜苦辣。

大院的第一位主人朱棣，对他主人身份的来历一直耿耿于怀。

据说他篡夺了侄儿建文帝的皇位后终日心神不宁。有一次，他梦见一位神仙告诉他：要想永保皇位，就要建一座"九梁十八柱七十二条脊"的建筑镇住皇宫。朱棣连忙问要如何建？神仙却笑而不语，他一急就醒了。他醒后就命工部赶紧建造"九梁十八柱七十二条脊"的楼子镇在紫禁城的四个角

故宫角楼

上,好保佑他的皇帝宝座不仅能坐得四平八稳,而且能千秋万代传下去。

但是谁都没见过,更不用说建造结构这么复杂又造型精美的角楼。众多工匠肠枯思竭,仍不知如何着手。正当大伙儿发愁的时候,一位木匠师傅见到一位卖蝈蝈的老人正挑着很多蝈蝈笼子沿街叫卖,就买了一个蝈蝈笼子来解闷。没想到,他仔细一瞧,这重重叠叠设计精巧的蝈蝈笼子,不多也不少，刚好是"九梁十八柱七十二条脊"。紫禁城的角楼，听说就是这样设计出来的。而那位老人，民间传说是"建筑鼻祖"鲁班显灵。

不知对这座紫禁城投注了多少心血，更重要的是，朱棣终于可以回到他的龙兴之地。他期盼启用这座皇家大院的心情，自然比任何人都殷切。可以想象，当这座经过十多年的筹备且投入大量人力、物力、财力修建而成的大院终于在1420年完工时，他有多兴奋雀跃，多迫不及待地想搬进去。

1421年，紫禁城刚建成之后没多久，百姓迎来了充满喜庆气氛的春节，朱棣也在新落成的大殿里举行了规模盛大的朝贺仪式。他登上宏伟壮丽的奉天殿，接受大臣的膜拜，朱棣和大臣们都因这座气势恢宏的宫殿而振奋与鼓舞。朱棣还为建造紫禁城终年在北京服役的工匠民夫和军人们减赋免役，他甚至颁布诏书大赦天下，许多大牢中的犯人也因此改变了命运。

朱棣也想知道他住进紫禁城后接下来的命运，就招来一名叫胡瀹的筮者，让他推算一下自己未来的运势。胡瀹竟然毫不掩饰地说："明年（按农历）四月初八午时宫殿会发生火灾。"朱棣听完勃然大怒，命人将胡瀹关进大牢，并表示到时候若没着火就要了胡瀹的命。但谁都没有把这个人的话当作一回事，大家继续沉浸在新宫殿建成后的喜悦之中。

到了那一天正午时分，胡瀹从狱卒那里知道尚无火灾发生，他承受不了压力，便服毒自杀了。但是过了四十五分钟即正午三刻，天色骤变，电闪雷鸣，奉天殿突然起火，随即三大殿迅速化为灰烬。其实，《明史》并无关于胡瀹的记载，但诸多考证显示历史上真有其人，至于他是否真的曾经神机妙算地推算出三殿大火，到如今仍是一个无法考证的谜团。

紫禁城最亮丽的三个大殿只存在了几个月就被大火烧光，这对朱棣来说，真是一个致命的打击。他痛苦，不只是因为宫殿被毁，而是怀疑自己是否是因为篡位而遭天谴。

为此他做了一件事——下罪己诏。他自责："奉天等三殿灾，朕心惶惧，

（明）朱瞻基《三羊开泰》

莫知所措。"他要求群臣坦诚地告诉他，如果他有做错的地方，他好及时改正，以回应天意。没想到因此引发官员们的强烈反应——有些人借此机会指责他好大喜功，指控他迁都北京根本是一个错误决策。朱棣恼羞成怒，让大臣们跪在午门前相互辩论，还处死了一位指责他的大臣。

没多久，为了消弭北方边患，他又发动了第六次北征蒙古的军事行动，并亲赴沙场。但他的身体状况已大不如前，戎马一生的他居然从马上摔下来，最后死在了北征蒙古的途中。

他的儿子朱高炽继位，是为仁宗。这个院子的第二个主人也认为迁都北京是一个错误。还好他在位时间很短，不到一年，还来不及迁回南京，就归天了。

当时朱高炽的儿子朱瞻基正在南京勘察，作迁都回南京的准备工作。一接到通知，他兼程赶回北京登上皇位，是为宣宗。幸亏他衡量了整个局势——北方强敌压境，若定都南京，北境无京都压阵，边防军力将相对薄弱，华北平原洞开，难免有类似靖康之耻的隐患，所以，他改变父亲迁都的决定，继续定都北京，让紫禁城继续担当朱家大院的重任。这一改，在明朝接下来的二百多年里，北京紫禁城的皇家地位就没有再动过。但是，毁于天火的三大殿却一直没有重建，在火灾发生后的二十年里，曾经如梦如幻的紫禁城中心地带只是一片焦黑的废墟。

转眼间，到了正统元年，也就是1436年，朱瞻基的儿子英宗朱祁镇继位，这个只有七岁的小孩十分崇拜他的曾祖父朱棣，所以他一登上皇位就做了一件他的父亲和祖父都没有做成的事情——重修紫禁城。

朱祁镇命太监阮安、少保工部尚书吴中等率领军夫数万人修建九门城楼。五年后，他又正式下诏重修三大殿和乾清、坤宁二宫。在下诏之日工程就已正式启动。过了一年半，拖延多年的重建工程终于完成，紫禁城又完好如初，一道圣旨又诏告了天下。

但三大殿在明嘉靖三十六年（1557年）和万历二十五年（1597年）又遭雷击烧毁殆尽，每次都像天子遭老天爷诅咒一般，须要经过伤筋动骨、痛彻心扉的重建过程，因为每次重建动用的劳力和财力，都像经过一场全国性的灾难一样，罄竹难书。

嘉靖年间那场火过后，光清理火灾现场，就发动了至少三万军民服役。幸好当时有位名叫郑晓时的官员参与指挥，他动了脑筋，采废物利用"修省"的方式——烧焦的汉白玉留作石灰；烧黑的大木头，外皮烧焦部分烤火用，内芯用来修小宫殿；午门外挖土备用，再用火后渣土填回……节省的物料不计，从而避免了须动用五千辆民夫车来运火场废料的扰民举动。

真正的麻烦是，距离上次重建三殿已经过了一百多年，没有人知道如何把三大殿重新盖回去。后来有一个叫徐杲的木匠想出了"意料量比"的方法——根据大殿构造的基本原理，再比对火灾后的遗料——才总算恢复了原图纸。

接下来的另一个大问题是重建用的殿材不够用。明代殿材所用的巨木，长要六七丈以上，干围要一丈六七尺，原先采伐这些巨木就极为不易，加上连年征调使用，这时已经凑不足一殿所需。嘉靖也只能面对现实，决定缩小大殿的尺寸，但是，若要连带缩小三个汉白玉的基座，重修的工程就变得更为浩大，所以他最后决定原有基座不动，只缩小大殿。这应该也是今日太和殿有个过大尺寸的基座的历史原因。

明、清木结构建筑的用材可分为十一等，但目前已经找不到一等材的实例。永乐初年建奉天殿时用的是一等材，嘉靖时改用二、三等材，现存太和殿的用料为七等材，倒是紫禁城四隅的角楼保留了原先旧置，为四、五等材，太和殿现有的七等材，可能是在清康熙重建时再减级的结果。

嘉靖这次重建不只改了大殿尺寸，还借题发挥，顺便把三大殿的名称也改了。

南京紫禁城三大殿原名奉天、华盖、谨身，乃明太祖朱元璋钦定。朱元璋为明朝的开国皇帝，自然最在意皇权天授的正当性，所以将自己的正殿命名为"奉天"，皇太子正殿为"承运"殿，用以彰显其创建大明王朝实乃"奉天承运"。明成祖朱棣在北京肇建紫禁城时完全袭用了南京宫殿旧制，连殿名也维持不变。

而嘉靖却费尽心思地把开国始祖所取的殿名改掉，将三大殿的名称改成皇极、中极和建极。除了众人明白是取自《尚书·洪范》"皇建其有极"，昭示皇帝乃代天立言，为民立极，天下臣民自然要唯命是从外，这改名的动机似乎和他的皇位的取得有很深的关系——嘉靖的前任正德皇帝朱厚照没有儿子，也没有兄弟，只能传给他这个堂弟，不再是"奉天承运"，所以他自然更喜欢"皇建其有极"的"皇极殿"，而将"奉天殿"给潜规则下去。

殿名改了，却没能改变三殿总是遭雷击的命运。第三次大殿火灾发生在万历年间，也是雷击引起的，也是一发不可收拾，三大殿的殿、阁、门、廊全部被烧光。一组组木结构建筑，再加上大部分宫殿是那时地表面最高大的建筑，而且每组院落建筑都是接连不断，所以一着火往往就是一整片，简直就是人造的超大型"引雷神火器"。在当时欠缺避雷针的科学知识的情况下，人们无法理解这一现象，只以为这是上天再一次为难朱家。

又是一次劳民伤财、耗费时日的重建，但是这次有些不同，明朝已非昨日之明朝，经不起再一次奢侈的折腾，即便是为了紫禁城里最重要的三大殿。重建准备工作一开始就不顺利，比如重建三大殿最需要的大木料，在采木环节就困难重重，官员赴川贵采办，处处吃紧，还好在天津海边的苇洼中发现了昔日由海运漂流淹没的一千多根大楠木，其中合围周长能做柱梁的就有157根，算是一次意外收获。

但是万历假借重建大殿的名义蓄意敛财，对民间强征重赋，行之已有二十多年，到明熹宗朱由校继位前，三殿还未见影子。直到天启五年（1625年）皇极殿门才建成，天启六年皇极殿建成，天启七年中极、建极二殿最终建成。这次重建前后总共花了三十年，花费九百多万两白银。老天并不是故意和朱家作对，而是明朝有太多纠结在一起的家国问题，紫禁城三大殿的重建，一时之间竟成了代罪羔羊，成为人们怨怼的对象。

紫禁城初建，朱棣倾注举国之力才得以完成，乃至三大殿三次遭雷击失火，每次重建都是再次横征暴敛的借口。明代宦官、外戚、权奸擅权专政为历代之最，利用营建皇宫进行层层剥削，甚至从永乐年间就已开始。皇宫施工成本往往价高于市，再加上负责营建的最高主持单位是皇帝直辖的内官监，其太监和掌政治实权的司礼监、东厂三位一体，紧密勾结，这些大大小小的太监掌握了宫殿营建的管理权，连验纳建筑材料都要勒索贿赂，贪污掠夺的情况变得越来越严重。

正德朝时，重建太素殿、乾清宫才花了二十万两白银；但到了嘉靖朝，仅油漆大高玄殿就花掉三十万两白银，这并非记载错误，而是因为钱没有全花在工程上，应该多半被监管者中饱私囊了。从《万历野获编》记载当时皇宫营建情况可推想明代营建贪腐之严重程度：

> 天家（皇家）营建比民间加数百倍。曾闻乾清宫窗隔一扇稍损欲修，估价至五千金，而内珰（太监）犹未满志也。盖内府之侵削、部吏扣除与夫匠头之破冒（虚报冒领），及至实充经费，所余亦无多矣。

更不得人心的是，营建工程都是在全国各地灾荒不断的情况下进行的。正统五年第一次重建三大殿，开春起兴建，到了四五月，各地蝗灾、水灾等接连不断。明中叶嘉靖时全国各地灾荒接连不断，统治者也还照样横征暴敛，用以维持宫殿营建。当时有工场二三十处，营建开销每年高达二三百万两白银。即使监察御史张汉卿苦谏直言"今东南洊饥，民至骨肉相食，而搜刮之令频行"，也不见营建有消停的迹象。以明代中叶年税收约二百万两至四百万两来衡量，紫禁城皇宫的营建修缮一直是在政府收支亏空的情况下，用向各地搜刮来的钱进行的。以致当北方俺答部落侵犯北京时，由于国库空虚，政府还得再增加对老百姓财税的征收。即便在这样的情况下，嘉靖皇帝却还要修建一批道观，这个皇帝妄想靠道教的力量保护"国泰民安"。这种情况从他做皇帝起一直延续了四十多年。凡是向他进谏的御史，不是被贬官，就是被廷杖后刑以诏狱。

他之所以如此，可能和他意外成了紫禁城的主人有很大的关系。

嘉靖不走东华门

紫禁城作为最重要的礼仪上演场所，它的建筑也处处显示了规范礼仪的作用。

朱厚熜准备继承皇位，一路疾行到北京，到了宣武门外，忽然不走了。

马上就要登上皇帝宝座，还有什么需要犹豫的？原来，礼部安排的继位礼仪是要朱厚熜由东华门进入紫禁城，而不是由午门。

只有非常细心的人才会注意到，东华门的门钉只有八行，而其他三座门——午门、西华门、神武门——的门钉却有九行。这一细微的差别，在将近五百年前，曾经引发了一场撼动朝野的政治风波。

正德十六年（1521年）三月，明武宗朱厚照驾崩，他既没有儿子，也没有兄弟，所以，皇太后决定由他的堂弟湖北藩王朱厚熜继承皇位。而礼部安排他由东华门进入紫禁城，先到文华殿追认武宗的父皇为父，获得皇太子的身份，然后再继承皇位。

午门上的门钉

东华门的门钉少了一行，在等级上低于午门、玄武门，也低于西华门。这道门因为接近作为太子宫的文华殿，是太子出入紫禁城的当然通道。皇帝本人，几乎从来不走东华门。

强硬的朱厚熜甘冒失去皇位的风险，断然拒绝礼部的要求，坚持自己是来当皇帝的，怎能以皇太子的身份进宫，而固守礼仪的大臣也敢于和即将继位的皇帝抗争。双方僵持不下，后来皇太后考虑皇位不能久虚，妥协了。朱厚熜如其愿由大明门正中御道经午门进宫继位，是为明世宗，年号嘉靖。

到底是什么魔力让双方如此固执己见？不就是一套为继位设计的典礼仪式吗？

封建帝王的家世脉络必须非常清楚，继位皇帝跟前任皇帝必须形成直系

明世宗朱厚熜

关系，如此才是一脉相传。朱厚熜与武宗朱厚照同辈分，如果他想得到继承皇位的资格，就必须先过继给孝宗为子。

嘉靖从东华门进宫，就意味着他愿意先认武宗的父亲孝宗朱祐樘为父，成为过继给伯父的儿子、武宗的弟弟，自己的父亲朱祐杬反而成了叔父。而朱厚熜偏偏又是一个孝子，还打算把自己的父亲兴献王追封为皇帝，这在明朝显然是违反祖制的。当时大臣们就分为两派：一派以张璁为首，支持嘉靖的这个想法，为议礼派；另一派以首辅杨廷和为首，他们坚决反对嘉靖的想法，认为祖制绝不可破坏，为护礼派。

两派为了嘉靖过世的父亲和在世的母亲的称谓和其他礼仪形式争议不休。当议礼派逐渐占据上风时，护礼派决定用非常手段向皇帝进谏。

嘉靖三年（1524年）七月，一支包括了九卿二十三人、翰林二十人、给事中二十一人和御史三十人等共二百余人的庞大队伍，集体跪在左顺门外，嘶声呼喊太祖高皇帝、孝宗皇帝，呼天抢地，一时声震阙庭。

嘉靖皇帝闻之大怒，派人将员外郎马理等四品官以下一百三十四人逮捕入狱，四品以上官员八十六人姑令待罪。在抓捕现场，锦衣卫瞬间从四面八方包围过来，左顺门前血迹斑斑。这些血迹清楚地表明一个事实：十八岁的嘉靖皇帝心意已定，而且是不能被逆转的。

结果，五品以下受杖者一百八十多人，其中十七人因伤势过重而死，四品以上夺俸。又将杨慎、张原等纠集者施行廷杖，张原当场被杖死，其余或被削职为民，或被发配边疆。

嘉靖十五年（1536年），太子宫文华殿被改成皇帝的便殿。嘉靖四十一年（1562年），三殿重建落成，正殿名称不再用"奉天"，改为"皇极"，"华盖""谨身"二殿也改为"中极""建极"。再将奉天殿前的"奉天门"更名为"皇极门"，奉天门前的"左顺门""右顺门"更名为"会极门""归极门"。

这些举措表面上似乎无关礼仪，其实也是嘉靖礼仪改革的一环，完全从

天坛

维护自身帝位的合法性着眼。不过，这一举措更像是在"左顺门"事件发生多年以后，嘉靖送给护礼派的告别礼。

  登基大典是紫禁城最重要的仪式，在明清两朝的 500 多年里只出现了二十多次。所有的大典细节在《明会典》里都有明晰的规定。嘉靖因藩王入承大统，登基大典本就与其他皇帝的继位大典有所不同，且由于他的临场发挥，更让尊崇道统的大臣们几乎是以生命来捍卫祖制。其实，嘉靖还是按规矩走完了大典的大部分程序。当上皇帝后,他也基本上行礼如仪。

对于紫禁城来说,每年都有三个最重大的节日,这三个节日的典礼,皇帝都必须亲力亲为,不能假于他人。

农历正月初一,古称元旦。在新年开始的第一天,王公大臣、外国使节都会向皇帝进献贺表,其礼仪程序与登基大典大致相同,但因为少了祭悼先帝的环节,整个气氛喜庆轻松许多。

冬至,紫禁城的一个大节日,也是一个重要的节气。因为是北半球太阳高度角最小的一天,所以阳光照射进皇极殿(清太和殿)的光线也最深,甚至可以直接反射到大殿正中央的匾额上,这是一年中难得一见的景观。古人认为,冬至是阴阳转势的日子,因为这一天以后,阴气渐消,阳气渐长,在阴阳理论中有其特殊地位。中国自古即有"冬至大似年"的说法,它一直被当作另一个新年来过。在这一天,皇帝必须亲自到天坛祭天[1],第二天就在大殿里接受文武百官的朝贺。

皇帝的生日,即万寿节,是紫禁城的另一个大日子,也是一个普天同庆的节日。在这一天,京城中的拜寿场景随处可见:百官分队而列,望阙叩头;匠人们已经用彩画、布匹等把主要街道装扮得绚丽多姿,到处是歌舞升平的景象。京师及直隶省都,各建道场,诵经祝寿。各地的文武百官设置香案,向京城方向行大礼。把天子的生日与"朝岁""祭天"的节日并列起来,便增加"万寿节"的庄严气氛和实际分量,使其有了更加崇高的意义。

封建社会须要礼制来界定阶级行止,中国自周朝礼制即大备。《周礼·大宗伯》将礼仪总括为吉礼、嘉礼、凶礼、军礼和宾礼五类,涉及社会生活层级的方方面面。紫禁城作为最重要的礼仪上演场所,它的建筑也处处显示了规范礼仪的作用。

沿着中轴线的御道进出午门中门,是皇帝专享的特权,皇后和皇帝大婚时也能走一回。不过，这个特权每隔三年就会有一次破例。

每三年举办一次的殿试，皇帝是主考官，参加殿试的考生已经在先前的过关斩将中取得了贡士的称号，这场在皇宫里举行的考试，会让每位考生感受到成为天子门生的无上光荣。在 1790 年之前，明清两代的殿试都是在太和殿广场露天举行，到了乾隆年间才改在保和殿内举行，以显示皇帝对考生的关怀。

考生以楷书完成皇帝亲自拟定的题目，在太阳下山前交卷，考卷严密封存后，先由读卷大臣挑选出十份最好的，再呈交皇帝亲自审阅，由皇帝钦定最终名次，从中选出状元、榜眼和探花。

中状元的有时未必是最优秀的，可能只是因为随机的不公平待遇。嘉靖二十七年那一次的殿试，原本应该是吴情中状元，因"吴"与"无"同音，嘉靖便说："无情"岂宜得第一。当天夜里，嘉靖听到雷声轰鸣，就不再犹豫了，决定让另一位叫秦鸣雷的考生做状元。

殿试后的第五天是公布成绩的日子，叫作传胪。传胪是紫禁城中重要的典礼。

五鼓拂晓时分，所有殿试考生都跪在大殿前等候传胪。开始后先喊第一甲第一名即状元，第二名即榜眼，第三名即探花，每喊一次名就奏乐一番，然后这三位幸运儿便跟随礼部官员捧着黄榜，沿着御道，从午门中门出宫。只有这一次，他们能享受皇帝和皇后才能走过的途径，从午门中门出宫。这一定是天下读书人梦境中最美妙的一段路。

午门[2]是紫禁城的正门，是颁发皇帝诏书的地方，也是很多有特殊意义的典礼仪式举行的地方。皇帝在立春时节赐春饼、端午节赐凉糕、重阳节赐花糕；十月初一颁发次年历书；腊月初一举行"颁朔"典礼颁布次年历书；遇有重大战争，大军凯旋，也在此举行向皇帝敬献战俘的"献俘礼"。但是民间误以为有"推出午门斩首"的惩处方式，却从未发生过。

午门在明代只是皇帝处罚大臣，施以"廷杖"的地方。当大臣触犯了皇家威严，皇帝便会以"逆鳞"罪名，命人将其绑出午门前，在御道东侧打屁股，叫作"廷杖"。起初只是象征性地责打，后来发展到真的打死人。嘉靖因"左顺门"事件廷杖一百八十多人，当场毙命的就有十七人，说不定"推出午门斩首"的传说就是由此开始。

不过，天子也有敬畏而且绝不能得罪的对象。中国自古以农立国，其兴衰往往依托于上天的恩威。皇帝自称天子，自然是人世间得到上天恩泽最多的人，一旦上天动怒，第一个应该遭殃受罚的，非皇帝莫属。所以与上天对话，成为皇帝义不容辞的神圣责任，而皇帝与上天的对话方式就是各种祭祀活动。因此，皇帝对于祭祀格外重视，祭祀礼仪对所有细节都有完整的规定。

宫廷祭祀总共有八十多种，分大祀、中祀和群祀三个等级。

大祀多由皇帝亲自祭拜，中祀一部分由皇帝亲祭，但大部分派官员祭祀，而群祀则完全由官员代劳。绝大多数的祭祀都有一套几千年一脉相承下来的规矩，而且到了明代，已呈现儒、释、道并用的政策，但是嘉靖非常突出的偏重道教，其来有自。

嘉靖之父兴献王封国安陆（今湖北钟祥市），此地道教盛行，兴献王一生笃信道教，年幼的朱厚熜在家庭环境的影响之下，很早就对道教产生了浓厚兴趣。他入京继承皇位后，忙于政务，一时无暇从事道教活动，但他体质弱，又不适应北方寒冷天气，加上大婚之后纵欲过度，多次生病，有时甚至不能上朝视事。对于位极天尊的嘉靖来说，如何健康长寿变成他最大的追求，而他以为可以从道教的方术中得到解答。

于是嘉靖在宫中大搞斋醮活动。宫中不仅到处设醮坛，祀祷活动也非常频繁，"或连日夜，或间日一举，或一日再举"。嘉靖二十一年，他听从方士陶仲文的意见，在西苑建"大高玄殿"，作为宫中演习所谓"科仪"的道教法事、进行祷祭的道场。同年秋天，陶仲文又怂恿嘉靖建造"祐国康民雷

贰 明朝从此当皇宫

（清）徐扬《平定两金川战图册之午门献俘》

殿"。他吹嘘，此殿建成后，皇帝的愿望就可以借助雷声直达天庭。嘉靖也言听计从。嘉靖成天修炼拜神，把朝政"承包"给了擅写天神祝文的严嵩、夏言等"青词宰相"，也让嘉靖在历史上留下"神仙皇帝"的外号，以呼应他如痴如狂的拜神行径，但这远不足以反映他为求长生不老所采用的种种荒诞不经的方法。

嘉靖听信道士之言，计划用"静摄"的方法养生，每日早起后，嘉靖必面对初升的旭日，吸收日华，然后饮用甘露以健身。所以宫女们得天将亮就在御花园采取晨露，左手拿玉杯，右手拿玉簪，从花叶上一滴一滴地摘取露水。这样天天采露，宫女们十分劳累，有的生病，有的逃走，半年内就有近百名宫女病倒。终于，一群积怨已深的宫女，密谋在嘉靖到爱妃寝宫就寝时，以结绳勒死他，未料错打成死结，嘉靖没被勒死。他在昏死了七八个小时，吐出几升紫血后，又奇迹般的活了过来。参事者及有关系之人共二百余人，自然都没有好下场。由于此事发生在壬寅年，史称"壬寅宫变"。

壬寅宫变后，嘉靖再也不敢住在紫禁城内，从此移居西苑（燕王旧宫），终日修玄道、求长生，不理朝政，与大臣隔绝，在此后的二十多年里不再上朝。

嘉靖应该也是第一位选择"有家归不得"的朱家大院主人。

朱家大院在嘉靖之后换的新主人，却是另一个极端的例子，自己决定三十多年不出紫禁城一步。这位新主人，就是明神宗，年号万历。

万历自困紫禁城

> 他们为了维护所谓的道德标准和礼仪规范,鼓动舆论风潮,对于皇帝的批评不遗余力,甚至愿意从容就义。结果,出现过去不曾见的文官集团势力,甚至是完全不留情面的。

紫禁城用当今的算法,占地面积七十二万平方米,是世上现存规模最大的皇宫建筑群,但对一生很少跨出紫禁城的万历来说,这里也只是一个比较美丽的大监牢。

万历一生之中只离开过紫禁城四次,其中三次都是去视察自己的定陵。从1588年最后一次视察定陵到他驾崩的1620年,在这三十二年间,万历再也没有踏出紫禁城一步,这应该可以创造前无古人后无来者的吉尼斯世界纪录。

是什么让"普天之下莫非王土,率土之滨莫非王臣"的主人翁自困围城?

人们一直以为皇帝高高在上，所有事情他一人说了算，可是事实并非如此。在中国历史上，人们熟知的"宰相"是明朝以前的官衔。在有宰相的朝代，他不但是文武百官的总头目，甚至皇帝的诏书没有他的签字也无法生效。所以，相权和君权一直存在矛盾。朱元璋建立明朝以后，就废除了宰相，着手建立了一套君权高度集中的政治权力体系。

从侄子手中篡夺皇位的明成祖朱棣，为了巩固权力，做了两个重大决定：一是把国都迁回属于自己势力范围的北京；二是成立内阁，它相当于皇帝的国事咨询机构。

明以前，宰相拥有决策权、议政权和行政权。明成祖成立内阁以后，把原来属于宰相的决策权牢牢抓在自己手中，议政权分给内阁，行政权分给六部，地方由三司分管行政、军事、司法，直接对六部负责。

从此，内阁与六部各司其职，国家最高行政命令从紫禁城发出，再通过全国的 1936 处驿站、全长 143700 公里的驿道，层层下发到帝国的每一个角落。

朱家的前辈想得比较远，他们希望通过这一改革，不仅将大权永远留在后代子孙的手中，还能提供国事建议的幕僚和执行命令的机制。这看似健全的文官体制，在皇帝不亲政的时候还能保持国家政治运行正常，这一点在幼主登基的情况下尤其明显。

位于紫禁城东部的一片建筑在明代叫文渊阁，明朝的内阁就设置在此。万历年间，内阁首辅张居正让这个原本在紫禁城最不起眼的建筑成为赫赫有名的地方，在此地办公的内阁成为实际上的政务决策者。

万历刚坐上皇帝宝座时只有九岁，作为内阁首辅的张居正，同时也是他的老师，国家的大小事情自然都听从张居正的。而且因为张居正对政治运作的方式十分娴熟，从头到尾，全都在他的盘算之中，所以表面上看例行的政务流程似乎都没有改变，但实际上决策权已经发生了移转。

内阁大臣把对奏章的建议写在纸上，再将这张纸贴在奏章上，叫作"票拟"。然后皇帝对此用红字做出批示，称为"批红"。按照规定，皇帝仅会批写几本，大多数的"批红"是由司礼监的太监按照皇帝的意思代笔。

为达成目的，张居正会授意他人把自己的意见写成奏章，再由自己"票拟"赞同。而万历的"批红"是在司礼监冯保的指导下完成的。冯保和张居正的关系又十分密切，万历皇帝的"批红"自然会应合张居正的心意。所以，在他的一手操控下，大臣的"奏章"、内阁的"票拟"和皇帝的"批红"达到空前一致，他推行的"新政"自然毫无阻碍。虽然他用十年的新政换来了万历四十年的安稳，但他生前绝不会料到自己死后会被弹劾抄家，落得十分悲惨的下场。

张居正死后，他的府宅被掘地三尺，人们发现其下埋藏了大量的黄金白银，万历这才发现自己曾经如此尊敬的老师竟然是那么表里不一。借着清算张居正的运动，万历立了皇威，终于等到了自己能独揽大权的机会。他决定励精图治、大有作为，却发现处处被文官集团限制，根本没有发挥自己能力的余地。

原本明朝初期的政治设计是让全天下都能在皇帝的完全掌控之中。但事与愿违，随着文官体系的日益壮大，和从明朝极其完善成熟的科举制度[3]得到源源不断的生力军，这些基于仁义道德的共同信念和彼此的师生情谊、同侪相惜、出身类似及共同利益的官员，逐渐形成一个高挂礼仪道德旗帜的文官集团。他们甘冒"逆鳞"之大不讳，直谏皇帝缺失，或是掣肘皇帝进行任何他们认为不合礼义的行动。他们为了维护所谓的道德标准和礼仪规范，鼓动舆论风潮，对于皇帝的批评不遗余力，甚至愿意从容就义。结果，出现过去不曾见的文官集团势力，甚至是完全不留情面的。

大理寺左评事雒于仁的《酒色财气四箴疏》，把万历皇帝描绘成一个好色、贪婪、残暴、昏庸、无能、懒惰、一无是处的皇帝。与其说是进谏，不如说是对万历皇帝指着鼻子破口大骂的人身攻击，极尽毁誉之能事。而万历

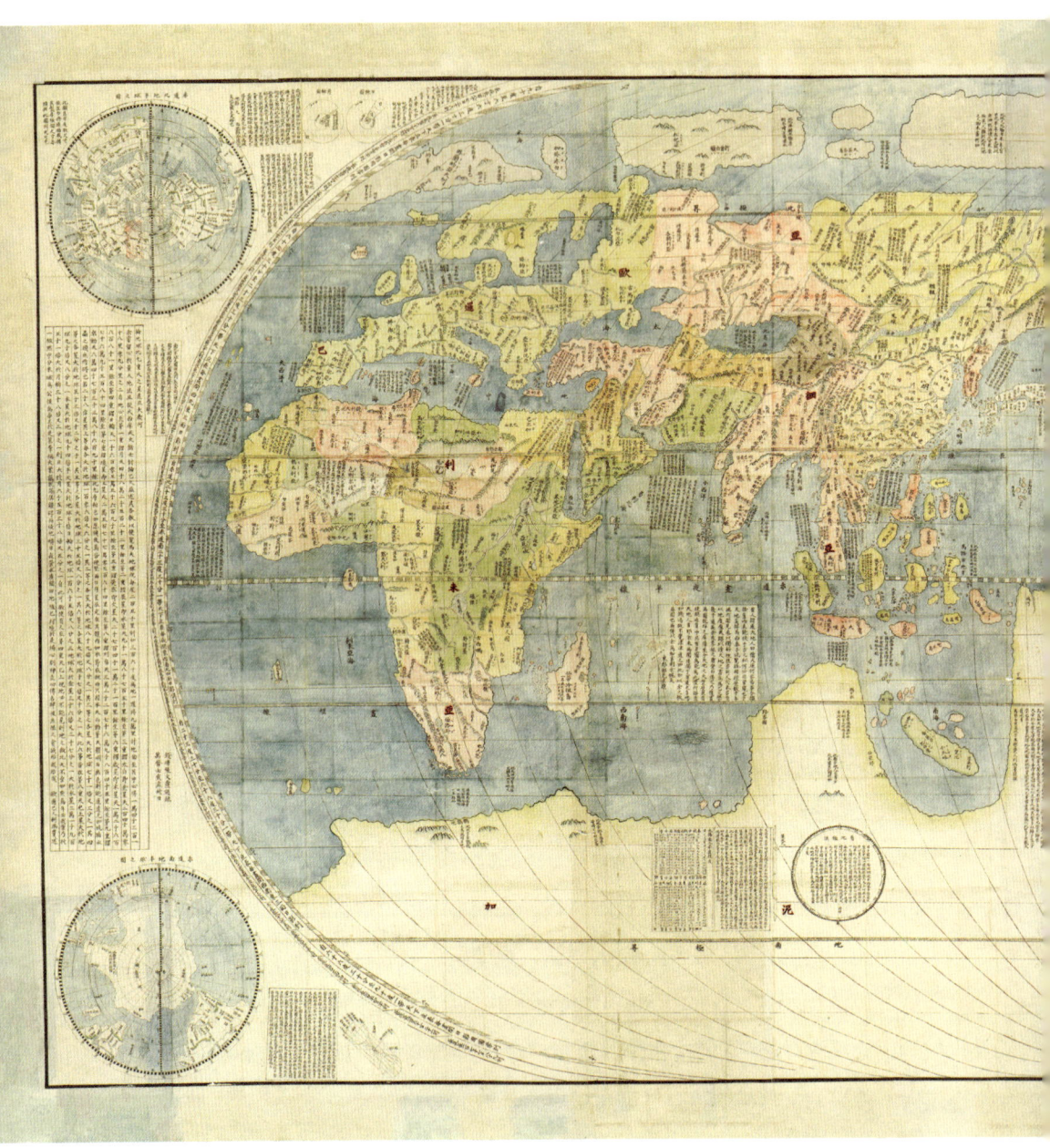

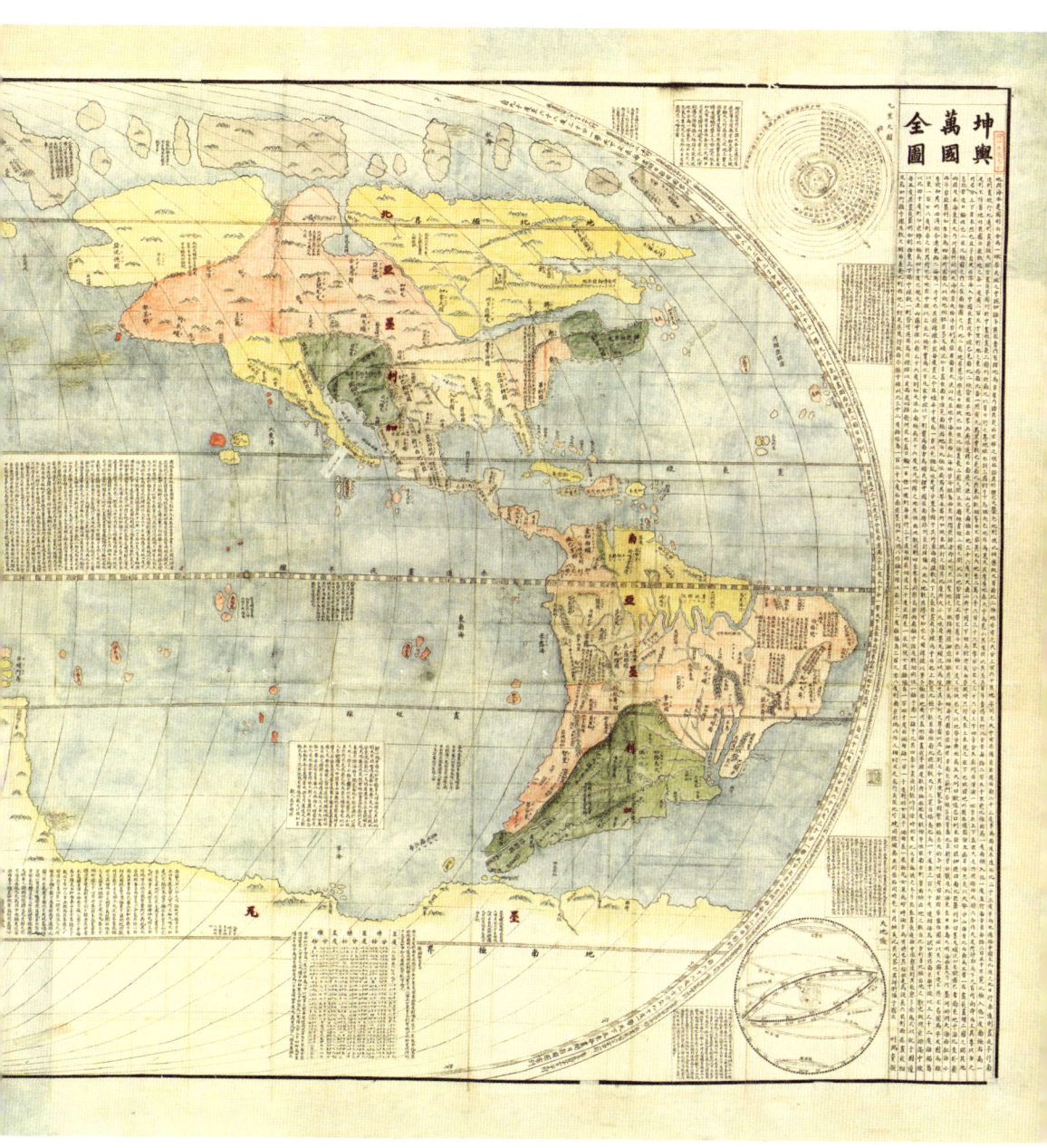

（意）利玛窦《坤舆万国全图》

最后给他的处分也不过是将其革职为民。雒于仁之后，给万历皇帝上书进行无端谩骂的官员更是络绎不绝，对这种群狼式的围攻和排山倒海似的谩骂，万历没了脾气，只能装聋作哑、不予理睬。他对雒于仁还给了个革职处分，后来的谩骂者则干脆什么处分都没有。万历皇帝选择了沉默，选择了躲避，选择了"六不做"。

六不做，就是"不郊、不庙、不朝、不见、不批、不讲"。

他消极怠政，二十多年不上朝，也不出门，足足把自己关在紫禁城三十二年。

明朝中晚期，文官集团经过一段时间的酝酿发展，已成为一个庞大的体系和政治势力，以致到最后出现了势单力薄的皇帝一人与庞大的文官集团相互对立的现象。在过去任何一个朝代都不曾出现过皇帝被大臣掣肘到如此地步的情况。万历皇帝被文官集团以种种道德规范牢牢框住，他也只能妥协，消极不作为，好像"活着的祖宗"，只有象征意义的权威，却没有真正施展权力的自由。

这个时期恰好可以被看成东西方命运"大分流"的关键时刻——在此之前中国科技经济一路领先，而在此之后西方科技经济突飞猛进，后来居上。如最能反映当时西方先进科学技术的钟表，既有精巧设计的机械内芯，又有璀璨华丽的外表，既是计时器，也是艺术品。但是有谁会料到，正是钟表，成为西方人进入紫禁城的第一块敲门砖。

1601年，也是明万历二十九年，意大利传教士利玛窦成为第一个进入紫禁城的西方人。

十五、十六世纪的地理大发现和海上东西航路的启动，激起了欧洲天主教向东方传教的热情。从十六世纪中叶开始，欧洲传教士陆续进入中国，很快，他们就了解到这个高度成熟的文明在两千多年儒家思想的滋养下，从官方到民间，人们的观念、心态、行为方式，几乎都被纳入儒家思想的框架里，对于天主教，自然抱持排斥的态度。

利玛窦是一位聪明的传教士，他身穿儒服，头戴儒冠，俨然以一副中国知识分子的打扮来到北京。他接近士大夫阶层，颂扬中国文化的博大精深，又用西方的钟表、地图等先进科技产品吸引他们的注意。但是他坚信要在中国推广天主教，一定得先使中国的最高统治者"皇帝"成为信徒，再利用皇帝的权威去影响其子民。所以他必须见到皇帝，好当面传教，而在当时，进献贡品可以说是洋人接近皇帝的唯一途径。

他为万历皇帝准备的贡品共有四十多件，其中包括两座自鸣钟、八音琴、圣母像、十字架，还有两个玻璃三棱镜。关于他进贡的奏章虽然很早就已经送到万历皇帝的面前，但奏章似乎并没有引起万历皇帝的注意，倒是那两座自鸣钟马上让皇帝沉迷其中。

万历皇帝召利玛窦立刻进宫调试钟表，好让自己尽快听到自鸣钟报时的声音。这是一个良好的开端，利玛窦终于可以进入紫禁城了。不久，万历皇帝还传旨把利玛窦留在京城，并允许他可以随时进宫调试钟表。因为钟表的关系，他曾经进出皇宫长达十年。不过，万历皇帝已经很久不上朝了，他面见皇帝传教的心愿始终没有达成。他唯一的收获就是，在一次大朝会中和文武百官一起拜见了皇帝的宝座。还有万历感念利玛窦献钟有功，允许他在北京的南城盖了一座教堂。

也是在万历二十九年这一年，万历终于同意立他的长子朱常洛为皇太子，这是经过皇帝和朝廷诸臣十五年之久的"立储"激烈争论和对抗，万历皇帝做出的最后让步。

究其原因，是万历长子朱常洛乃太后的宫女王氏所生，所以备受冷遇；而宠妃郑贵妃所生的皇三子朱常洵为万历所钟爱，万历与郑贵妃"密誓"决意立朱常洵为太子。朝廷大臣们依据封建传统太子应立嫡立长的法纲，与皇帝和郑贵妃力争，被万历皇帝以各种借口拖延。最终还是因为皇太后出面干涉，对万历与郑贵妃下了最后通牒，朱常洛才得以被册立为皇太子。

这场后宫与朝廷的争斗并未因此结束，接着又闹了十三年，直到万历四十二年（1614年），福王朱常洵离开北京赴洛阳封地就职，才真正确立了朱常洛的太子地位。但是第二年的五月，一名宫外男子张差竟然单枪匹马闯进紫禁城的东华门，手持木棒一直打到太子居住的慈庆宫，后来才被内监制伏捕获。"梃击太子宫"事件在朝廷、后宫引起了轩然大波，万历皇帝生怕追查下去会牵连郑贵妃，便立即积极采取手段，治罪止于张差一干人等，甚至难得露出圣颜，召见安抚拥护太子的朝臣们，宁可让"梃击案"是否由后宫谋划成为历史悬案，也不愿弄个水落石出。

很有可能，万历皇帝并非是大多数人以为的昏庸之君，由一些具体事实就可以知道。他对明朝举足轻重的武将熊廷弼上呈的奏章从不耽搁，总是主动积极批复他的奏章，但是对于填充文官虚位、增强文官势力的奏章，则刻意消极不批复，任凭人员缺失多年也不管；而且从有关记载和现代考古发现，万历的左右腿不一样长，可以推测他多年受腿疾折磨，这有助于说明他"六不做"确实也有不得已的健康原因。至于他深居内宫不理朝政和结合后宫力量消极对抗文官集团的长期斗争，历史也已证明皆是无用的挣扎。

在历史学家黄仁宇看来，"身为天子的万历，不过是紫禁城中的一名囚徒"，和势力庞大的文官集团的抗争，也不过是作困兽之斗。

其实，明朝皇帝借后宫尤其宦官的力量试图与文官集团抗衡的例子屡见不鲜，外朝内廷的争斗，并非明朝上演的特殊戏码，但是，男主角演得身不由己，甚至荒腔走板的情况，在明朝中末叶却显得特别突出。

前朝后宫那些事

这种设计是让外、内廷相互制约，如此才能确保皇帝的决策地位。不过，这也造成内外两大政治势力的争权夺利，而且贯穿明朝大部分时间，几乎没有停过。

乾清门广场把紫禁城分为"外朝"和"内廷"。外朝又称"前朝"，内廷又称"后宫"。前朝是皇帝处理朝政和举行重大礼仪活动的场所，后宫是皇帝处理日常政务和帝后嫔妃的生活场所。这两边发生的一切，原本应该是家国有分，却因主人的特殊身份，导致家国之间总有千丝万缕的牵连和剪不断理还乱的复杂，虽然有传统礼教和法纲制度的规范，却阻止不了其中的争权夺利和恩怨情仇，因此留下了许多关于前朝后宫的令人匪夷所思的永久记忆。

明代以来，皇帝平时召见大臣处理国事的方式，就是所谓的上朝，又叫作"御门听政"或"御殿听政"。上朝时，大臣们从南城、东城出发，先到午门，经过金水桥到皇极门，也就是今日的太和门。

根据《大明会典》的记载：早朝时，大臣必须午夜起床，穿越半个京城前往午门。凌晨3点，大臣到达午门外等候。当午门城楼上的鼓敲响时，大臣就要排好队伍；钟声响起时，宫门开起，百官依次进入，过金水桥在广场整队。官员中若有咳嗽、吐痰或步履不稳重的都会被负责纠察的御史记录下来，听候处理。

通常，皇帝驾临皇极门或者皇极殿，百官行一跪三叩头礼。四品以上的官员才有机会与皇上对话，大臣向皇帝报告政务，皇帝则提出问题或者做出答复。

明朝初年，太祖朱元璋、成祖朱棣勤政，几乎每天都上朝。弘治十一年（1498年）秋末的一天，宫中失火，孝宗朱祐樘彻夜未眠，所以请求免朝一日。孝宗皇帝因为不来上朝还向大臣请假，而在十几年之后的武宗朱厚照连个招呼也不打，让大臣们白白在皇极门广场等上一整天，直到傍晚才宣布"今日免朝"。饥渴难耐的大臣们争先恐后地赶回家，在午门乱成一团，有一名将军竟然被活活挤死在午门。

皇帝不上朝，在明朝绝对不是个别现象。嘉靖皇帝疏于治理国事，不上朝长达二十余年。万历年间，大臣们竟然也有二十多年没有在朝堂上见到他们的皇帝。

明初通过几代皇帝的努力，已经形成了一套完整的行政体系，即使没有皇帝的参与领导也能运行无碍，撑起整个国家政治的正常运作，在权力平衡方面也考虑周到，这套设计机制后来甚至被西方学习，形成了内阁制和首相制。明成化年间开始出现的内阁首辅，就是现代首相的雏形。

长久以来，后宫宦官一直有乱政的前科和教训，所以，明太祖明令"内臣不得干预政事"，也不让他们读书识字。但是，从成祖永乐朝开始，宦官渐渐被重用，皇帝亲信的太监经常被派出巡，担任监军，其中最为著名的就是"三宝太监"郑和下西洋。

明宣宗朱瞻基彻底违背其曾祖父朱元璋不准太监识字的谕令，在宫内特意成立专门教育太监的学堂，目的竟然是为了教会太监识字以后从中挑选秉笔太监，替他"批红"大臣上呈的奏章。有人猜测明宣宗这么做的真正目的，是让太监牵制内阁的权力。但是，久而久之，这种思维也催生出一种奇怪的政治格局——明朝的内廷和外廷的机构几乎完全对称。

外廷有内阁，内廷有司礼监，外廷有三法司，内廷有东厂、锦衣卫；外廷有派往地方的总督、巡抚，内廷有派往地方的镇守太监、守备太监等。这种设计是让外、内廷相互制约，如此才能确保皇帝的决策地位。不过，这也造成内外两大政治势力的争权夺利，而且贯穿明朝大部分时间，几乎没有停过。

三大殿第一次重建使用是在明英宗正统年间，按照明代礼制，三大殿无论上朝或宴会都有严格的阶级差别待遇，宦官是没有资格参加廷宴的，顶多只能以家奴身份执事而已。但明英宗早把大权交给了宦官王振，在三大殿落成后举行宴会时，王振因为不能参加而大怒，居然闯到三殿，一些官吏竟然吓得伏地而拜。这种"王振现象"其实并非明代宦官专权的特殊例子。

太监和内阁争权夺利的态势一直是此消彼长，在正德元年（1506年）秋末的某一天，两派势力到了决裂的最后关头。

太监刘瑾的权力已经大到让内阁大臣无法忍受的地步，内阁决定弹劾刘瑾，但是明武宗没有明确表态。内阁大臣决定在第二天上朝时决一死战——刘瑾若不除，内阁将全体辞职。

第二天在皇极门外，朝会如期举行，但是明武宗没有现身。刘瑾来了，他已经被皇帝任命为司礼监总管，皇帝由此和内阁正式翻脸。其实，太监的后台就是皇帝，弹劾皇帝宠信的太监，就是威胁皇权，皇帝是无法忍受的。从此，所有重要的公文都得先送给刘瑾，他过目后才能发到内阁和六部。

毋庸置疑，明朝是宦官猖獗的年代。据说到了天启年间，宫廷中宦官竟达数万人，而且太监专权已经达到极致。明熹宗经常睡不好觉，全是因为住在不远的太监总管魏忠贤每天都早起，洗脸的时候脸盆敲得咚咚响，完全不把皇帝放在眼里。当时魏忠贤先是被人称作"千岁"，后来变成"九千岁"，最后居然成了"九千九百岁"。

太监驮妃一直是民间传说皇帝召幸嫔妃的方法——先把妃子裹在被子中，再由太监驮到皇帝的寝宫伺候皇帝。很难想象从传说的三宫六院七十二嫔妃中选出一位侍寝的妃子，将会是一个多么不容易的过程。皇帝的私生活一直不为外人知，所以大家好奇，成了越不知道越想搞清楚的皇家生活内容。但是真实的情况往往比不上精彩的传说。

所有皇帝的女人，一被选中嫁进紫禁城，就被分为若干等级安排居住在不同的宫殿里。明代后妃有十二等。清代后妃定为八等，即皇后一人，皇贵妃一人，贵妃二人，妃四人，嫔六人，以下另有贵人、常在、答应三级，人无定数。这就是民间流传的三宫六院七十二嫔妃。

事实上，皇帝妻妾的多少，要看皇帝寿命长短和健康情况，只要皇帝有精力，他可以随意纳妃娶嫔。据记载，明朝的开国皇帝朱元璋，终年七十一岁，共有妻妾十四人，明世宗朱厚熜，终年六十岁，共有妻妾二十人。清朝奠基者康熙皇帝，终年六十九岁，共有妻妾七十九人，清乾隆皇帝，终年八十九岁，共有妻妾二十九人，而清光绪皇帝终年三十八岁，只有一后二妃。可见皇帝后妃的数量相差悬殊。

皇帝的嫔妃，或集万千宠爱于一身，或独守空闺寂寞一生。她们的命运，完全在于后宫里唯一的男人是否垂青自己，而等待召幸的来临很自然地成为她们每天最大的悬念。

每天皇帝进晚膳的时候，是嫔妃们翘首以待的高潮，因为晚膳以后，答案就将揭晓——皇帝将从太监手捧的绿头签中，把喜欢的妃子的绿签翻过来，选中共度今晚的女人，随侍太监心领神会，马上禀知那位妃子到皇帝的寝宫承欢。宫里的规矩，无论多么宠爱的嫔妃都不能整夜陪侍皇帝。但召幸之后，嫔妃也不必再回到自己的寝宫，而是就近在皇帝卧室的隔壁休息。

嫔妃们蒙皇恩宠幸后最希望的结果，就是替皇帝怀上"龙种"，叫"遇喜"。从那一刻起，她的身体健康和怀胎经过瞬间变成国家大事一般重要，饮食起居每每都要仔细照顾，并被翔实地记录下来，这是关系皇族和国家传继的大事，朝廷对此十分重视，从怀孕到分娩的记录将永久保存在皇宫的档案里。尤其在产下皇子时，多少因子而贵改变命运的宫廷故事代代被流传着。

中国封建皇位继承，大致遵照的原则是，皇后所生长子为嫡子，是第一继承人，皇后若无子，则立嫔妃中所生长子。若所有后妃都没有生子，或从皇族中过继一个儿子立为皇帝，或由皇帝的弟弟继位。不过，除非万不得已，皇位继承人必定是皇帝的儿子。嫔妃们为了生出皇子，并让其成为未来的皇帝，导致在后宫平静的表象下，处处暗藏着妒忌、仇恨、杀机。

身为皇子，朱祐樘就是历史上经过后宫凶险劫后余生的一个著名的例子。他的生母纪氏是广西瑶族土司的女儿，纪姓叛乱被平息后，少女纪氏被俘入宫中，派充到内廷书室看护藏书。宪宗朱见深偶然经过，遇见美丽聪敏的纪氏，一次临幸，竟使纪氏怀孕了。

宪宗专宠年长自己十七岁的万贵妃，万贵妃虽然曾经产下一子却过早夭折，她为了能继续独霸后宫，遂强迫所有怀孕的嫔妃堕胎，但由于她年岁过大，一直不能怀胎，以致明宪宗几乎绝后。

耳目遍布宫里的万贵妃自然命令宫女给纪氏送去堕胎药，或许是天意，纪氏被迫喝下堕胎药，孩子却没有被打下来。而早已对专横霸道的万贵妃不满的太监张敏等人向她谎报纪氏罹患重病，按规定，纪氏须要被送到北海附近的安乐堂任其自生自灭。于是，纪氏在众人的掩护下在宫外偷偷生子，张敏等人又帮助纪氏将婴儿藏起来，每日用米粉哺养，而被万贵妃排挤废掉的吴皇后也帮忙哺养婴儿。万贵妃事后不放心，还曾数次派人搜查，都未能找到朱祐樘。就这样，朱祐樘吃着百家饭长到六岁。

明宪宗朱见深

明成化十一年的一天，二十九岁的宪宗起床照镜子时发现自己已经有几根白头发，开始感叹自己老之将至却还无子，这时为皇帝梳发的太监张敏突然跪倒，向皇帝禀告了这个隐藏了多年的秘密。

宪宗听了大喜，立刻下令接回皇子，当他第一次见到自己那长期被幽禁、胎发未剪拖到地面的瘦弱儿子时，不禁泪流满面。次日，宪宗即颁诏天下，立朱祐樘为皇太子，并封纪氏为淑妃。

一个月后，纪氏暴亡，太监张敏吞金自杀。人们都说，他们是被万贵妃所害。在残酷杀戮中幸存下来的那个孩子，十三年后继承了皇位，是为孝宗，年号弘治。

皇帝和一般人一样，在后宫休闲时也有消遣的各种余兴活动。一般在晚膳后，适意地观赏戏剧，琴棋书画，体育竞技，豢养宠物，怡情养性，人之常情。对于普通人来说无关紧要的兴趣爱好，在皇宫之内，皇帝若玩物丧志，终日沉迷其中，不理政事，就可能变成危害江山社稷的国家大事。

正德皇帝酷爱武功，常常舞刀弄剑，自扮大将军，又喜好经商，在宫中自办商铺，模拟商业买卖活动，惹得文臣们老是参奏劝阻。

嘉靖皇帝则终日在宫中研究长生不老的仙道，甚至荒唐到用上千处女身的月信提炼丹药，荒废国事二十多年。

万历皇帝生性爱财，深居宫中，将江南敛得的矿盐税埋在后宫花园，乐此不疲，不上朝也有二十多载。

天启皇帝巧夺天工，擅长木作，据闻曾设计出龙头喷泉的木制模型，整日浸淫其中，以致大权旁落太监魏忠贤手中。

渐渐地，朱家大院主人的一代不如一代，荒逸沉迷的行为，麻痹了自己，大院里到处散发出腐朽的气息，明朝的国家机器不灵光了，再加上原本的内忧外患，国力早已如江河日下，虽然明思宗力图进取向上，一人之力终究挽回不了颓败多时的国家，明朝终于走到了尽头。

崇祯苦守朱家院

此时,唯一合理可行之计,就是——南迁。

仿佛所有的问题都要由他来承受。他其实很努力,也不是一个昏君。

崇祯十七年(1449年),到处都弥漫着死亡的味道,连紫禁城都像一座被遗弃的空城,北京城十室九空,元凶是鼠疫,即曾经夺去欧洲三分之一人口的黑死病,陕、豫、冀地区深受其害,死亡人数超过千万。

鼠疫之前,蝗害已肆虐华北多年,天灾更是从他登基的第一年即开始,像被诅咒了一样,接连不断。《汉南续郡志》有记载:"崇祯元年,全陕天赤如血。五年大饥,六年大水,七年秋蝗,大饥,八年九月西乡旱,略阳水涝,民舍全无。九年旱蝗,十年秋禾全无,十一年夏飞蝗蔽天……十三年大旱……十四年旱。"陕西年年有大旱,百姓流离失所。

崇祯二年(1629年)五月,陕北驿站正式被裁撤,驿站有一名名叫李自成的兵士也失业了。

崇祯朝天灾年年,已经到了"人相食,草木俱尽,土寇并起",啃树皮,

贰 明朝从此当皇宫

崇祯皇帝

掘草吃，树皮野草也吃光了，只得人吃人，那时大多数饥民追随的就是"闯王"李自成。

在紫禁城里，崇祯皇帝朱由检的同父异母兄长、天启皇帝朱由校没有子嗣，所以由朱由检继承皇位。从继位第一天起，崇祯就励精图治，希望大有作为，几乎天天上朝，是太祖、成祖以来最勤政的皇帝。

刚继位，崇祯就提倡"文官不爱钱"，务求节俭，而且一直以身作则，当政十七年，他对朱家大院紫禁城没有进行过任何营建，对自己的吃穿也完全不讲究。

他继位后最优先对付的就是阉党，尤其是在熹宗朝权倾一时的太监头目魏忠贤。

他刚开始异常小心，不动声色，照样礼遇魏忠贤，但是不敢吃宫里准备的东西，而且逐渐用他原来信王府的宫女太监置换掉身边的宫女太监。魏忠贤为了试探崇祯，献上四位美艳女子，崇祯对女色虽然兴趣不高，仍然假意收下，仔细搜身后竟然在她们的裙带顶端发现了宫中称为"迷魂香"的药丸，这是一种能自然挥发的春药。魏忠贤见此计不成，进而安排一个小太监在宫中暗墙内，手中端着"迷魂香"，使室内自然弥漫着一缕缕奇特的幽香，以达到催情的效果，但是同样被崇祯识破。崇祯也因此不禁感叹："皇考、皇兄皆为此误矣！"

崇祯终于找到合适的时机，先除魏忠贤右臂亲信、官居兵部尚书的崔呈秀，然后在众多参奏弹劾魏忠贤的声浪中，派他去凤阳祖陵司香。魏忠贤竟大铺排场，带着卫兵一千人和大车四十辆浩浩荡荡地出发了，这彻底激怒了崇祯。崇祯派人将其押回京治罪，他在回京途中就投缳自尽。崇祯接着很快清除了阉党党羽二百五十八人。

治理阉党的同时，崇祯也逐步将一些被阉党迫害的东林党成员复职。阉党和东林党的斗争由来已久，但是"东林未必都君子，而阉党未必皆小人"。崇祯一心整顿朝纲，他采取的所谓抑恶扬善的举措，反而成为党争此消彼长的帮手，直到明朝终了之时，党争一天都没停过，始终让崇祯头痛不已。

名将袁崇焕也在复职之列。当初他因魏忠贤不公，心存不满而辞职回乡。崇祯派他任兵部尚书，督师蓟辽，并支持他的主战思想。袁崇焕骁勇善战，曾经把后金的努尔哈赤打得落花流水，也曾大败皇太极，对关外的后金入侵有遏阻之功。

崇祯三年（1630年），对大臣将领们始终无法信赖的崇祯皇帝中了皇太极的离间计，以为袁崇焕通敌，对其施行惨无人道的凌迟磔刑，家人流放三千里外，进行抄家。抄家后却发现袁崇焕家无遗财。

袁崇焕一死，有如明朝长城失守，清军的忌惮被扫除，他们放马中原已指日可待。

而另一方面，李自成带头的农民军内乱却是越演越烈，崇祯十七年的元旦，崇祯皇帝的最后一年，李自成在西安称帝，建国大顺，国号永昌，他称帝以后的第一件事就是冲着北京城一路杀过来。

华北地区经过旱灾、蝗害、瘟疫多年，早已是民不聊生，人心思变。李自成大军直指北京，一路所向披靡，只遭到少数城市极力抵抗，很多城市闻风即开门投降迎接，所以其实更像是一路摧枯拉朽。

前线的败报不断被带进紫禁城内，崇祯皇帝意识到明朝已经到了最危急的时刻。西北防线基本是空的，没有任何一支能抵挡李自成大军的军队，唯一有可能阻挡李自成大军的军队还在宁远顶着，那是东北方防清军入侵的最后一道屏障，调用不得，否则，到时两面夹攻，灭亡会更快。

此时，唯一合理可行之计，就是——南迁。

《明史·后妃传》就有记载："周后尝以寇急，微言曰：'吾南中尚有一家居'。帝问之，遂不语，盖意在南迁也。"这段崇祯与皇后的对答其实就是，周后看着皇帝因为流寇闹得太凶而着急，就提醒他说：我在南方还有一个家。皇帝问这是何意，周皇后就不答了。崇祯皇帝心领神会，应该是明白皇后的意思。不过，这个故事还有后半段。

前朝天启皇帝的皇后，崇祯的寡嫂张皇后听说此事，她就找到周皇后问了一句话："宗庙陵寝在此，迁安往？"意思是说，你们都跑了，那列祖列宗怎么办？

背弃祖宗的罪名，一般人都承受不起，更别说是一国之君。

其实，对南迁之事，崇祯皇帝不是没有心动过。

崇祯十七年的正月初三，新上任的左中允李明睿到德政殿觐见皇帝，为感谢皇帝的知遇之恩，他先请皇帝撤下内侍，然后直接切入正题，以贼寇马上逼近京城，生死存亡之际，请皇上赶紧南迁。

崇祯对李明睿道出自己的顾虑："汝意与朕合，但外边诸臣不从，奈何？"但是李明睿的真诚最终使崇祯皇帝同意了他的看法，不过，崇祯最后警告他不可泄漏此事，"此事重大，尔且密之，切不可轻泄，泄则罪坐汝"。

君臣之间就迁都的各种事项开始讨论，甚至连护送军队、资金、路线等问题都一一谋划好了。

三月初四，可能觉得时机已经成熟，崇祯便对众臣说："李明睿有疏劝朕南迁。国君死于社稷，朕将何往？又劝朕教太子先往南京，诸卿以为如何？"

崇祯语毕，一片哗然，内阁首辅陈演立即带头反对，兵科给事中光时亨慷慨陈词，极力谏阻，全是冠冕堂皇、不切实际的高调。甚至有言臣激动到痛哭流涕，好像只要崇祯南迁就是明朝罪人，就是昏君，是弃天下于不顾。接着还出现了不杀李明睿不足以安定人心的言论。

崇祯一看，反对声太大，只好作罢。

第二天，崇祯对南迁一事正式发表了讲话——

>　　祖宗辛苦百战，定鼎于此土，若贼至而去，朕平日何以责乡绅士民之城守者？何以谢先经失事诸臣之得罪者？且朕一人独去，如宗庙社稷何？如十二陵寝何？逆贼虽披猖，朕以天地祖宗之灵，诸先生夹辅之力，或者不至此。如事不可知，国君死社稷，义之正也。朕志决矣！

仔细体会崇祯说这些话时的心情，真是满满的苦涩和无奈。

崇祯一心期望南迁，他清楚与其拎着北方一片焦土迎战，苦守一座孤城，不如南迁，韬光养晦，以偏安换取时间，再图他日中兴。但全因这所谓的文臣清流，不切实际的道德高标，硬生生地把崇祯这位非亡国之君逼成亡国之君。而这些大臣表面口口声声仁义道德，心里打的却完全是另一番算盘。

陈演这些内阁大臣明明知道崇祯皇帝需要他们表态支持南迁，却选择反其道而大加反对。真正的原因无非是以下几点：

首先，他们不愿意承担责任，既有崇祯皇帝日后问责的顾忌，又有身后历史留名的考虑。如果他们同意南迁，中途出状况自无好下场，即便偏安成功，皇帝也可能杀他们以谢天下，由他们承担背弃祖庙皇陵之责。

其次，是不愿舍弃自身的利益。朝廷中不支持南迁的多是北方籍官员，不愿意南迁多半是不想轻易放弃自己在北方占有的大量良田美宅，在当时官场自我意识强烈的风气之下，明朝即使灭亡，他们一样会想办法在新朝廷讨得一份差事，这更让他们犹豫为即将亡国的明朝尽忠是否合算。

而更等而下之，则为言臣光时亨之辈，只是徒为留下诤谏之名，他们言辞激愤却毫无建设性的实质内容，到最后只能误国害己。

也许因为这种种一切，所以人们总说，明实亡于嘉靖，亡于万历，亡于清流，亡于阉党，却不愿面对明朝其实是亡于崇祯的事实，而且更愿意说出心里的感想，"天子守国门，国君死社稷"，明朝崇祯皇帝朱由检都做到了。

他守护这座朱家大院，好辛苦。最后，他死在煤山，紫禁城的镇山，就是那座用拆元皇宫建筑垃圾压在元帝寝宫上堆成的小山——本是用来灭元朝王气的开始，没想到也成了明朝的结束。

　　紫禁城又将开始另一个新的局面，朱家大院马上准备换新主人，这次是满族姓氏，爱新觉罗，一住又是两百多年。

叁

白山黑水新主人

（1644—1911）

清宫变身有原因

> 所有宫殿匾额名称的旁边，从此以后都新加了一行满文。

清朝入关，直接接管紫禁城，连大费周章拆故宫、建新宫的工程也省了。这个崛起于白山黑水间的彪悍民族，面对成熟而强大的中原文明，很聪明地作了积极融入的选择，所以连"鸠占鹊巢"都变得合情合理。在爱新觉罗氏当家的岁月里，紫禁城变动不算大，只增添了些许少数民族的气息和清帝的喜好，继续成为清朝皇权至上、一统天下的精神堡垒。

可是，据《清实录》记载，顺治皇帝是在皇极门，也就是现在的太和门登基的，并不是在主殿皇极殿。顺治皇帝没进紫禁城之前，在紫禁城待了四十天的大顺皇帝李自成也没用金銮殿，而是武英殿。可想而知，顺治皇帝接管的是不完整的紫禁城，是被李自成破坏过的紫禁城。

所以，顺治进京第二年的大事之一就是"兴太和殿、中和殿、位育宫"。清军入关不久，全国各地抗清斗争十分激烈，民族矛盾尖锐。考虑汉人未必认定清帝是"奉天承运"或"皇建其有极"的君主，所以"皇极""中极""建极"三殿的名称立即被改成"太和""中和""保和"，顺治希望以"和"为号召，化乱为治，实现各族和平共处。又因乾清宫须修复，顺治暂将保和殿作为寝宫，又将其改名位育宫，但他这一住就是十年，连大婚之夜也是在此度过的，可见当时天下未定，又征战不已，清朝的财政有多拮据。

当然，所有宫殿匾额名称的旁边，从此以后都新加了一行满文。

在中轴线上的宫殿中，变动最大且最富有满族特色的就是坤宁宫。在明代，坤宁宫是皇后的寝宫；到了清代，坤宁宫的布局大为不同：西上屋设有西、北、南三面火炕，西炕供朝祭神位，北炕供夕祭神位，东北角是祭祀时用来煮肉的厨房。这种布局是源于满族民间"口袋房""万字炕"的居住习俗。根据坤宁宫东暖阁悬挂的铭文可知，这个布局是完全按照入关前沈阳故宫中皇后居住的清宁宫原样搬过来的。

爱新觉罗氏成为紫禁城的新主人之后，坤宁宫成为皇城内祭祀最频繁的场所。每天早上都要祭拜供在西面的关公像，今天在坤宁宫还能看到这幅关公像。清人崇拜关帝爷，八旗将士把他当作保护神，尤其每次出征前都要祭拜，认为他能赐予自己战无不胜的力量。每天晚上的祭拜大约从下午四点开始，祭拜供奉在北面的满族、蒙古诸神，充满浓厚的原始宗教色彩，这是满族皇室世代流传下来的萨满教祭神仪式。

不容易被注意到，在坤宁宫东北角有一间小屋子，里面有一座三口大灶台。每次在皇帝亲自主持坤宁宫祭神之前，都会在神位前杀猪，然后在此用清水煮熟后献牲祭神，皇帝再率领群臣吃祭神肉。那肉没有任何调料，所以吃祭神肉对大臣们来说是一件苦差事，听说常有人偷偷在袖里藏盐，好帮助他们渡过难关。

中轴线上的宫殿都是象征皇权的建筑，不宜变动，这一点紫禁城的新主人自然懂得，所以只作必要修护，位置布局一切照旧，但是中轴线以外的东西二路则变动较多，如今已不见永乐初建时的原图，只能和明末万历、天启留下来的格局作一下比较。

乾隆皇帝在很多方面都超越前人，又正处清朝最鼎盛时期，就像许多有成就的富家子弟一样，他也想花大钱装修自家大宅。因为他的改建计划，紫禁城的对称格局开始有了明显变化，这也是紫禁城自1420年建成以来最大的改造。

乾隆皇帝的继位方式和执政时间都是史无前例的，所以有了大修两座院落群的借口。一座是乾西二所，改建后称重华宫；一座修建在紫禁城的东北侧，叫宁寿宫。

乾隆皇帝是雍正改用秘密建储方式后上台的第一位皇帝，所以没有享受过一天皇太子的待遇。乾西二所是他做皇子时的住所，他想要将他的故居地位升格，由所改成宫，不再让其他人居住，借此强调自己继承皇位的正统性。

乾西二所这个三进小院被重新整修后，三个主体建筑都被重新命名，分别叫作"崇敬殿"、"重华宫"及"翠华馆"，一般统称为"重华宫"。重华是远古圣明君主"舜"的名字，意喻德媲旧时盛世、四海升平，对汉文化颇有造诣的乾隆很中意这个名字。

乾西二所附近的几个宫室也随之被改造，成为重华宫的附属配套设施。乾西二所东边的乾西头所则改成漱芳斋，其室内建了一个名叫"风雅存"的小戏台，供皇帝观赏小戏时使用。漱芳斋院内还盖了一个大戏台，这是紫禁城内最早的戏台。乾西四所及五所则改为西花园。

继位之后的乾隆皇帝虽然已不在重华宫，但他一直喜欢把舒适的重华宫当作家人、亲信大臣欢聚的场所。到现在这个区域也不对外开放，只作为特别来宾的招待场所。

在重华宫的西南角，笃信藏传佛教的乾隆皇帝修建了雨花阁，它是整个紫禁城内最重要的藏传佛教建筑。藏传佛教自元朝进入皇宫，到清朝发展到顶峰。雨花阁的建造，不但满足了皇帝个人礼佛的需要，同时也能借此笼络边疆地区的蒙藏各部，加强民族融合，巩固国家统一。

乾隆皇帝的第二个紫禁城重大工程即修建宁寿宫，这是为了他退休养老用的。

乾隆皇帝继位时，就曾宣布自己在位时间不会超过祖父康熙皇帝的六十一年，没想到他真的成为紫禁城首位也是唯一的退休皇帝。在皇位宝座上坐了六十年后，他将皇位禅让给了儿子。

作为太上皇的宫殿，宁寿宫的级别其实并不亚于皇帝的居所。位在紫禁城东北角的宁寿宫也分为前朝和内廷，而且各种配套设施应有尽有，几乎是一个缩小版的紫禁城。建造所费不赀自不在话下，光是宁寿宫门前的那对鎏金铜狮，就用了黄金三百三十四两。

生性潇洒、喜爱旅游的乾隆皇帝还别出心裁，在宁寿宫院落西北侧建造了一座风格独特的花园，俗称"乾隆花园"。这个花园虽然园区狭长，但曲径通幽、四院相连、景观各异，还将乾隆六下江南最为欣赏的园林美景尽收其内，处处显现中原文化的文雅风韵。例如园中的"禊赏亭"，即取意"曲水流觞，修禊赏乐"。中国古代文人墨客暮春郊游时，在九曲蜿蜒的水渠中随波逐流的酒杯停在谁跟前谁就得吟诗作赋，不然就罚酒认输。王羲之的《兰亭序》应该就是对禊赏最有名的一次记录。花园中的"三友轩"凸显松、竹、梅三友的图样，而"岁寒三友"凌寒不凋，也是中国文人借喻人品刚直高洁的象征。乾隆皇帝不仅以此表现自己的儒雅，也传达出清帝和汉族知识分子思想融合的态度。

建造宁寿宫给当朝皇帝作为退休的宫殿，绝对是紫禁城最受重视的工程，所以全国顶尖的能工巧匠皆齐聚于此。其中，有一个雷氏建筑世家。这个家族从康熙朝开始，此后两百多年一直从事皇家建筑的设计工作。他们绘

叁 白山黑水新主人 | 93

（清）郎世宁《乾隆皇帝朝服像》

制了一张长达五米多的包含所有紫禁城建筑外观的图样，沿着中轴线从大清门到坤宁宫，每一处建筑的名称和彼此之间的距离都清清楚楚地标注其上，数据甚至准确到寸。他们主持修缮、设计的作品中，被列为世界文化遗产的就有故宫、颐和园、天坛等。这个祖孙七代的建筑世家有一个别号，叫"样式雷"。

雷氏家族每次设计皇家建筑，除了图纸、文字说明外，都会制作结构真实、尺寸精准的立体缩小版模型，俗称"烫样"[1]。当时烫样主要是给皇上御览作决定使用的，至今，故宫还保存着不少雷氏家族当年制作的烫样。

号称"小紫禁城"的宁寿宫完成之后，乾隆皇帝一天也没有住过。退位后，他继续住在养心殿内控制着朝政，直到嘉庆四年（1799年）八十九岁去世时。

清朝第二次集权高峰，出现在国家接近倾圮的末期，而且权力集中掌握在慈禧太后手里长达四十八年之久。掌权期间，她不惜挪用国家建立海军及改善民生所需的资源供自己享受。除了大兴土木，进行修葺圆明园等大型工程，其间也曾对紫禁城作较小规模的改建。

慈禧太后因子而贵，她的儿子就是后来的同治皇帝。她刚入宫时居住的储秀宫，在她五十大寿时，花费了六十三万两白银重新修缮布置过，就是我们今天所看到的内部装潢。可能也因为她刚入宫的封号是兰贵人，兰花有王者之香，又是生育男孩的象征，兰花寿石组合图案寓意宜男宜寿，所以储秀宫的装饰大量采用了这个图案。随着慈禧在宫中的地位逐渐显赫，她的寝宫装饰也越来越奢华，甚至在储秀宫的庭院陈设中出现了龙，这在东西六宫中是独一无二的。

东六宫基本上一直保持明永乐初建时的旧貌，西六宫则在慈禧掌权的光绪年间进行了两次大规模的改建。先是拆除储秀门修建了一座体和殿，面阔五间，且带前后回廊；后再拆除长春门新建了一座面阔五间的体元殿。除此

西六宫、后三宫区域

之外,还在东六宫的钟粹门加盖了垂花门。

这都是清代对于明代传统的无知,只图生活上的便利而出现的现象。从此,东西六宫原本统一对称的格局不复存在了。

对于前朝三殿的完整延续,清代还是十分在意的。康熙十八年(1679年)一个寒冷的冬夜,太和殿西侧的御膳房冒出火光,不到两个小时,大火就烧到了太和殿。几天之后,引起这次火灾的六名太监都被处以绞刑。此后太和殿在长达十八年的时间里始终是一片废墟。

康熙皇帝就在残缺的紫禁城中,忙于指挥弭平不同的战乱和稳定国家统一大局。在十六年间,接连平定了以吴三桂为首的三藩之乱,收复台湾,还打败了入侵的沙俄,签订了清朝和国外唯一的平等条约《中俄尼布楚条约》。

直到康熙三十四年(1695年),天下底定,康熙皇帝才总算有余力进行重建太和殿的工作。但是工作进行得十分不顺利。距上次修建太和殿的明朝天启年间，已经过了至少六十九年，太和殿确切的建筑比例与相关数据已无从查起。爱读书的康熙还亲自查阅所有相关书籍，也一无所获。

幸好，当时一位名叫梁九的人——他年逾古稀，从明崇祯年间即进入工部，已在工部工作四十余年——让此事有了重大转机。他按十比一的比例，做了一座太和殿的木制模型，没想到工匠们就凭着对这座模型组件放大制作的木件，重新搭建出完整的太和殿，而且安装密合，几乎丝毫不差。这次重建只将两边的游廊改为夹室，把木构斜廊改为砖造隔墙，从原有九开间变成十一开间。大殿正面艺术美观效果虽稍有减弱，却增加了防止漫火延烧的实用性。最难得的是，这次重建的所有相关资料都详细记载在《太和殿纪事》里，成为修建太和殿唯一的一份详细记录，直到今日仍有重要参考价值。

康熙三十六年（1697），康熙皇帝为太和殿举行了盛大的落成仪式。这不仅仅是一座宫殿的庆典，更昭示着一个新盛世的开始。

康熙皇帝之所以能登上皇位，成为开启清代盛世之明君，在其中起关键作用的人物是一位外国传教士——汤若望。

中国历史常将天象和国家兴亡联系起来，这一点在王朝更替时更为明显。汤若望很巧妙地抓住这次机会，把明末耗费多时才完成的《崇祯历书》改名为《西洋新法历书》，然后就献给了新王朝的摄政王多尔衮。多尔衮很高兴地接受了它，将其改称为《时宪历》颁行天下，这部历法后来一直沿用到清朝末年。

多尔衮死后，顺治皇帝虽然信奉佛教，但也持续和具有天主教神父身份的汤若望保持良好的关系，渐渐地也把他当成亲信。顺治在得天花不治临终时，接受了汤若望的建议，略过较年长的皇子，选择得过天花而具有免疫力的玄烨继承皇位——玄烨就是后来的康熙皇帝。玄烨一生好像注定和洋人、

叁 白山黑水新主人 | 97

（清）佚名《康熙帝读书像》

洋学特别有缘分。

南怀仁是一位比利时籍的传教士，曾经是汤若望的助手。康熙皇帝十五岁时，钦天监用传统方法推算历法出现错误，康熙认为这是打击权臣鳌拜的机会，就令鳌拜支持的钦天监和南怀仁在午门进行了一场天文历法大比拼：用不同的算法测算正午日影的长度。结果，南怀仁的计算准确无误，而钦天监的传统算法再次出现错误。南怀仁帮康熙在和鳌拜的对抗中取得了重要的胜利。

不仅在天文历法上，康熙在算学、音乐、医学、地图绘制等许多领域都表现出浓厚的兴趣，不但亲力亲为，还延揽专家留在宫中，继续探讨，其间也有不少杰作出现。

在艺术创作方面，康熙也起了带头作用。现存中国最早的油画作品之一《桐荫仕女图》屏风，就是当时的宫廷画家向西洋传教士学习油画技巧后的成果。而且他在西洋艺术这方面的喜好对接下来的两位皇帝也有深刻的影响。

他的孙子乾隆皇帝营建圆明园时，特地命法国教士蒋友仁开辟了一组西洋建筑。处于紫禁城乾隆花园北端幽静角落的倦勤斋，斋内的通景画和天顶画就是融合西方透视技巧和中国绘画装潢技术的成果。

康熙还催生创造了世界上独一无二的珐琅彩瓷。他对法国传教士进贡的铜胎画珐琅一见钟情，决定将这种珐琅工艺移植到他喜爱的瓷器上，而且他要在宫中尝试烧制，以便就近督导。

就这样，一座烧制珐琅彩的小窑搭设在养心殿旁，康熙成了有史以来最尊贵的督窑者。珐琅彩瓷器，终于在康熙去世前烧制成功，基本沿袭了西洋铜胎画珐琅的风格，而且所有的颜料全靠进口。

紫禁城内新搭建出来的小小珐琅彩"官窑"，不但成就了中西艺术交流的结晶，也成了康熙、雍正两代皇帝的共同追求。

康熙珐琅彩瓷碗

雍正珐琅瓷笔筒

1723年，雍正皇帝继位，他继承了康熙皇帝的江山，也继承了父亲对珐琅彩的热爱。他成了认真的第二代督窑者，即便政务再繁忙，对具体个别用料、图案、尺寸、型式的烧瓷要求也一一亲自批示，从不懈怠。他不但令国产颜料开发出来的种类和品质超过进口颜料，也使绘画图案跳脱铜胎西洋图案的窠臼，增添了梅兰竹菊题材及富有文人意境的山水绘画。

雍正事事认真，粗细靡遗，亲力亲为，不论是对烧瓷，还是操持国事，都是如此。他勤政爱民，谋求政治革新，凡事深谋远虑，他设计的和心里想的，就是为了奠定清朝富强的根本，而且他真的都做到了。

正大光明皇家猜

雍正的许多政治革新都是在不引人注意中精心盘算，一步一步向前走。

在争夺皇储位子的长期较量中，雍正显得那么沉稳、机灵、有智慧。成功以后，因为自己吃过苦头，参政时又体察时政缺失，登上皇位后，他变得比紫禁城任何过去的主人更殷切地想改变这其中种种的政治不合理，决定从关系"国本"的立储开始着手。

清代开山始祖努尔哈赤并没有定下立储的传统，所以有皇太极和多尔衮为皇位进行的争斗。太宗皇太极没立储又暴死，引发多尔衮拥九子福临和皇长子豪格抢位。顺治皇帝二十四岁英年早逝，临终前以三子玄烨有天花免疫的优势来继承皇位。清前三代，不仅没有遵循历代嫡长优先立储的传统，继位方式还有些粗暴混乱。

到了康熙时期，天下仍战乱纷扰，汉族尚图反清复明，确立储君有维系国本、稳定人心之效，康熙极重视，却弄巧成拙，二立二废，在四十多年中，众多皇子为成为储君，结党营私，钩心斗角，使宗室、外戚、满汉大臣、中小官僚等皆卷入其中，影响层面甚广，进而扰乱朝纲，问题丛生。

所以，雍正皇帝继位后，雍正元年（1723年）八月的一天，他在乾清宫召见群臣，宣布从此开始"秘密建储"的新制度。在大内乾清宫悬挂的"正大光明"匾额后面藏着一份他亲笔写的继位谕旨，他无论去哪儿，都随时带着另一份同样的密封谕旨。在皇帝驾崩时，两份谕旨必须核对无误才能公布。所以皇储的身份直到公布的那一刻之前，始终是一个谜。

秘密立储有确立皇储、国本已定的作用，却无公开储君之弊。当然，其间皇帝也能改变主意，在神不知鬼不觉的情况下，把皇储人选换了。如此，有心皇位的皇子，因为没有具体的攻击目标，无法与储君争斗，皇子、皇储也能同时从政。而皇帝能更加从容地考察皇子们，选出贤者能者。

雍正的许多政治革新都是在不引人注意中精心盘算，一步一步向前走。

康熙崩逝，雍正继位后就下令将所有康熙朱批谕旨上缴，私留者以重治罪。后人猜测这个举动的背后原因：康熙朱批的谕旨曾有涉及皇位继承人的意见，恐怕会对雍正的统治有负面影响。可以说雍正力除政治杂音，为求集权的政治工程，从这一刻已悄然启动了。

其实，雍正心中的顾忌和清朝前几位皇帝一样，他时时刻刻担心自己的皇位不保。原来努尔哈赤一开始就设置议政王大臣会议，国家大事都交由会议讨论和决定，会议甚至有罢免皇帝的权力。这一个规定成了继位者的长期梦魇，顺治皇帝即受制于专权的多尔衮，康熙则受制于跋扈的鳌拜。这些让皇帝寝食难安的权贵，几乎都是议政王大臣会议的主脑。

虽然为了加强皇帝的权力，顺治恢复了明朝的内阁制度，康熙也成立了南书房[2]，冀望分散、减弱议政王大臣会议的权力，但是并没有从根本解决问题。

终于让雍正等到了一个机会。雍正八年（1730年），蒙古噶尔丹与清交

叁 白山黑水新主人 | 103

雍正朝服像

战。战情紧张，雍正借口整理和通报军情的内阁距离内廷太远，途中有太多的泄密机会，于是顺理成章地成立了一个新的机构——军机处。

在偌大的乾清门广场西北侧有一排不起眼的小房子，那就是军机处所在。军机处和北面宫墙间有两米的距离，据说过去有一条通往内廷养心殿的专用通道，可以穿过宫墙经过御膳房直达养心殿。虽然现在已经看不见这条通道，但在靠近御膳房的院子宫墙上，依稀还留有通道的痕迹。

不管过去是否真有此通道，从军机处到皇帝内廷议事的养心殿也只有五十米路的步程，这让皇帝能够随时迅速召见军机大臣，了解国家大事和紧急军情。皇帝了解情况之后，口谕处理方式，军机大臣凭记忆回军机处拟稿，再回养心殿经皇帝审阅定稿，这一个来回只需一两个小时，皇帝最终定稿后即为诏书，再由军机处下发。

军机处再按照公文紧急程度，规定传递速度。要求"马上飞递"的，日行三百里。如果还有更紧急的，可以分别要求一天跑四百里、五百里、六百里。公文在驿站换马不换人，一路飞奔送到目的地，递交到地方官手中。皇帝通过军机处直接向各级地方官下达命令，军机处逐渐成为新的政令枢纽，议政王大臣会议日渐形同虚设。

有意思的是，在紫禁城内，行政中枢与皇帝寝宫的靠拢竟也成为皇权更集中的表现。过去的内阁距离皇帝寝宫1000米，而军机处距离皇帝寝宫只有50米。这仅仅50米的距离，让皇帝有了从来不曾有过的感觉——他是如此接近自己所拥有的天下。

或许这种感觉太美好了，所有雍正以后的皇帝继续使用这套政治运作方式，即使作为皇帝寝宫的养心殿局促狭小，他们也舍不得搬离。

在雍正皇帝之前，养心殿原本只是一个普通的宫殿。雍正皇帝因为父亲康熙皇帝在乾清宫居住了六十多年，不忍心也不愿依照惯例搬进乾清宫，所以决定搬到养心殿，并只要求对其进行简单的修缮，一切务必朴素低调。

但是雍正的这个决定注定会改变紫禁城内廷的格局，从此，养心殿在紫禁城日趋重要。它也无法继续朴素低调下去，所有的配套马上跟上来。当时在紫禁城中，衡量宫殿地位重要性的指标之一是采光。为了改善养心殿的采光，它成了紫禁城中第一个装上玻璃的宫殿。在当时玻璃全靠海外进口，是极为稀罕的东西。为了衬托天子寝宫的特殊地位，房内的陈设装饰可谓极尽奢华之能事，据清同治二年《养心殿寝宫陈设档》记载，当时这里的陈设品竟达 724 件之多。

皇帝寝宫位于养心殿后殿，后殿东西两个稍间靠北墙安置着炕床，就是民间所说的"龙床"。皇帝的卧床有两个，东稍间的卧床在皇后侍寝时使用，西稍间的卧床为其他妃嫔侍寝时使用，东西耳房及围房则是皇后妃嫔侍寝后的临时住所。养心殿前殿西暖阁靠西的小房间就是著名的"三希堂"。

三希堂内景

今天，养心殿已经成为中轴线以外最受欢迎的景区。它基本保留了光绪皇帝居住时的原貌，是目前唯一能看得到的皇帝寝宫。它的前殿就是皇帝日常处理政务的场所，由休息之处经甬道到前殿办公，用不到一分钟，大大提高了皇帝办事的效率。

清朝从努尔哈赤到溥仪总共有十二位帝王，算上雍正皇帝，共有八位皇帝把养心殿作为自己生活起居和处理政务的地方。在那一百多年里，它好比紫禁城的心脏地带，牵动着紫禁城甚至全天下的脉动。

清朝皇宫档案中曾记载，"雍正九年，八月十二日，雍正皇帝命人把三份符板分别安放在养心殿、太和殿和乾清宫"。在宫顶中心安放符板，在古代建筑风水学里是很讲究的。符板有道教八卦图和藏传佛教的咒语，是"诸教为我所用"思想的反映，为的是镇宅、避邪、保平安。雍正特别选择这三个宫殿安放符板，表明养心殿和太和殿、乾清宫一样，是紫禁城中最重要的地方。

养心殿，一座小小的宫殿见证了清朝由盛到衰的历程，甚至主人们的最后一刻。

1839 年，即道光十九年，道光皇帝和林则徐就是在此筹谋禁除鸦片的方案，为日后鸦片战争的爆发埋下了导火线；太平天国战争末期，两宫太后也是在此和军机大臣日夜值守，布防筹剿太平军，一直到最终收到所谓的"红旗捷报"；清末，朝廷与列强签订的诸多不平等条约，大多数也是在此审阅批准的；直到 1912 年 2 月 12 日，隆裕太后携宣统皇帝溥仪也是在这里召开了最后一次御前会议，宣读了《退位诏书》，结束了统治中国 268 年的大清王朝。

养心殿在顺治朝曾经作为皇帝的寝宫之一，顺治因染上天花崩于养心殿。乾隆、同治两朝皇帝也是在养心殿的龙床上走到了生命的尽头。

在康熙朝，任何人都无法想象养心殿日后的地位会变成那么尊贵和重要。

养心殿在康熙年间还曾一度被作为制造皇家御用品的办公场所，即养心殿造办处。连康熙钟爱的珐琅彩瓷也是在养心殿院里的小窑烧制的。这原本是增添生活情趣的精美瓷类，却成了天子和皇家造办处的一项很庄严的使命，每次烧制都精益求精，像艺术家一样，总是希望做出流芳百世的最佳创作。

而这种追求极致品位的趋势在康熙、雍正和乾隆三朝皇帝的身上表现得越来越明显。乾隆皇帝在这方面的执着，激发出他对艺术收藏追求质和量的欲望，而且至今无人望其项背。将他列为中国有史以来最重要的中国艺术品收藏家之一，应该没有争议。

三希堂主狂收藏

从关外来的紫禁城的新主人,没有多久就证明自己对汉族传统文化的兴趣。

严格地讲,乾隆皇帝的收藏,并非他一人的成果。

在今日的太和殿,仍可见到两件乾隆朝留下来的大型紫檀龙纹橱柜,它们的用途应该类似于明朝皇极殿内列摆的八件大龙橱,里面放满了象征国统的三代彝鼎。这些沉甸甸的"镇国之宝"多系宋宣和殿旧藏,北宋亡后归金,金亡归元,元亡后由徐达运至南京明皇宫,永乐皇帝迁都北京时,又将其迁至北京紫禁城,明朝灭亡以后,这些珍宝尽归清朝。

明朝开国皇帝朱元璋对前朝收藏显得意兴阑珊。连北宋大画家李公麟的《骏马图》在他眼中也不过是一批军用物资的图像。他能从中体会的,只是可作为战备军马的美好感觉。

明洪武二年(1369年),朱元璋在景德镇正式成立御窑厂,这里专门生产皇家使用的瓷器。这些瓷器禁止民间使用和买卖,烧制方法和配方对外严格保密。虽然御窑厂使用的是最好的工匠和瓷土，但朱元璋出身贫苦，基于节约的目的，他规定用御窑厂烧制的瓷器替代过去所费不赀的以金、银、玉打造的礼器。明成祖朱棣也带头将吃饭用的玉碗改成瓷碗，还将随葬的明器和对海外属国的赏赐也换成瓷器。

其实，整个明朝宫廷似乎都没有什么积极的收藏意识。万历十年（1582年），首辅张居正死后，他生前营私谋利的行为被政敌揭发，其丰富的书画收藏在抄家时变成宫廷内府的收藏。整个过程好像跟艺术本身无关，更像是一场财富的转移。明朝宫廷书画不但入藏极其有限，而且还在不断流失，究其原因，竟是崇祯为了开出军饷而将其变卖。当崇祯吊死于煤山，他身后的紫禁城早已空空如也。

但是，从关外来的紫禁城的新主人，没有多久就证明自己对汉族传统文化的兴趣。

在康熙皇帝礼遇的汉族文臣中，就有借着精通文史哲而渐成康熙亲信的高士奇。他还以善于收藏、鉴赏书画著称。他进献给皇帝的书画皆记载于其所著的《江村销夏录》中，而他自己的收藏则记载于《江村书画目》。将其在他书中的批注两相对照，似乎已然证实一个一直有的传闻：他阳奉阴违，将假画进献康熙，而真画却自行珍藏。只是到头来，他的收藏也全部进宫，成了清宫书画收藏的重要组成部分。

乾隆皇帝痴迷书画的程度应该不亚于高士奇。只不过，当年他在三希堂赏玩自己最心爱的三件书帖时，并不知道手中署名王羲之的《快雪时晴帖》和王献之的《中秋帖》其实是唐宋时期的仿件，只有王珣的《伯远帖》才是东晋时期的真迹。即便如此，这些也绝对是了不起的收藏，尤其是在了解了这些有着千年历史的书画是躲过了或经历了多少惊险劫难才得以进入紫禁城以后。

中国书画收藏史上曾经发生过几次大劫难，每次都是那么令人痛心惋

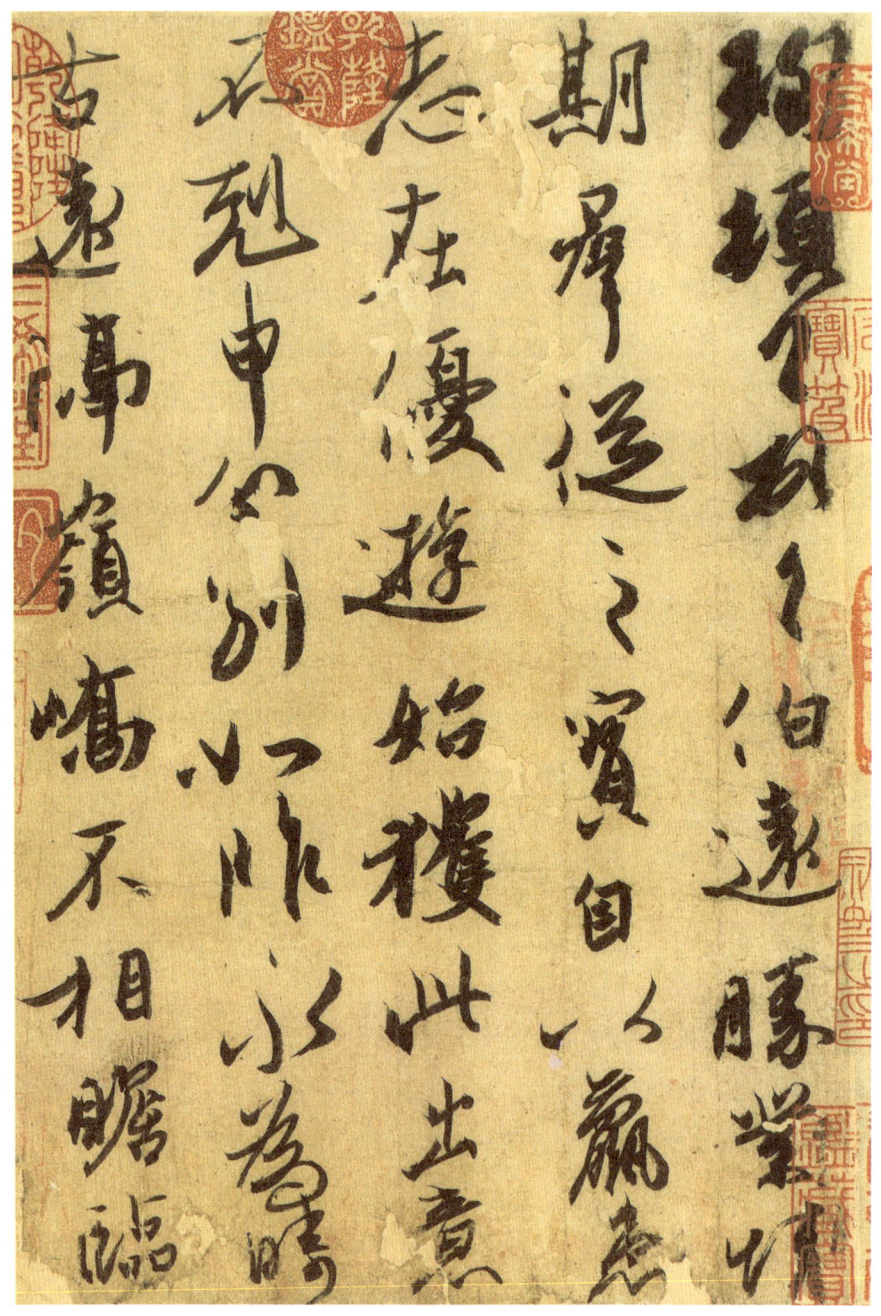

（东晋）王珣《伯远帖》

惜。在1500多年前的南北朝，当梁元帝被西魏军队围困江陵城，他在投降前夕将自己收藏的14万件堪称天下精华的书画典籍，在一夜之间全部焚烧殆尽。1400多年前，隋炀帝沿运河下扬州，东都洛阳的经典书画也随船前往，不幸船只倾覆，随行书画大半落水，无从挽回。距今约900年的靖康之难，金兵攻陷汴梁，热爱而且精通书画的宋徽宗被掳，他空前的书画收藏从此散落流失四方。

千百年来，书画的聚散流迁往往和帝王命运、王朝更替息息相关，紫禁城的藏品也不例外。

明末战乱，大量宋元以前的书画珍品流散民间，书画又开始新一轮聚散。到了清康熙年间，随着社会日益安定，民间书画精品逐渐汇集到几位大收藏家手中。其中，康熙朝末年的安岐在天津靠卖盐发家后便大量收购古书画。从其所著《墨缘汇观》一书中，可以知道他所藏的书画不但数量庞大，而且多是年代久远的名家珍品。到了乾隆初年，由于盐田迁移，安家盐业也随之衰败，安岐拥有的一大批书画精品陆续被清宫廷收购。

不过，乾隆绝对想不到自己会因为收购了安岐的一幅画而成为收藏界的笑柄。

元朝黄公望的《富春山居图》[3]是中国文人画的巅峰之作。此画在完成后的三百年间一直是被竞相收藏的对象。明末，它被一个叫吴问卿的人持有。吴问卿对此画爱不释手，吃饭睡觉都要带着它，即使遇到兵荒马乱，他逃难时也只带着这幅画，其他家财都不要了。临死前，他更是决定将这幅画烧掉为自己陪葬。

眼看一代宗师的代表作就要化为灰烬，幸亏吴问卿的侄子从火中偷偷用其他画卷将它换了出来，可惜已烧成两半，前半后来裱起来称《剩山图卷》，后半保留了原画主要大致内容，重裱后称《无用师卷》。

《无用师卷》虽然不是原画全貌，但仍保存了原画的意境和笔意，这幅

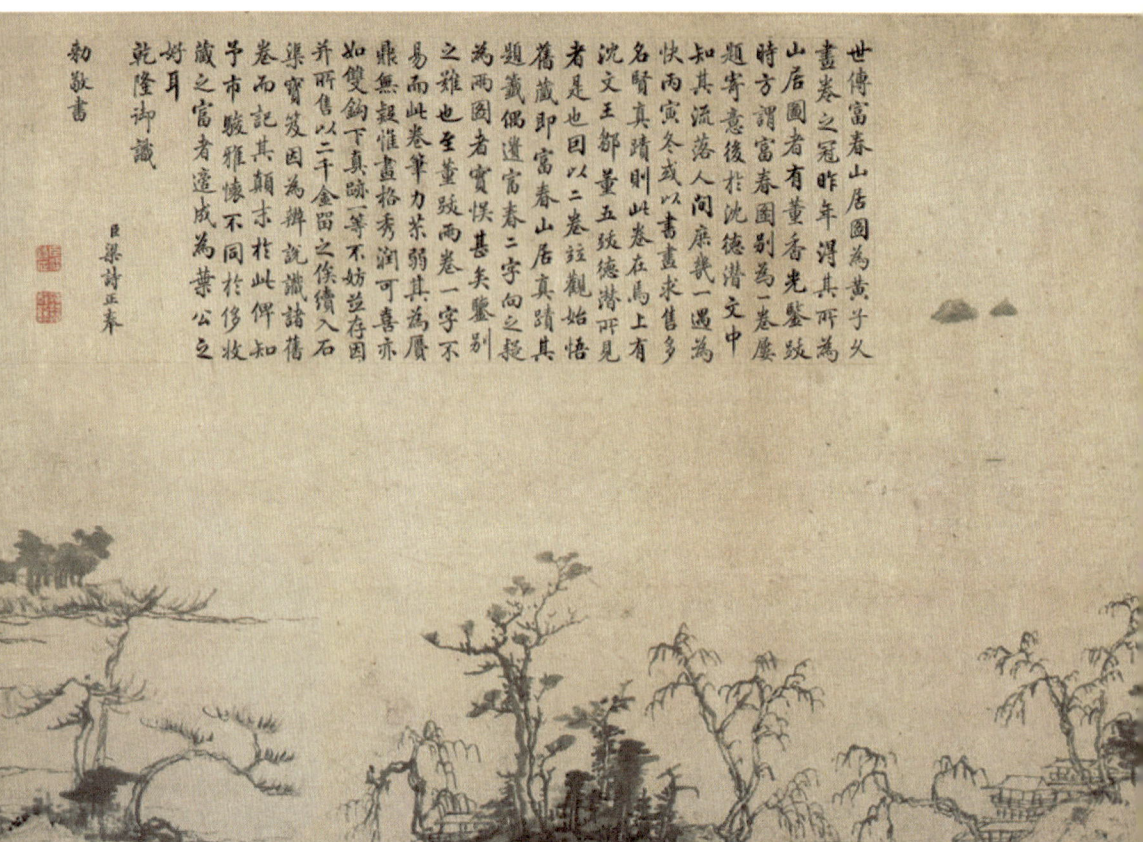

树立了中国山水画新风格的传世名作，辗转经过多人收藏，最后被安岐买到了。

安岐过世后，《无用师卷》终于被带到乾隆的面前。但在此之前，乾隆皇帝已经得到一幅《富春山居图》，即著名的假《富春山居图》，后世称为《子明卷》。《子明卷》是明末文人临摹的《无用师卷》，后人为谋利，将原作者题款去掉，再伪造了黄公望题款和邹之麟等人的题跋。其实《子明卷》有明显的漏洞，元代书画题款应该是在绘画内容之后，而《子明卷》的题款却

（元）黄公望《富春山居图》无用师卷（局部）

在画面上方空白处。

但乾隆的书画鉴赏水平并不足以看出这个明显的漏洞。《子明卷》始终被乾隆视为珍宝带在身边。乾隆不时将其拿出来欣赏，即便真迹出现了也没能改变他原先的判断。他虽然坚定地认为《无用师卷》是仿品，却又因其画技高超，仍旧以很高的价钱将其购入宫中，但也因此永远成为收藏界"不识货"的笑柄。

乾隆之后，嘉庆在书画收藏方面就无多大建树，一方面是因为他没有乾隆那种对书画的狂热，另一方面也是因为乾隆确实在其有生之年几乎囊括了天下书画收藏的精华。但为了表示对父亲心爱之物的珍重，嘉庆决定将乾隆生前玩赏的书画器物全部封存，其中书画主要封存在宫里的延春阁。

虽然乾隆的收藏雅兴没有遗传给嘉庆，但在嘉庆时期宫廷仍新进了一批书画，其中就有闻名于世的《清明上河图》。这幅画是在一次对和珅党羽毕沅的抄家行动中的意外收获。这幅北宋名画，即使酷爱书画的乾隆皇帝生前也无缘见到真容。《清明上河图》于嘉庆十年（1805年）被编入《石渠宝笈三编》。之后，清宫的收藏品就不再有什么精彩可言。

早在乾隆八年（1743年），乾隆皇帝就决定将宫内收藏的精彩书画作一个完整的记录，这是为存在了两千多年的中国宫廷书画收藏行动进行的一次总结，是明清紫禁城数百年收藏的句号。

首先完成的《秘殿珠林》是将有关佛教和道教的作品编成目录。后完成的《石渠宝笈》，还有续编、三编，共成书225册。在全盛时期，清宫收藏品在10000件以上，其中晋唐宋元书画2000多件，明代书画2000多件，这大概是当时最大规模的中国古典书画收藏。除了历代名家作品，还有为数不少的清代名家和宫廷画家的书法、绘画作品。几乎所有中国美术史上的重要作品，都在乾隆在位的期间进入了紫禁城。

紫禁城成为博物馆之后，工作人员才开始认真地统计故宫里总共有多少瓷器，结果在180多万件文物中，约35万件是瓷器，而且绝大多数都是这座宫殿独有的，因为在中国封建社会中，最稀少的和最美的东西，往往会被皇家垄断。

过去有些绝美的瓷类，是不同的窑厂专为皇家烧制的，最终成为皇家御用及传世的宝贝。而官办窑厂专烧皇家瓷器则是从明代正式开始的，清康、雍、乾三朝已是封建王朝的最后一个太平盛世，官窑烧瓷更是达到前所未有的盛况。

乾隆继位时，作为陶瓷中心的景德镇，其人口竟然有百万之多，而为皇家制瓷的御窑作坊一时多达23个。乾隆特地命宫廷画家将官窑生产瓷器的二十个工序详细记录，绘制成《陶冶图册》。

在这些工序里，最有仪式感而且绝对不可缺少的就是"祀神酬愿"。该工序源于明万历时的一个传说。当时朝廷下令烧制大龙缸，但总是失败。眼看期限将至，工匠将受到惩罚，一个名叫童宾的工匠心急如焚，为了救其他工匠，他自己纵身跳进窑火中，而大龙缸也终于烧成了，他从此被奉为窑神。从此以后，每次烧窑前，工匠们都要烧香祀拜他，以求保佑烧窑成功。

《陶冶图册》上的文字说明，是一位名叫唐英的督陶官奉命撰写的。唐英善画能诗，年轻时曾经用三年的时间，谢绝一切应酬，和工匠们同吃同睡，苦心钻研烧瓷之术。乾隆二年（1736年），他被正式任命为督陶官。他督导官窑前后二十多年，期间制作出来的官窑瓷器，不论在品种的仿古、创新和器物的制作技艺各方面，皆臻空前未有之水平，至今仍被公认为难得的"瓷中珍品"。

乾隆时期，朝廷对制瓷的生产管理要求十分严格，有点类似今天的问责制，有时连唐英这样出色的督陶官也不免受罚。乾隆十三年（1748年），已经66岁高龄的唐英因为新呈的467件瓷器未照新样烧造，全部费用全部由他自行负担。

乾隆本人在制瓷上，其实和他关注其他艺术文化事业一样，充分表现出了追求创造非凡和超前的强烈欲望。他常常全身心地投入到新瓷种的开发过程中，使得官窑总能有不同凡响的创新之作。

景德镇御窑就曾经为乾隆皇帝烧制了一件很特殊的大瓷瓶，是中国陶瓷史上极其难得的作品。这是一件高达87厘米的被称为"瓷母"的大瓶子，总共汇集了对烧制温度各有不同的15种釉彩、16道纹饰和12幅彩绘

钧窑丁香紫瓷尊

的吉祥图案。每次进窑烧釉都是不知后果的冒险,成功前至少得进出十数次,所以在此之前,历朝数代都未能烧制成功。这么大型而且工艺复杂的精美器物,其设计理念是用来呼应乾隆皇帝完美的一生,体现他"十全老人"的隆誉。

但是"十全老人"在瓷器收藏上还是有一点遗憾——他始终未能看见传说中的如玉、如冰、如翠的"秘色瓷"。关于秘色瓷的来历和名称,甚至它是否存在过，都曾经是众说纷纭，没有定论。直到1987年，13件秘色瓷从陕西法门寺地宫出土，争论才算告一段落。

乾隆因未能见秘色瓷真容，还曾经作诗感叹："李唐越器人间无，赵宋官窑辰星看。"越器指的就是秘色瓷，赵宋官窑指的是北宋五大名瓷——汝瓷、官瓷、哥瓷、钧瓷、定瓷。

五大名瓷中，传世最少、最为珍贵的是汝瓷。

关于汝瓷，据说宋徽宗曾经做过一个梦，梦中出现"雨过天晴云破处"的颜色，十分喜欢想念。汝窑工匠随即按照他的描述及要求反复尝试，终于烧成了带有幽幽淡青色泽、素雅脱俗的汝瓷。这种绝美瓷器，当初烧制成功的数量原本就少，能传下来的更少，目前存世不逾百件。

北宋五大名瓷存世数量稀少，是北京故宫博物院最珍贵的藏品之一。它们是中国瓷器制造史上的第一个高峰。

2014年的一次瓷器拍卖让"珍贵""稀少"在金钱上有所体现：一只明成化斗彩鸡缸杯被拍出2.8亿港币的天价（当时约合2.5亿元人民币）。鸡缸杯[4]是明宪宗为了讨好大他17岁的万贵妃，特地命令官窑工匠以斗彩烧制出绘有子母鸡图的小巧玲珑的酒杯。斗彩瓷始见于明代宣德年间，于成化年间发展成熟，代表当时烧瓷的最高水平，所以明代就有"成化彩鸡缸杯一双，值钱十万"的说法，目前世间仅存19只，其中4只在私人藏家手里。北京故宫博物院珍藏的成化斗彩三秋杯，杯上绘有更具文人气息的蝴蝶、兰花、小草淡彩画，一度被当时文人称赞为酒器极品，目前存世完好的仅有一对，弥足珍贵。

2005年，在一次国际拍卖会上，一件元青花瓷拍到了2.3亿元人民币，一下子创造了亚洲艺术品拍卖的纪录。青花瓷起源于唐代，兴盛于明代。这白底蓝彩的瓷器素雅有致，在元明时期是最主要的外销用瓷，深受海内外喜爱，更被后世称为人间瑰宝。比较特别的是，永乐宣德年间烧制的青花瓷，采用的是郑和从西洋带回来的俗称苏麻离青的颜料，使用这种青料能烧出浓

明成化鸡缸杯

艳的色彩和类似中国水墨画的晕染效果。今日北京故宫博物院收藏的最具代表性的青花瓷，就出于明永乐宣德年间。

其实从明永乐以后，景德镇烧制出来的最精美、品质最高的瓷器，只会运往一个地方，那就是北京紫禁城。也是从这时，官窑制瓷的瓷器底部开始出现"永乐年制"的字样。从这以后，只要新皇帝登基，烧制好的瓷器上就会写上相应的年号。这也成为中国官窑瓷器的最显著的特征之一。

在紫禁城中，最能标记皇权的物件莫过于代表至高无上皇权的皇帝宝玺。清朝皇帝使用的 25 方宝玺，都存在内廷的交泰殿中，其中的 23 方宝玺是用玉石雕刻而成。而制作宝玺喜用玉石和一个流传久远的传国玉玺故事有密切的关系。

当新王朝建成后，同样的故事总是一再地发生：总是有一个人神秘兮兮地带着一个包，要求进宫献宝，他们都宣称自己找到了传说中的秦朝传国玉玺。根据史料记载，春秋时期那块名闻天下的和氏璧，后来被雕刻成秦国的传国玉玺。不但秦始皇曾经希望借助这块宝玉的神力护佑他的王朝千秋万世，接下来的王朝也都渴望得到和保有这枚传国玉玺。这枚传国玉玺贯穿于整个中国封建时代。传说明灭元时，蒙古人将玉玺带到漠北，之后，真正的传国玉玺从此不见了踪迹，而各种假冒的赝品却源源不断地出现。如今也有一方不知何时何人进献的"传国玉玺"存放在北京故宫博物院中。据专家分析判断，它其实是用泥土制成的。

乾隆皇帝对传国玉玺的传说原本就不太相信，他看重的是本朝的宝玺。乾隆十一年（1746年）以前，交泰殿保存的宝玺多达39枚，包括上文那枚假的传国玉玺。他认为，即便是真的传国玉玺也不应该和大清的宝玺放在一起，所以借着作"御制交泰殿宝谱序"的机会将皇帝御用宝玺定为25方，而且只有这25方能安放在交泰殿中。25之数取自《周易·大衍》"天数二十有五"。乾隆心里明白，自古没有永久不灭的王朝，借《周易》所定之数，祈求上苍，保佑大清能延续25代。但实际上，在乾隆之后，清朝仅仅再往下传了6代。

玉石在象征皇权的宝玺中是举足轻重的主角，在紫禁城中更是无处不在，到处可见。它们既是宫中的生活用品，也是最主要的装饰陈设。据统计，在各个宫殿多宝格陈设的艺术品中，玉器占到80%以上。玉的颜色大致分为白、青、黄、碧、墨五种，紫禁城内的玉器包罗万象，囊括了各种玉，其中新疆和田玉占了绝大部分。

在养心殿后寝殿皇帝休息的地方，门两侧摆放着两个碧玉盘，盘中刻有一首诗，描述的是1755—1760年间乾隆平定准噶尔的这段历史。此战役之后，和田玉运往内地的道路被打通了，这对宫廷玉器的制造有着极重大的意义。从此以后，新疆和田玉从开采、运输到制作，在法律上被皇家彻底垄断了。

有一块从新疆和田密勒塔山开采出来，经运送、制作，然后安置在乐寿堂，被称作"大禹治水图玉山"的巨型玉石雕刻，直到今天仍被称为世界之最。和田的密勒塔山海拔近 5000 米，终年积雪、空气稀薄，每年只有 7—9 月能进山开采玉石，在当时极端原始的开采条件下，这件超过 5000 千克的巨型玉石被搬运到山下，起码花了 2—3 年。再要经过千山万水运到紫禁城，结果又花了 3 年。但它的旅程并未在此终止，巨型玉石的雕刻基地在千里之外的素以雕玉著称的扬州。当经过三个月的水路到了扬州，这件仿宋人名画的大禹治水图玉山又经过六年才雕琢完成。这件玉雕前后历经十多年，耗费数十万人工，花费的银两更是无法计算。

乾隆时期，扬州工匠的雕刻水平巧夺天工，制作出了很多玲珑剔透、镂工繁复的玉器。当这些玉器被当作贡品献给乾隆，乾隆却严厉批评，并下谕旨，禁止再镂雕这类玉器，因为玉器镂空后既无法做容器，无实用价值，又破坏玉质通体润透的美。

紫禁城养心殿造办处有一玉作，自顺治元年即成立，每天有 4—5 名玉工在此为皇帝雕玉。到了乾隆时期，宫廷对玉器的需求大增，紫禁城又增设了如意馆。乾隆时期，大量精美玉器就是出自这两个地方。这时期的玉器大多体大厚重，造型整齐对称，有一种独特的皇家气派，造就了中国玉器工艺的又一个高峰。所以在 18—19 世纪，西方人眼中的清代玉器就是"乾隆玉"。

乾隆被后人称为"玉痴"，今天北京故宫博物院的三万多件玉器，多数为其所藏。他甚至为他的儿子，也就是嘉庆皇帝取名颙琰。琰是一种美玉，而其他儿子也分别以玉器的名字命名。上行下效，当时藏玉、赏玉成为宫廷内外的时尚，更是大臣进贡讨好皇帝的热门礼品。

曾经有一件进贡的玉杯引起乾隆的注意，此杯虽颇有汉代风格，手感却粗糙得无温润质感，见多识广的乾隆心里不踏实，召唤出身雕玉世家的玉匠姚宗仁来看。结果，姚宗仁一眼即识出此乃其先祖以祖传手艺造假做成。后来，乾隆降旨姚宗仁，按做成假玉杯的时间扣除其薪俸。

不过，乾隆也曾在玉器上闹过笑话。乾隆非常喜爱一种外方内圆的筒型玉器。由于这种古玉器的文献记载不全，无法了解它的使用功能。乾隆自行研究后，认为它是古人抬举重物时使用的一种辅助工具，并称它为"釭头"，还命人将自己的见解作成诗刻在此种玉器上。这些筒型玉器有的成了御桌上的笔筒，有的加上铜制胆心和盖子用来插花，以便乾隆随时赏玩。直到他死后90年，古玉学家吴大澂才考证出乾隆所称的釭头，其实应该叫玉琮，是古代帝王祭拜大地时所用的礼器。

清宫收藏的玉器，按时代可大略分为元代以前的古玉、明代玉器以及清代玉器。在书画、陶瓷、青铜器、玉器的古文物收藏中，玉器的历史是最久远的。

紫禁城旧藏玉器中最古老的作品是一件兽形玉玦，出土于新石器时代的红山文化。由于岁月的沁润，其表面充满包浆和色斑，不以雕琢取胜，浑然天成的璞润，就足以深深打动爱玉者的心。

雕玉也特别讲究因材施工，最高明的雕工不是破旧立新，而是完全依照玉料本身的天然条件加以设计施用，以达到人力与天工浑然一体的效果。清代的翡翠白菜和肉形石是玉器"巧作"代表中的佼佼者。翡翠白菜的玉料中白色部分被雕成菜根，翠绿部分被雕成菜叶和叶上的昆虫，白绿色之间的过渡十分巧妙自然。而肉形石无论是色泽还是纹理都几可乱真，仿佛能发出阵阵红烧肉的香味。这两件作品现在收藏于台北故宫博物院。

乾隆作为一位肩负治国重任的当朝皇帝，收藏可以说只是自己个人微不足道的消遣爱好。但刚好因为他是一位皇帝，而且还是盛世皇帝，他个人的这种风雅情趣于是造就了一次历史空前的中国艺术品大汇集。这些他

兽形玉玦

经年累月积聚的国家宝藏，代表着中国帝王的最高也是最后的收藏。虽然在他死后清朝的国力迅速衰落，内忧外患不断，终致大清灭亡，但在一次次的磨难中，这些宝藏一再历劫重生，其中的幸存者成为今日仍可见到的文化瑰宝。

战乱祸延皇家苑

> 所有中国被毁坏及抢劫的损失,其详细数目将永远无法查出,但为数必极大无疑。

乾隆五十八年(1793年),英王乔治三世的特使马戛尔尼在觐见乾隆皇帝时,出现了一次激烈的文化冲突:马戛尔尼只愿意将自己的跪拜礼保留给上帝,不愿向乾隆皇帝行跪拜礼;乾隆皇帝赏赐他的是在中国具有特殊意义而且贵重的玉如意,而他却一点也不领情,觉得那只是没有价值的美丽石头。他为打开中英贸易特别带来枪炮等最先进的科技产品当作敲门砖,却落得尘封圆明园的下场。马戛尔尼回欧洲后回忆他的中国之行写道:

> 中华帝国只是一艘破败不堪的旧船,因为幸运地有几位谨慎的船长才使它在近150年里没有沉没,它那巨大的躯壳使周围的国家见了害怕。假如来了个无能之辈掌舵,那船上的纪律与安全就都完了。它不会立刻沉没,它将像一个残骸那样到处漂流,然后在海岸上撞得粉碎。

不幸真被他言中了。乾隆皇帝就是中国封建时代最后一位谨慎的船长。

经过这次不愉快的接见，乾隆帝很自信地认定马戛尔尼这位特使只是来自一个完全不懂礼仪的蛮夷之邦，无足轻重，不过，这一次他彻底估量错了。英国已经不是他想象中的文明落后之邦，而是正在飞速上升并坚信自己才是世界霸主的科技强国。

这个时候，中国在西方眼中原本几近完美的神话被拆穿，这个历经千年创造出来的礼仪之邦，已成为随时可以被击碎的泡沫。紫禁城的礼仪盛典即将结束，西方已经崛起的势力即将改变中国的历史。

道光二十年（1840年）7月4日，对紫禁城来说是再平常不过的一天。道光皇帝按规矩一早先向皇太后请安，然后处理一些例行公事。同一时间，在距离紫禁城数千里的浙江定海附近，很不寻常地出现了英国军舰，定海知县讯问其来意，英国人竟然限他次日投降，否则就开炮轰城。在驿站飞马传军情的时代，等不到紫禁城反应过来发号施令，第二天，英国人就占领了定海。

由定海到北京，奏折传递最快也要20天，道光皇帝到了7月24日才知道定海已经失陷。在这20天中，定海官员因为没有皇帝的指令，不知如何应变，以致延误军机。之后，道光皇帝又陆续接到其他地方报上来的战情，消息相当混乱。直到战争都已经开始了一个多月，道光皇帝才总算搞清楚英国已经对中国开战的这个事实。这个时候，英国军舰已经逼近天津了。

皇帝在统一集权的封建体制里是唯一的决策者，也是交战时当然的指挥官，而道光皇帝既不能及时掌握军情，对英国更是一无所知，一直到战争结束，道光皇帝还在问："听说英吉利距离中国七万里，它到底在哪里？"

这场战争在中国历史上被称为"第一次鸦片战争"。从此，中国进入半殖民地半封建时代。

叁 白山黑水新主人 | 125

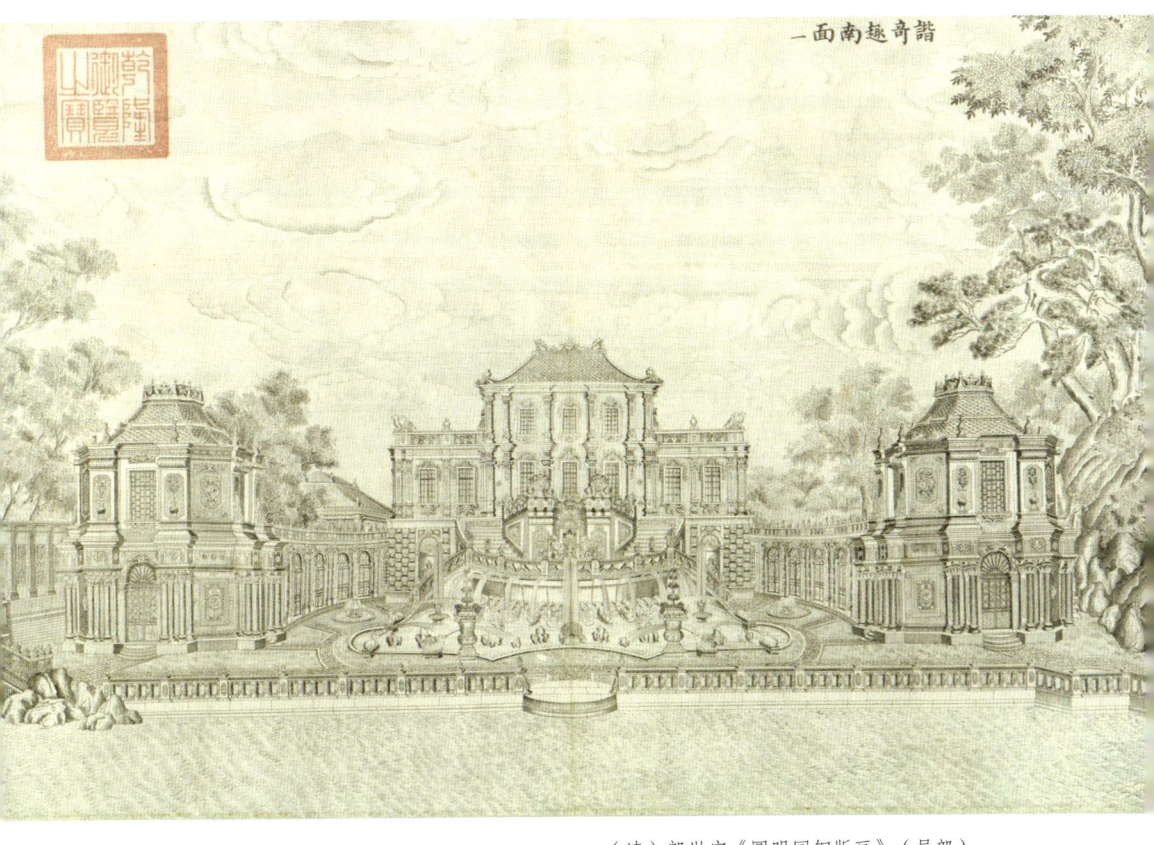

（清）郎世宁《圆明园铜版画》（局部）

第二次鸦片战争，北京再也无法像第一次鸦片战争时那样平静，仿佛置身事外。

咸丰十年（1860年），英法两国借题发挥，联军兵临北京城下，咸丰帝从圆明园仓皇逃往承德避暑山庄，英法侵略军直扑西北郊的圆明园。

圆明园经过清盛世150多年间不断的修建，已是占地广大、拥有几百座宫殿，集古今、南北、中西设计精华于一体的皇家林苑。雍正、乾隆、嘉庆、道光、咸丰五位皇帝都曾长年住居圆明园。他们在此优游享乐，举行朝会，处理政事。圆明园和紫禁城同为当时的全国政治中心，声名远播中外，被誉为"万园之园"。

圆明园为清帝后驻足久留之处，园内陈设自然极为华丽，不仅收藏了国内外极为珍贵的艺术品，还保存了大量历代图书字画、鼎彝礼器和清代文书档案，俨然一座宏大的博物馆。

英法侵略军从未见过如此场面，面对精美绝伦和数量惊人的皇家收藏，一时不知从何下手，为了争夺珍宝，甚至相互殴打械斗。这座清廷经营了150多年的东方艺术宫殿，被英法联军洗劫一空，带不走的也被全部捣毁。在英国首相巴麦尊的批准之下，圆明园又被纵火焚烧，大火延烧了三天三夜，最后只剩下一堆堆的败瓦残壁。

对此令人发指的蛮横行为，在当时西方世界几乎找不到公平的历史见证文字，但是法国大文豪雨果（Victor Hugo）不畏权势，勇敢地大声抗议，谴责法国和英国根本就是两个强盗，他写道："一天，两个强盗走进了圆明园，一个抢掠，一个放火。""这两个强盗……一起彻底毁灭了圆明园。"他盛赞圆明园为"世界奇迹"，"希腊有帕特农神殿，埃及有金字塔，罗马有竞技场，巴黎有圣母院，东方有圆明园"。他痛憾"世界奇迹"的消失，以强盗比喻，指责英法政府应该承担历史罪责。

圆明园由"万园之园"变成中国近代史上的屈辱之园。问之国人，十有八九会以为火烧圆明园乃八国联军所为，有此误会，多半因为"八国联军"是侵华列强最有分量的代名词，"英法联军"在气势上比不过，而"火烧圆明园"更是近代中国饱受西方列强屈辱的象征，很多人就下意识地将此罪行转嫁给"八国联军"，成为对中国近代列强欺华行为不满的心理折射。

40年后的辛丑年即光绪二十六年（1900年），北京城又再次不平静，这次是八国联军打进来了。又是一阵烧杀掳掠，各官衙所存库款被洗劫一空，颐和园作为清宫避暑游乐之地，陈列着大量的历朝珍贵文物，图书字画和金银珍宝都被抢掠殆尽。除了颐和园，中海、南海、北海三海等地，也难逃劫数。

　　光绪年间，在中海西岸为慈禧太后修建了寝宫和归政后的颐养之所，称为仪鸾殿。八国联军侵入北京，中南海成为联军司令部的驻地，联军总司令瓦德西（Alfred Graf Von Waldersee）挟名妓赛金花住在仪鸾殿达半年之久。一天深夜，仪鸾殿突然起火，瓦德西慌忙逃出，联军参谋长则不及逃出被烧死在殿内，殿内珍宝也皆化为灰烬。就八国联军之役，清皇宫园林损失的财物价值实难以估算，诚如瓦德西供认："所有中国被毁坏及抢劫的损失，其详细数目将永远无法查出，但为数必极大无疑。"

　　每当忆起这段屈辱的中国近代史，揪心愤慨之余，人们几乎忘记了一个事实——在这两次北京兵燹中，紫禁城却能肤发未损，奇迹般的完整的保存了下来。

　　紫禁城的收藏远胜于圆明园、颐和园、三海园林宫殿等地，又是中国最高权力中心的象征，外国侵略军到处抢掠搜刮珍宝，为争夺宝物不惜相互斗殴，却为何轻易放弃这个最显著的目标？

　　简单地说就是，他们侵略的行径，是为了逼迫清廷给予最大利益，而不是为了消灭清朝。所有违背追求最大利益之事，不为之。

　　第二次鸦片战争英法联军自海上登陆，几千人的部队一路打到北京，不仅抢劫了大量财物，还胁迫清廷签订了十分屈辱的不平等条约，当时英法叛军入侵中国，最主要的目的是要逼迫大清进一步打开中国市场，允许外国在中国内地做生意，能多赚钱。洗劫烧毁圆明园是一种手段，可以逼迫清政府投降，让联盟军的反抗者知晓其实力和反抗的严重性，但是侵犯皇帝住所的紫禁城，无异于逼着皇帝做亡国奴，皇帝只能用尽一切力量拼死反抗，全民不免护主心切燃起同仇敌忾的激情，举国抗敌，这自然和其追求的利益相违背，故不为之，紫禁城遂得以保全。

　　之后，紫禁城在清朝曾经最接近被毁灭的危险时刻，恐怕就是八国联军进京之时。紫禁城是皇宫，自然是各国侵略军准备抢劫的主要目标。还好当时的侵略军总部担心各国在抢劫中产生无法调解的矛盾和冲突，另外他们还准备继续承认清政府，好让其继续履行所有不平等条约中的承诺。而抢劫捣毁皇宫，等于蔑视皇权象征，重礼仪法统的清廷没准儿不再认账，岂不是得不偿失？于是侵略军决定不侵犯紫禁城。但事实上，各国侵略者都曾利用各种机会进入皇宫"参观"并"顺手牵羊"，所幸没有进行明显的掠夺和破坏，才留下今日仍见得到的故宫全貌。

清政府面对列强每次的侵华造次，往往以签订无条件开放市场、割让领土、大量赔款等屈辱条款的不平等条约收场，在当时国力衰微、人为刀俎我为鱼肉的悲惨岁月中，迂腐落后的清廷在意的不是受苦受难的老百姓，也不是励精图治以改善现状，真正计较的反倒是不让外国使节进皇宫，在意的是让紫禁城内的享乐奢华生活继续。为达此目的，清廷甚至愿意牺牲更多的利益给列强。

1861 年，咸丰皇帝死于热河行宫，六岁的同治皇帝登基继位，由咸丰皇帝的两个老婆以太后身份垂帘听政[5]。清廷则以皇帝年幼，太后接见外国使节不合国情为理由，拖延各国使节觐见的要求。

从此侵略者集团的代表们每次企图张开侵略之手时，总会提出觐见中国皇帝的要求，以此进行要挟，而清廷为拒绝其觐见要求，总会给予一定的好处。直到 1889 年光绪大婚亲政后，皇上年幼的理由已经无法再当作借口，列强代表又旧事重提，清廷又以觐见礼仪多方拖延，最后才决定在中南海的紫光阁接见英、法、俄、日、荷五国代表。

此后见中国皇帝已成家常便饭，不论是团城承光殿，或是紫禁城文华殿，甚至皇帝寝宫乾清宫，也对外国代表开放了，慈禧太后在颐和园的仁寿殿也成了外国代表经常进出的场所。表面上，这只是外国使节在皇宫觐见中国皇帝的外交事例，清廷由起初的严守清宫壁垒，到后来的几乎是洞门大开，实际反映的是大清国力削弱，连见不见与在哪里见都要受制于人。

在清末遭受列强欺凌的过程中，紫禁城虽然幸运地被完整保留下来，但是，紫禁城的尊严也随它主人的运势一般，只能江河日下。

紫禁告别天命论

中国在清末沦为半殖民地半封建社会的71年中，慈禧实际掌权就接近半世纪，她在紫禁城呼风唤雨的日子，同时也替爱新觉罗氏辛苦建立的清王朝下了一道又一道的催命符。

清末长期困扰朝廷的内乱外患，并没直接终结这个最后的封建王朝。预示大清国祚将尽的先兆，却好像是老天爷向爱新觉罗家族下的诅咒灵验了，一点也不像是偶然发生的巧合事件，而且着实令人匪夷所思。

爱新觉罗家族自太祖努尔哈赤起一直人丁兴旺，但是，等到咸丰皇帝在内忧外患中登基后，皇族血脉突然间就衰弱下去。

咸丰长子幼年即夭折，兰贵人生下咸丰的儿子载淳，是咸丰仅存的儿子，成了咸丰唯一的继承人。兰贵人在宫中原本地位不高，却因此最终成为慈禧太后，在后来的近半个世纪里叱咤风云，成为中国真正的最高统治者。而载淳，作为慈禧独子的同治皇帝，不满20岁就病死了。同治没有儿子，

叁 白山黑水新主人 | 131

慈禧太后朝服像

载湉以咸丰侄子的身份继承了皇位，即光绪皇帝。光绪也没有儿子，后来继承其皇位的侄子溥仪也没有后裔。换句话说，清宫接连三代无婴啼。

无后，对于皇室而言就是致命打击，是一个王朝行将覆灭的征兆。

不过，老天给爱新觉罗氏的暗示也没有就此打住。

光绪十五年（1889 年）正月二十六日凌晨，寒风刺骨，在紫禁城内却灯火通明，披红挂彩。离上次同治皇帝大婚，已经 17 年了，紫禁城已经很久不曾如此张灯结彩地张罗一件喜事，这一切都是为了光绪皇帝迎娶慈禧太后的亲侄女隆裕为皇后做的准备。慈禧非常喜欢这个侄女，更重要的是，亲上加亲能更加巩固自己的政治地位，所以她对这桩自己钦定的国婚特别上心。

老天却爱作弄人，偏偏在大喜之日前一个月的一天深夜里，一场突如其来的大火从贞度门一路烧到太和门，导致太和门全毁。按大清祖制，在皇帝大婚之日，皇后必须经过太和门，从御道进入皇宫。可是皇帝大婚在即，重新修建太和门，时间赶不上，为大婚特别选定的黄道吉日又不能轻易更改。

结果在原来预定的大婚之日，坐在华丽无比的婚轿里的隆裕仍在吉时之刻，经由太和门抬进了皇宫。这场世纪大婚隐藏着一个不为外人所知的蹊跷事实，那就是隆裕走过的太和门竟是用纸扎成的。她也成为中国历史上唯一一位从纸门入宫的皇后。

真实情况是，做事一向果断又雷厉风行的慈禧太后下令召集全京城所有工匠和扎纸匠，连夜赶工完成"纸扎太和门"，一座占地 1800 平方米的"纸扎"太和门就这样完成了。据《清宫述闻》所载，这座彩纸棚和原太和门高、宽、深度竟然一模一样，很多细节都逼真至极，甚至连常行走皇宫内的人员都难辨真假。

纸扎的仿形物品，是出殡祭拜死人时才用的，民间一般都会有所忌讳。但是有谁能料到，在大清光绪皇帝大婚时，隆裕皇后的轿子竟然从一个纸扎的牌楼下穿过。可能也是因为这个经历，隆裕皇后的后半生十分悲惨，丈夫

光绪皇帝大婚图

不爱自己,偏又早死不说,大清还在自己的手里亡了。追根究底,一切和她敬爱的姑姑都脱不了干系。

  光绪和隆裕本是感情不错的表姐弟,但在一场刻意安排的选后活动后,两人感情已经注定要变质了。年少的皇帝或皇太子大婚的对象并不是自己能做得了主的,谁能成为后宫之主,决定权往往握在深谋远虑的父皇、母后或是太后手中,最后胜出的通常不是最有魅力的那一位,而是皇家在对权力格局全盘考虑后,认为最适合的那一位。

  作为清朝皇帝后妃的人选必须是八旗官员的女儿,再经过层层筛选,最后胜出者才有机会经皇帝亲自挑选成为后妃。这次有五位女孩幸运地走到了最后一关。她们是慈禧太后的弟弟副都统桂祥的女儿，江西巡抚德馨的两个女儿和礼部左侍郎长叙的两个女儿。但是这些女孩并不知道，真正决定她们命运的是皇帝后面的那个女人。

光绪选后的经过，当时在场的太监唐冠卿曾有过一段生动的描述，大致内容是：这次选后是安排在体和殿进行，事先准备了玉如意一柄，绣花荷包两对，收到玉如意的就是皇后，收到荷包的为嫔妃。光绪手持玉如意来到德馨的长女前面，刚要交给她，慈禧太后大声说："皇帝！"并暗示光绪将玉如意交给桂祥的女儿。光绪无奈，只好照办。慈禧强迫光绪选择了他并不喜欢的皇后，又担心德馨的女儿一旦选入嫔妃，必有争宠之忧，于是不让光绪再选，直接授意光绪将荷包交给长叙的两个女儿。

光绪皇帝一见钟情的女人落选了，和慈禧同姓叶赫纳拉的侄女隆裕成为光绪的皇后，长叙的两个女儿成为珍妃和瑾妃。光绪总共只有一后二妃，是清朝皇帝中妻妾最少的。

只是光绪不愿亲近皇后已经是宫内人所共知的秘密，但也不难理解。一般殷实家庭的弟子娶妻至少也会选个姿色尚可的女孩，偏偏隆裕生就面目可憎，还有一点驼背，而珍妃生性乖巧活泼，讨人喜欢，擅长唱歌、画画，又能双手写字，还常穿上护卫官服扮成美少年逗光绪一笑，她自然成了光绪最宠爱的女人。

但是珍妃的专宠终于惹怒了慈禧太后，慈禧太后借故对其施行等同处罚宫女的"褫衣廷杖"[6]，后又将其关进北三所西房以非人待遇对待之，最终，在八国联军即将打进北京之际，慈禧太后决定彻底除去这个心头大恨。

而官方文件上只是如此简单的记载着："上年京师之变，仓促之中珍妃扈从不及，即于宫内殉难，洵属节烈可嘉，加恩著追赠贵妃。"

关于紫禁城这座大院内生活的传说虽然很多，但是真正知道的人其实很少。太监崔玉贵在珍妃死亡事件里扮演了极其重要的角色。身为知悉内情之人，他的说法和正史记载就有所不同。

1900年8月14日，八国联军攻破北京那一天，崔玉贵接到慈禧的命令，要他将几年来一直幽禁在冷宫的珍妃带到颐和轩。

慈禧对珍妃说："洋人要打进城了，我们要避一避，带着你走不方便。"

珍妃说："您可以避一避，可以留皇上坐镇京师，维持大局。"

慈禧大声呵斥说："你死到临头还敢胡说。"

珍妃说："我没有应死之罪。"

慈禧说："不管你有罪没罪，也得死。把她扔到井里去。"

中国在清末沦为半殖民地半封建社会的71年中，慈禧实际掌权就接近半世纪，她在紫禁城呼风唤雨的日子，同时也替爱新觉罗氏辛苦建立的清王朝下了一道又一道的催命符。

慈禧骄奢淫逸，在清末国力衰微、财库紧绌时还毫不节制，格外引人诟病。平时即有食人乳、牛奶浴、108道菜豪宴等奢靡要求，动辄数万银两费用的花销，罔顾国库不胜负荷之事实。甚至在国难当前之时，为了一己居住享乐之便，仍授意同治重金修缮近乎全毁之圆明园。为庆祝其六十大寿，更是挪用海军经费修缮颐和园，恰巧甲午战争爆发，有人建议停止修缮工程，移作军费，慈禧竟大发雷霆说出"今日令吾不欢者，吾亦将令彼终生不欢"之语。甲午战争失利后，以慈禧为首的主和派下定决心向日本求和，签订了中国历史上空前屈辱的《马关条约》，大清帝国国际地位一落千丈。自此，列强掀起了瓜分中国的狂潮。

八国联军的进犯也是因为慈禧误信义和团能"刀枪不入、枪炮不伤"，而八国联军借口剿除义和团采取军事行动。结果，战败的中国成为列强一起瓜分的那块大肥肉，中国面临最黑暗哀伤的时刻，清政府由此成为帝国主义的傀儡、帝国主义统治中国人民的工具。和八国签订《辛丑条约》的巨额赔款等种种不平等条款，致使人民陷入痛苦深渊，更加速了大清帝国走向灭亡之路。

1898年，年轻的光绪皇帝原本急切地希望通过一番疾风骤雨般的变革改变这个国家的命运。当光绪主导的维新变法进行到第一百零三天的时候，慈禧太后忽然由颐和园秘密回到紫禁城。维新变法终告失败，光绪被软禁，慈禧再度"垂帘听政"。

1908年10月21日，在珍妃遇难7年之后，孱弱的光绪去世了，今日已确认他是被砒霜毒死的，一般人都愿意相信这是慈禧所为。因为一天后，强悍的慈禧也走了。

慈禧走之前，还不忘安排将另一个小孩送进紫禁城。后来，他被人们称为末代皇帝。

他的亲叔叔光绪当初也是这样被送进皇宫，在宫中活生生地被折腾了34年，眼看着马上就要撒手人寰。而视溥仪为心肝宝贝的祖母，即光绪的母亲，一听说大孙子也要被抱进皇宫，当时就两眼一黑昏了过去，醒来之后死命地抱着溥仪不放，年仅3岁的溥仪则又哭又叫又喊又闹，整个醇亲王府一片混乱。

都说当皇帝有享不尽的荣华富贵，只有这些天皇贵胄才知道其中的辛酸。

大清帝国，长日将尽。老天爷还不忘向爱新觉罗家族开最后一个玩笑。

在登基大典之上，溥仪由于刚进宫，对一切都还是战战兢兢的，天气的寒冷也让这个小皇帝早就受不了了，他一个人孤零零地坐在金銮宝座上，听着震耳欲聋的皇家音乐，看着一群陌生人在自己脚下手舞足蹈、三跪九叩，终于再也无法忍受这一切，突然开始哇哇大哭，边哭边喊："我不挨这儿，我要回家！我不挨这儿，我要回家！"说着就要从宝座上跳下来。

他的父亲醇亲王载沣此时正单膝侧身跪在宝座旁，一手还扶着小皇帝，见溥仪如此折腾，只好死死地压着他。动弹不得的溥仪不断挣扎，哭声反而越来越大，"我要回家"的哭闹声伴随着盛大的乐声在空旷的太和殿里回荡，显得格外尖锐刺耳。急得满头大汗的载沣只好连连安抚他说："别哭。别哭。快完了！快完了！"

对于向来迷信的清廷官员而言，这些话实在是不祥之兆。怎么可以说"快完了！""快完了！"，这是清朝皇帝的登基大典啊！

不过，没多久，这里真的不再是皇帝的家。

肆

溥仪经营小朝廷

(1912—1925)

国中国里似神仙

> 这个小朝廷依然称孤道寡、封官赐谥,保持着帝王气派和排场,很多地方都能和民国政府分庭抗礼,俨然"国中之国"。

1912年2月12日,清朝这个当了268年紫禁城主人的封建王朝,在养心殿内又进行了一次御门听政,但是和以往都不同,它其实已经很难再被叫作上朝,因为这次政务活动的唯一内容,就是隆裕皇后带着六岁的溥仪颁布皇帝退位的诏书。从这一刻起,中国的封建王朝永远成为历史。

武昌起义的枪声唤醒了民众对民主共和的向往,绵延了2000多年的封建帝制像腐朽的旧厦,虽然在一夕之间被推倒,但是根深蒂固的封建帝王思想并未能马上彻底根除。许多清室遗老剪下发辫即为中央要员,地方旧吏褪下朝服则成民国新贵,而紫禁城作为几百年来维系亿万民心的精神支柱,也史无前例的成了前朝逊位皇帝的最佳避难所。

中国历朝的末代皇帝,结局无不悲惨。就拿近一千年来说,北宋的徽、钦二帝成为金的俘虏，受尽凌辱。南宋末帝被元军追杀，大臣陆秀夫背负小皇帝跳崖而亡。元顺帝被明军追杀，逃亡于大漠。明崇祯帝自缢于煤山，下场更惨。唯独清末帝溥仪以童稚之年，未经任何苦难，还能和平交接，逊位于民国，不仅能安居故宫内廷，还享有种种优遇。

其实，武昌起义成功之后，清廷政府早已处于朝不保夕、摇摇欲坠的形势下，和民国政府根本毫无讨价还价的余地。袁世凯却能穿针引线，软硬兼施，拨弄其间，促成了于1912年1月17日议定的对清廷极其优惠的《清室优待条件》。但清廷亲贵还不知足，想更进一步的讨价还价。最后，袁世凯授意段祺瑞等将领通电，迫使清廷接受了条件退位。这份《清室优待条件》的主要条款有：

> 大清皇帝辞位之后，尊号仍存不废，中华民国以待各外国君主之礼相待。
>
> 大清皇帝辞位之后，岁用四百万两，俟改铸新币后，改为四百万元。此款由中华民国拨用。
>
> 大清皇帝辞位之后，暂居宫禁，日后移居颐和园。侍卫人等照常留用。
>
> 大清皇帝辞位之后，其原有之私产由中华民国特别保护。
>
> 原有之禁卫军，归中华民国陆军部编制，数额俸饷仍如其旧。

这种对待败弱前朝的承诺是旷古绝今的，令人百思不解的是袁世凯的真正意图。或许是清朝刚被推翻，各地虽纷纷响应宣布独立，但地方群吏转身即变新贵。中央如袁世凯、徐世昌、段祺瑞等皆曾为前朝重臣，他们内心深处怕被人以封建礼制相责，所以特别宽待清室。又或许袁世凯在身居民国大总统之后，挥不去深植心中的对帝位的念想，反而在更大权欲贪念的驱使之下，给予溥仪小朝廷优厚待遇，一方面冀望以其微型封建朝廷的存在持续影响人心，另一方面也能替他守着这一摊，便于自己将来顺利接替登上皇位。

后来，紫禁城就以乾清门为界，以南的外朝部分为民国政府所有，而以北的内廷部分仍由清朝末代皇帝溥仪的那一套人马居住。他们虽无实际发号施令的职能，但仍能过着一切以皇帝为中心的小朝廷生活。当时的京城既有在紫禁城内廷的清朝小皇帝，又有在中南海的中华民国大总统。而且这个小朝廷依然称孤道寡、封官赐谥，保持着帝王气派和排场，很多地方都能和民国政府分庭抗礼，俨然"国中之国"。

末代皇后婉容的亲弟弟润麒回忆当时他进宫和大他7岁的溥仪玩耍的情形，说他清楚地记得，他将自行车带到溥仪那里。溥仪学会了以后，先后买了很多自行车，连婉容也学。当时，溥仪为了保证骑自行车时通行无阻，把门槛都给锯掉了。

但是，不能离开紫禁城一步的溥仪，觉得自己一点也不自由。他曾说："我这一生啊就是高墙，在宫内，一生下来是王府，三岁就进宫当皇帝，一眼看到的就是高墙。"

不过，高高的宫墙已经阻隔不了他和外界的联系。他订阅各种报纸杂志，知道了外面的世界变化。他还受到英国教师庄士敦（Reginald Fleming Johnston）的影响，不仅取了个"亨利"的英文名字，还接受了一些西方的生活方式和先进思想的熏陶，溥仪在自传《我的前半生》中写道：

> 自从我的英文教师庄士敦入宫以来，我在大家的眼里成了最不好应付的皇帝。我剪下了辫子，因为庄士敦说中国人的辫子像猪尾巴，急得太妃大臣们捶胸顿足；当师傅们一起劝阻说，若安上电话，什么人都可以跟皇上说话了，这可是祖制向来没有的时候，我还吵闹着在养心殿的东暖阁，安上了电话。

溥仪有了电话，就像笼中的小鸟终于和外界有了沟通的机会，四处打电话。有一次，溥仪给胡适打电话，他也不先说自己是谁——"你是胡适吗？胡适说是啊，说这个这个你是谁，我是谁？说，那你猜猜，他说那猜不着，然后呢，溥仪哈哈就一笑，我告诉你，我是宣统。"

其实，逊帝溥仪在小朝廷里真是无所事事，大部分的时间和精力也只能花在吃喝玩乐上。

不过，溥仪一点也没有因为亡国末日和寄人篱下的现实而节衣缩食，小心过日子。他在饮食方面不但继续维持皇帝的气派，有时甚至超过了慈禧太后的奢华排场。

按清室规矩，皇帝吃饭叫进膳。进膳时间没有限制。只要溥仪吩咐传膳，便有十几名太监抬着大小七张膳桌，捧着几十个绘有金龙的朱漆盒进入养心殿。御膳平日有菜肴两桌，冬天则加设一桌火锅。此外还有各款点心、米饭、粥品三桌以及咸菜一小桌。

可这些传统膳食对溥仪来说还不够，他还把丽景轩用精雕隔扇拆改布置成一个大西餐厅，好供他进食西餐时使用。

在衣着方面的花费，他也是毫无节制。据一本当时的清室旧账簿所载，仅一个月内，清廷就给溥仪做了皮袄11件、皮袍挂6件、皮紧身2件、棉衣裤和紧身30件，共计近50件。这些衣服的工钱和料钱姑且不算，光边饰、子母扣、针线等零星杂项就已花费银元二千一百三十多元。而且单就平常穿着的袍褂，一年照单就需准备28种，这还未算上遇到节日、大典所需的特殊华丽服饰。

他的玩法更是土洋结合。除了传统的骄奢享乐外，还特意引进了许多洋玩意，例如打网球、弹钢琴、养百余条洋狗、骑自行车、用重金购买西洋玩具和小太监玩，等等。

肆 溥仪经营小朝廷 | 145

溥仪与婉容

1922 年 12 月 1 日，逊帝溥仪和荣源之女婉容举行了大婚典礼。按清旧制，皇后凤舆应从大清门、天安门、午门经御道直达坤宁宫，但因外朝已归民国政府使用，因此皇后凤舆由东华门进，路过箭亭彩棚区，再到坤宁宫。民国大总统派遣特使到场祝贺，国会议员也联名祝贺，合赠白银炉鼎一件，上刻恭贺大清皇帝婚礼，下款刻众议院议员名单。为增声势，民国政府还派出步骑兵 2000 人作为仪仗队，大清遗老和外国使节都前来皇宫祝贺，当时彩棚筵宴、冠盖云集，热闹非凡。

这场世纪婚礼声势浩大，其奢华程度令人咋舌，费用高达 40 万元。如以当时面粉 2 元一袋的市价计算，可以购买 20 万袋面粉，足供 10 万户三口之家一个月的口粮。

小朝廷消费如此奢靡，又不事生产，民国政府一年 400 万元的费用拨款，虽然数目巨大，但也入不敷出，缺额不少。溥仪只能另外打算，朝宫中的珍宝文物动脑筋。这个变卖典当祖传下来的宝贝的主意，不只是为了贴补不足，溥仪在宫中的最后几年，它竟成了非常认真执行的保命行动。

复辟称帝白折腾

这是一群为保皇复辟不惜抛头颅洒热血的顽固守旧分子，他们一得到机会，就像饿狼麇集在一起，兴高采烈地奔向长久以来的共同目标——复辟。

大清亡国，并不是被革命起义的浪潮骤然淹没，而是被"好说好商量"亡掉的。

1912年1月6日，溥仪在养心殿看见隆裕太后坐在炕上擦眼泪，她面前跪着的一位老臣也满面泪痕，但溥仪当时并未认出那位老臣就是袁世凯。袁世凯向隆裕太后直接提出了退位的请求，一个多月以后，隆裕太后带着溥仪颁布了退位诏书。年仅六岁的溥仪在糊里糊涂地做了三年皇帝之后，又糊里糊涂地退了位。换来的是，清皇室有一个安享尊荣的居所和《清室优待条件》里的种种承诺。原本希望从此能相安无事，永远在小朝廷里过着无忧无虑的日子，但是后来的发展证明，袁世凯野心勃勃，而且从一开始就有当皇帝的念头。

袁世凯登基

袁世凯透过权力整合和阴谋手段，窃取了革命的果实，于 1913 年 10 月 10 日在紫禁城太和殿就任中华民国临时大总统。他一方面假惺惺地宣布永远不再让君主政体出现在中国，另一方面又对清室表现忠心，还曾在《清室优待条件》末尾亲批："先朝政权，未能保留，仅留尊号，至今耿耿。所有优待各节，无论何时断乎不许变更，容当列入宪法。"

袁世凯保留逊帝在内廷，很可能是为自己树立一个奋斗目标，憧憬着自己日后有一天能合并内廷，恢复紫禁城皇宫的地位，堂堂正正地登基，建立新王朝。

小朝廷的继续存在，不免给拥护旧制、有心复辟的封建余孽以无穷的希望，他们甚至假借尊孔、礼孔，以恢复伦常礼制为正途，企图替旧朝"重光"铺平道路。在这种社会氛围的笼罩之下，袁世凯很难不怦然心动，心里一直盘算着，与其小皇帝复位，不如自己上位。他便授意其部属运作此事，经过一番忸怩作态的表演之后，当参政院以国民代表大会的名义提出恢复帝制之议，他立即欣然接受，这时离他初任总统还不到三年。

1915年12月19日，"大典筹备处"在太和殿西庑正式对外公开，积极进行赏封爵、定年号、制国旗朝服、册立亲属等为称帝作筹备的种种事宜，准备在1916年1月1日举行登基大典，年号洪宪。

大典的筹备极为奢侈，宫内铺陈御用冠服，务求美极。御座早经雕镂，12月中旬即已完成，价值40万元；袜一双，值80元；金质御宝五颗，价值60万元；玉玺一方，价值12万元……全部费用有账可查者达3000万元之多。

袁世凯坐上太和殿的宝座后，就下令把外朝三大殿匾额上的满文抠下来。清皇室惶恐不安，打算让出皇宫迁居颐和园，身为清朝旧臣的袁世凯为了安抚他们，在《清室优待条件》上批示保证承诺的条件将永不变更。

于是，在短暂的83天里，两个"皇帝"共有一个皇宫，相安无事。

袁世凯沉浸在追逐皇帝梦的狂热中，完全没有察觉"洪宪帝制"已经是违逆潮流而动的行为，是众人绝对无法接受的。全国各地各界反对帝制的声浪日渐高涨，甚至袁世凯若干亲信将领也起而反对，帝国主义列强也各怀鬼胎，态度模棱两可。

如此恶劣的局势，迫使袁世凯不得不在3月22日宣布取消帝制，他的皇帝梦总共只维持了83天。

之后，他痴望继续大总统位置的美梦也被彻底粉碎。

6月6日，一代枭雄袁世凯在万众唾骂声中抑郁而终。这场封建王朝的复辟行动也就此真正闭幕了。但当时有谁能料到，才过了一年，复辟的戏码竟然又重新上演，只是主角换了人。

溥仪作为封建王朝标本的小朝廷主人，"洪宪帝制"失败之后，在北洋军阀政府的庇护下，依然毫发未损。若干顽固的复辟分子错误地认定"洪宪帝制"的失败，恰好证明新朝难以"奉天承运"，所以只有光复旧朝才能真正传承道统、顺应天命。他们深信复辟的主角只能是溥仪。

这些满腔忠诚热血为复辟奔走的保皇人士，与谋求私利的各路军阀政客，积极串联勾结，阴谋复辟。在1916—1917年，他们举行过多次"徐州会议"，共谋复辟大计，而且取得了一定的共识。顽固复辟分子张勋是结盟中的灵魂人物，他和他带领的辫子军成为将复辟付诸行动的急先锋。他借调停北洋政府中黎元洪与段祺瑞"府院之争"的机会，于1917年6月7日率领辫子军4000余人进京。

这是一群为保皇复辟不惜抛头颅洒热血的顽固守旧分子，他们一得到机会，就像饿狼麋集在一起，兴高采烈地奔向长久以来的共同目标——复辟。

7月1日一大清早，复辟帷幕正式揭开。

张勋身着朝珠蟒服，头戴红顶花翎，率领一干大清遗老大臣康有为、王士珍、江朝宗等涌进内廷，拥戴溥仪重新登基。内廷顿时热闹非凡，各方复辟分子蜂拥而上，个个沐猴而冠，现场谢恩之声不绝于耳。当日清廷还连下多道预先准备好的上谕，其中即有《复辟诏》，宣布"以纲常名教为精神之宪法，以礼义廉耻收溃决之人心"，企图为复辟正名，而且公布更改民国六年7月1日为宣统九年五月十三日，又恢复了整套的封建官制。

沉潜已久的前清遗老遗少纷纷粉墨登场，几成殓服的朝服冠靴又成为新贵们争相抢购的热门货，马尾编成的发辫也被人抢购一空，街头巷尾遍插龙旗。一时之间，北京城里百丑登场，群魔乱舞，在一片诡异的气氛中，上演着让全天下看笑话的闹剧。

在一旁冷眼观看的段祺瑞等了两天，看到各地民众反对复辟的呼声日高，反对者日增，便决定背弃当年与张勋支持复辟的约定。他于7月3日组织"讨逆军"，自任总司令，举兵讨伐辫子军，借此制造他"三造共和"的个人功绩。6日，双方接战。12日，辫子军以落败收场，战事结束。张勋狼

肆 溥仪经营小朝廷 | 151

清朝龙旗

狈走逃荷兰使馆。

坐了12天龙椅的溥仪，黯然下台。

仍旧因为北洋政府的庇护，无人追究溥仪的罪责，他依然在他的小朝廷里发号施令。但是，他心里清楚，经过这次复辟，小朝廷的命运一定会有所改变，只是迟早的问题，他必须采取行动，准备应对这不可知的未来。

戊戌变法的推动者康有为，即便在大清改朝换代之后，也一直是保皇党中的活跃分子，参与了张勋的复辟行动。段祺瑞和张勋两方交战之时，他见形势不妙，避居北京美国美森书院，得以渡过险境，但是复辟之心未有丝毫稍减。

张勋复辟失败以后，溥仪虽深居宫中，开始和康有为及其英文教师庄士敦密谋再次复辟。为此，康有为风尘仆仆地在全国各省游说实力派军阀。而居住御花园养性斋的庄士敦则成为将康氏信息传递给溥仪的最佳信使。日后清室善后委员会在清查溥仪养心殿住处时，发现了一批他们密谋二次复辟的信件，其中就包括康有为、徐良给庄士敦的函件。清室善后委员会虽曾以此为复辟确凿证据向北洋政府司法机关提告，但这次未能实现的复辟事件，再次因为政府内的清朝遗老的保护而不了了之。

小朝廷因清朝遗老的庇佑，屡屡从政治险境边缘安然走过。但是，经过"洪宪称帝"和"张勋复辟"两次重大政治变故，民众对小朝廷的危害已渐渐有所认识，开始理解小朝廷其实就是复辟的根苗，只要小朝廷存在一天，那些清朝的遗老遗少就断不了对封建王朝的眷恋，老是妄想"光荣"复辟。

小朝廷一直是复辟思想和行动的基地，若想真正实现民主共和，应该尽早除之。

溥仪已经警觉到大环境对小朝廷越来越不友善，他的这个"觉悟"来的并不算太迟，所以已经开始做准备，但对紫禁城来说，这却是另一次掠夺的开始。

国家宝贝攒着花

> 这些财宝每一分钟都在被赠送、出售或典押,甚至被偷窃。

1917年,溥仪在乾清宫被拥立当了12天的皇帝,又匆匆下台。在政权交替中,人们不慌不忙地把合适的旗子挂上,老百姓家中干脆同时准备了共和旗和龙旗,好应付随时可能发生的变动。与此同时,社会进步的脚步没有因此停下来,期盼民主和重视科学的思想已经在民间广泛地传播开来。一场更深刻的变革和民众觉醒正在此时的中国悄然发生着。

外界的变化在紫禁城内廷也掀起了不小的波澜,溥仪已经警觉到,《清室优待条件》和袁世凯的保证已经不能依靠,清皇室享有的优厚待遇总有一天会结束,而且这一天可能比想象中会更早到来。

溥仪为了给自己出宫后的生活留后路,开始将宫中大量珍藏以赏赐的名义给了自己的弟弟溥杰,以便将其名正言顺地带出宫去。溥仪和溥杰的"一赏一受"，其实就是"监守自盗"，而且是按着计划执行的。

随着年龄的增长和渐渐懂事，溥仪已经十分清楚，复辟大清帝国的愿望和出宫后维持像样的生活都需要大量金钱。于是他未雨绸缪，打起了宫里最值钱的字画和古董的主意。

当内务府大臣和自己的老师们清点宫中字画时，溥仪就从他们选出的最上等字画中挑出最好的，以赏赐溥杰为名，将其运到宫外，存到天津英租界的一所房子里。所以，从1922年7月13日到12月12日，整整五个月，溥杰每天到内廷上课后回家时，必定带走一个大包袱。

利用这种途径，偷运出宫的都是不可多得、极其珍贵的古董字画，其中就有王羲之、王献之父子的《曹娥碑》《二谢帖》，钟繇、怀素、欧阳询、宋高宗赵构、宋徽宗赵佶、米芾、董其昌、赵孟頫等人的真迹，司马光的《资治通鉴》原稿，还有唐阎立本、王维的人物画，宋马远、马麟的画及夏圭的《江山万里图》、张择端的《清明上河图》等名作。他们趁机还把乾清宫西昭仁殿的宋元明版古籍书珍本全部运走了。

就这样，他们前后总共运出大约1000多件字画，200余种宋元明版古籍。

以赏赐的名义流失的珍宝字画，也有不是溥仪蓄意为之的。溥仪过去经常将一些名贵的字画珍籍赏赐予人，主要是他身边的老师们，如宣统八年十一月十四日（1916年，溥仪当时11岁）的单子记载着：

赏　　陈宝琛　　晴岚暖翠阁手卷一卷
　　　伊克坦　　米元章真迹一卷
　　　朱益藩　　赵伯驹玉洞群仙图一卷
　　　梁鼎芬　　阎立本孔子弟子像一卷

溥仪后来回忆说："这类事情当时很不少见，加起来的数量远远要超过这几张纸上的记载。"他又说："我当时并不懂什么字画，赏赐的名目，都是这些最内行的专家自己提出来的。"南唐顾闳中著名的《韩熙载夜宴图》和顾恺之《洛神赋图》的宋摹本就是这样被溥仪随手赏给了梁鼎芬和朱益藩，他的两位老师。

这些老师还常以"借"的名义，借出珍贵字画，可往往有借无回——他们借机将宫中之物据为己有。曾有一份《诸位大人借去书籍字画古玩等糙帐》，是宣统庚申年（1920年，溥仪时年15岁）记的，"诸位大人"指的是陈宝琛、朱益藩，下面或有注"收回"，未注"收回"字样的应该就是已被大人们占为己有了。

溥仪对于北京城里掌有实权的人物一点也不敢怠慢，总是借着他们的生日或新年，以馈赠宫里收藏的古玩字画，作为巴结笼络他们的手段。1923年，曹锟当上大总统之后，溥仪就送给他一份丰厚的生日礼物，包括哥窑天盘口大瓶2件、嘉靖青花果盘2件、玉雕云龙大洗1件、白玉双管甲扁瓶1件、白玉诗意山子1件等21件珍玩，礼品确实琳琅满目，送礼出手的派头就是要令人印象深刻。诸如吴佩孚、徐世昌、张作霖等显赫政治人物自然都是他巴结送礼的对象。

他也曾刻意向日本示好。1923年9月东京大地震之后，溥仪特别选了一批价值不菲的古董字画，送交日本驻华公使芳泽谦吉，代替现金作为赈灾之用。那批捐赠的价值估计绝不低于30万美元，约相当于100万银元，在当时是极大的一笔数目。为同一次震灾，和日本政府关系友好的北洋政府也只不过拿出了20万银元来赈灾。当时，表面上看起来只是溥仪个人的一次义举，但是从后来日本政府包庇溥仪和帮助他进行"满洲国"的复辟行动，可以推测出他讨好列强，应该早已是他深藏心中的复辟计划的重要步骤之一，只是宫中的宝物又成了被利用的无辜工具。

小朝廷开销繁重，虽有民国政府一年四百万银元的拨款，仍是入不敷出，为维持小朝廷的排场，溥仪不惜拍卖或典押宫中的珍贵文物，典当珍品从来也没有赎回的打算，许多稀世珍宝就这样流落民间，有些从此永远回不了家。

最广为人知的一次典押，莫过于由溥仪岳父荣源经手的那一次。抵押合同日期是民国十三年（1924年）5月31日，签字双方的一方是内务府的绍英、耆龄、荣源，另一方是北京盐业银行经理岳甘斋，抵押品有金钟、金册、金宝和其他金器，抵押数额80万银元，期限1年，月息1分。合同内规定，40万银元由16个金钟（共重111439两）作押品，另40万银元的押品则包括金宝10个，金册13个，以及金宝箱、金印池、金宝塔、金盘、金壶等（共重10969.796两）；不足十成的金器36件（共重883.8两），嵌镶珍珠1952颗，宝石184块，另外还有玛瑙碗等珍品45件。单就这后一笔的40万银元抵押来说，等于是把金宝、金册等十成金的物件以金块价折卖，其余的珍宝则完全白送。

押品中的16个金钟，就是乾隆为庆祝自己的八十大寿，下令从全国各地征敛黄金，铸造的16枚精美绝伦的纯金编钟。作为史上最昂贵之乐器，绝对当之无愧。它不但不同于以往的编钟使用青铜铸造，发音原理也非按编钟大小而有高低不同，这组16枚金钟基本上大小一致，完全是依照钟壁的厚薄不同来调节声音的高低，厚度的变化仅仅在1.2到2.2厘米，钟壁越薄，音调越低，反之则音调越高。铸成之后，每逢紫禁城的重要典礼，乐师都会敲击这组金钟演奏。在宫中的100多年间，它见证了清朝的荣盛与衰败。这样的国宝，就这样被典当出去了。

这一切的一切，宫里的人看在眼里，自然人心惶惶，也不得不担忧自己的前途，各自在暗地里替自己未来的生计打算。

紫禁城表面平静，里面却混乱失序，盗窃活动异常猖獗。溥仪大婚刚过，"皇后"凤冠上的全部珍宝就都被偷换成了赝品。他回忆说：

> 那简直是一场浩劫。参加打劫行径的，可以说是从上而下，人人在内。换言之，是一切有机会偷的人，是无人不偷的，而且尽可放胆地偷。偷盗的方式是各有不同的，有拨门撬锁秘密地偷，也有根据合法手续，明目张胆的偷。太监大都采用前者方式，大臣和官员们则是用办理抵押或标卖，借出鉴赏，以及请求赏赐等等，即后者合法的方式。至于我和溥杰采用的一赏一受，更是最高级的方式。

庄士敦溥仪的英文老师在《紫禁城的黄昏》(*Twilight in the Forbidden City*)中对这个现象曾经有这样的描述："这些财宝每一分钟都在被赠送、出售或典押，甚至被偷窃。"

庄士敦告诉溥仪，在北京地安门内的烟袋斜街新开了许多古董店，店内卖的古玩几乎都是货真价实的内府珍品。稍加打听，就知道这些店的老板不是宫里的太监就是内务府的官员，溥仪感到了事情的严重性。

紫禁城当时藏宝最多的地方是建福宫。溥仪说他曾经在16岁那年，出于好奇，要太监打开了其中的一座库房，他看见满屋都是堆到天花板的大箱子，随便打开一个，全是手卷书画和非常精巧的玉器，这些都是乾隆皇帝最喜爱的珍玩。后来，连他自己大婚时用的物品和全部礼品也都存放在这里。

他意识到自己究竟有多少财宝，没有个数目，"这就给偷盗者大开了方便之门"。他当时就下令清查宫里的藏品。

建福宫的清点才刚开始，宫里就着火了。据说那场火还是东交民巷的意大利公使馆消防队发现的，消防车开到紫禁城叫门的时候，守门的还搞不清楚是怎么回事。结果大火将建福宫花园及其附近的宫殿建筑烧成了焦土，大量文物珍宝毁于一旦，究竟烧掉了多少东西，至今还是个谜。

据内务府所说，烧毁金佛 2665 尊，字画 1157 件，古玩 435 件，古书几万册。但是光灰烬里被烧熔的金、银、铜、锡，内务府找北京的金店来投标，一家金店最终以 50 万元的价格中了标，据说只是从熔化的金块、金片中就整理出 17000 多两黄金。内务府把剩下的灰烬装了许多麻袋，分给内务府里的人，其中有人把从麻袋的灰烬里提炼出的金子，做了两个直径和高度都是一尺上下的黄金坛城，送给北京的两座寺庙。可见这场火灾损失之巨，实在难以估算。

结果，逊帝溥仪的唯一反应就是，下令把火场清理后，将那里改成供他个人消遣的网球场。

一时政变促离宫

他了解情况后,心里已经有数。虽然他一向担心、最怕发生的事最终还是发生了,但是突如其来的变故,还是让他们上上下下惊慌失措。

紫禁城里的小朝廷一直是民主共和的隐患,帝制复辟的温床。建福宫大火之后,在国人的一片谴责声中,溥仪搬出紫禁城已经是意料之中的事,但是这个历史必然的真正发生,却是在一个偶然的机会,而命运把这改变历史的机遇留给了冯玉祥。

1924年11月4日的北京寒风凛冽、黄尘蔽天,一辆黑色小汽车疾速驶抵旃檀寺门口。这里在震惊中外的"北京政变"之后,已经成为倒戈军的总司令部。在第二次直奉战争中,冯玉祥调动亲信鹿钟麟部队秘密回京,以迅雷不及掩耳之势,占据所有北京要冲和重要机关,推翻了直系军阀政府,将总统曹锟囚禁于南海延庆楼。新任京师警察厅总监张璧从车上下来,飞快地进入大厅。

冯玉祥正在大厅等着他。

"打电话叫你来，就一件事，过去跟你谈过。明天你就去办吧！"冯玉祥开门见山地布置任务。但是张璧想不起来是什么事情。

冯玉祥哈哈大笑，直接点明了说："怎么，忘了？就是那个小孩的事嘛！"

张璧想起来了，原来冯玉祥指的是要他驱逐逊帝溥仪出故宫。

冯玉祥接着愤愤不平地说："我心里搁件事，这次非抓紧不可！""民国六年张勋复辟，破坏共和，捣乱虽在张逆，祸根实在清廷。看样子不取消《清室优待条件》，不把逊帝那小孩请出宫，今后难免有人再搞复辟，今后共和政体势难安宁！"

张勋搞复辟时，冯玉祥曾经率军讨伐过张勋的辫子军。结果，张勋逃进荷兰使馆，逍遥法外。段祺瑞以讨逆名义，赶走张勋恢复共和后，身为前清旧臣的段祺瑞，重揽政权当上国务总理，溥仪也得以继续安居廷内，不曾受到干扰。冯玉祥当时就十分不满，曾两次通电，要求严惩复辟祸首，取消《清室优待条件》，段祺瑞也只随便敷衍，发了一道通缉复辟诸犯的电令后，就不了了之。1918年徐世昌继冯国璋就任大总统后，竟明令赦免张勋，就更成为冯玉祥一直心中纠结的一件憾事。

他趁着自己可以左右北京政局，黄郛摄政内阁刚组成之际，就抓紧操办这件事了。

冯玉祥继续向张璧交代："摄政内阁今天下午六点开会决定，修改《清室优待条件》，即日起请溥仪出宫。由瑞伯（鹿钟麟）、你、李煜瀛（李石曾）三个人明天一早就到故宫执行。"

鹿钟麟时任京畿卫戍总司令，自北洋新军学兵营与冯玉祥相识后，追随冯玉祥戎马生涯近40年，成为其麾下一员名将。因其人足智多谋，善于随机应变，故有"鹿小鬼"之绰号。李煜瀛，字石曾，是晚清大学士李鸿藻第三子，早年留学法国，后与张人杰、吴稚晖等创办《新世纪周报》，宣传无政府主义。1917年后任北京大学教授，1920年任中法大学董事长。1924年当选为国民党中央监察委员，为当时京城教育文化界名流。有人认为冯玉祥驱逐溥仪出宫是觊觎宫中珍宝或另有政治目的，用意多有不可告人之处，冯玉祥等人就是看重李氏的国民代表身份和社会影响力，力邀其参与行事，可表明"逼宫"合乎民意，出于公心，借以杜绝可能出现的流言蜚语。

同一时间在紫禁城内，溥仪和他的后、妃、皇室人员自从7年前张勋复辟失败后，从不曾如此忐忑不安过。曾经全力维护清室的总统曹锟竟然垮台，还被这位反大清、反帝制、讨张勋的冯玉祥拘禁起来。长久以来一直驻守故宫和景山的1200多个士兵，今天也刚被冯玉祥的国民军缴了械，即将被改编到北苑部队，追究原因，京畿卫戍总司令鹿钟麟只表明是为了"统一军权，维护治安，别无他意"。

溥仪只能强作镇静，拿《清室优待条件》和袁世凯的手谕承诺自我安慰。如果做最坏打算，即便这护身符真的不管用了，在过去的13年里，曾经费煞苦心的用"赏赐""借出"种种名义，偷偷从紫禁城运出的不少珍贵古玩字画，就是防着被赶出紫禁城的这一天，能为将来的生活派上用场。

可是，这晚他还是翻来覆去，无论怎么睡也睡不着。

第二天上午九点半，"内务府"大臣绍英、耆龄、宝熙和侍卫大臣荣源准备前往养心殿参加溥仪的"御前会议"，刚离开隆宗门附近的值房，转了个弯，朝北走，远远地望见十几名身着灰色军服的士兵和二十多名警察从西侧雨花阁前绕过来，带头的三个人就是鹿钟麟、张璧、李石曾。

平时，不要说是大批军警进不了内廷，就是民国政府政要进宫，也要通过宫内太监先行禀报，断无未经禀报擅自入内之事。所以，看到这批军警，他们不仅吃惊，应该说是恐惧万分。

隆宗门是通向内廷要地养心殿的要道，在清代唯一一次被强行进犯，还是在嘉庆年间，林清起义军攻打紫禁城时，就曾攻进西华门、隆宗门，后来受阻于内右门外，才未能直取养心殿，隆宗门上的牌匾至今还看得到当时的箭镞，是嘉庆皇帝为警示后人特意下旨留下的。

这些日子，为了保护溥仪、婉容、文绣及同治皇帝两位遗孀居住的养心殿和西六宫一带的安全，平日总是加锁加封，严禁出入。这也是绍英等人朝北绕路走的原因。他们万万没有料到鹿钟麟等无声无息地已经深入到禁卫要地隆宗门附近。

其实在此之前，鹿钟麟等一行人早已来到北侧神武门和北上门一带，继前一天缴了故宫、景山守卫士兵的军械，他们又缴了两门卫兵及神武门外营房里共480名警察的军械，留下带来的少数军警看守神武门和内廷主要通道，随后才率领其余军警直奔隆宗门值房。

到了值房，主要目的就是向内务府传达摄政内阁修正《清廷优待条件》决议的内容，而决议大致内容是：宣统帝即日起永远废除宣统尊号，与公民在法律上享有同等权利。政府年补助清室家用50万元。特支200万元开办北京贫民工厂，优先收用旗籍贫民。溥仪即日移出宫禁，可自由选择住所。一切私产归清室，公产归政府。执行者为京畿卫戍总司令鹿钟麟、警察总监张璧和国民代表李石曾。

绍英等四人读完决议，互相对看，好久说不出一句话，脑中可能已闪过将如何面对接下来的悲惨日子，剩下50万远不够溥仪过日子，哪还有他们的油水可揩，更别说马上得离开他们熟悉的宫禁。老于官场世故的绍英强作镇定后说："好！好！我们这就转达皇上。"

鹿钟麟喝住："慢！都这时候了，你还'皇上皇上'的！你看过修正条件，还能再叫'皇上'？"

绍英对着李石曾："您是故相李鸿藻的公子。难道您忍心有此一举？"李石曾只是淡淡一笑，没做声。

绍英又朝着鹿钟麟："您和故相鹿傅霖是一家人，求您个情，务请不要逼迫过甚！"

鹿钟麟声严厉色道："我们是前来执行内阁命令。何尝逼迫你们？要知道，原来的优待条件根本不合情理，如今的修改条件，对清室仍属破例照顾。必须不折不扣的执行！"

绍英一行人这才急忙赶去向溥仪报告情况。这时的溥仪正在储秀宫和婉容吃苹果，他了解情况后，心里已经有数。虽然他一向担心、最怕发生的事最终还是发生了，但是突如其来的变故，还是让他们上上下下惊慌失措。

他们找尽理由哀求宽容搬家的时限，从一个月、十天，最后要求三天。几次交涉，鹿钟麟坚持废帝必须"当日"出宫！

李石曾还表明："凡属私产，先可不必收拾，门上加锁加封，日后来取。至于宫内所藏历史文化物品，均系国宝，只能封存宫内，收归国有，不能归爱新觉罗一人一姓所有。"

见绍英还在犹豫，鹿钟麟对着副官大声吩咐："传我的话到景山，事情尚在磋商，要他们两个钟头内切勿开炮！"接着掏出怀表，看了一眼说："现在是一点多钟，等到三点为止！"话虽是对副官说的，其实是说给绍英四人听的，显然是当时鹿钟麟为逼宫耍的小心机。

就在这个时候，溥仪的父亲醇亲王载沣收到宫中有变的消息，正好赶到，绍英等就随着载沣直奔溥仪处。

一个多小时后，绍英等人回到值房，作了大清、民国交接年代很容易理解的一个动作。他向鹿钟麟交出了两方宝玺，一方是"皇帝之宝"，一方是"宣统之宝"。

没多久，溥仪及其妻妾、载沣在前，绍英、耆龄、宝熙、荣源、太监宫女等在后，缓缓走出御花园，登上国民军开到顺贞门前等候的五辆汽车。鹿钟麟、李石曾乘第一辆，溥仪、载沣等乘第二辆，溥仪妻妾及宫女乘第三辆，张璧等人乘第四辆，绍英等人乘第五辆，依次驶出神武门，径赴醇王府。

从宣统元年元月元日起就挂在宫内，逐日按宣统纪年更改日期的日历牌子，也被摘了下来，牌子上写的正是这天溥仪出宫的日期。

宣统十六年十月初九。

到此，帝制总算彻底走进了历史。从此，皇室也永远告别了紫禁城。

小朝廷回归梦碎

这封义正词严的复信发布后,一时洛阳纸贵,人人争睹。不但重挫清室遗老妄想恢复优待条件的企图,粉碎溥仪重归小朝廷的梦想,也间接批评了执政府从中维护清室利益的言行……

皇帝走了,皇宫仍在,皇宫紫禁城的未来何去何从?这一次又轮到由谁来做主?

溥仪被驱逐出宫,北京城里到处响起了鞭炮声。但是局势变化之快,不由得让人觉得这次逼宫的胜利纯属侥幸。因为冯玉祥很快失势,黄郛的摄政内阁也仅仅维持了22天便结束,取而代之的,仍旧是十分眷顾大清皇室的段祺瑞,他对逼宫一事便极其反感。

这一切起因于冯玉祥希望能改善军阀割据局面,电邀孙中山先生北上共商国是。孙中山临行前发表《北上宣言》,重申废除不平等条约,反对帝国主义,主张召开国民会议,结束军阀割据。这恰好刺痛皖系段祺瑞和奉系张作霖两个军阀头目的切身利益，为保持割据局面，两人决定联合抵制孙中山与冯玉祥势力的发展。张作霖违背先前对冯玉祥的许诺，调奉军入关，又和段祺瑞共邀冯玉祥天津会晤。

结果，冯玉祥鉴于自身军力单薄无力对抗，被迫同意与张作霖、卢永祥等共同推举段祺瑞组织中华民国临时执政府，由段祺瑞出任"临时执政"。11月24日张作霖率兵进京，段祺瑞在北京就任临时执政，宣布"总揽军民政务，统率海陆军"。

段祺瑞的上台，张作霖的进京，冯玉祥的失势，让原来对冯玉祥驱逐溥仪出宫一直怀恨在心，伺机反扑的清室遗老王公旧臣们欢欣鼓舞，开始为恢复优待条件、溥仪回宫明里暗里的大肆活动起来，不但频繁奔走于段祺瑞、张作霖府邸之间，还到处散播流言蜚语，造谣中伤冯玉祥，攻击反对为处理清宫遗绪成立的清室善后委员会。

冯玉祥辞职第二天，逊清皇室人员马上出来声明"所有清室修正优待条件，不能认为有效"，溥仪本人更是登报声明出宫时的签字是因为受到胁迫。

逊清皇室离开紫禁城之后不久，黄郛摄政内阁即公布通过《办理清室善后委员会组织条例》。该条例公布6天后，清室善后委员会正式成立，委员长为李石曾，除清室代表，委员会同时聘请了汪精卫（易培基代）、蔡元培（蒋梦麟代）、陈垣、沈兼士、鹿钟麟、张璧、俞同奎等名流担任委员，其职责就是进行清宫公产私产的认定及一切善后事宜。中国历代各朝更替，都有前朝宫中收藏文物为新王朝接收的传统，所以清室善后委员会认为清宫中历代宫廷传世之宝，都应归于全民，属于民国政府所有。

清室善后委员会成立后召开的第一次委员会，身为清室代表的五名委员不但拒不到会，还以清室内务府名义致函临时执政府，公然声明"碍难承认"清室善后委员会，"以后委员会如有决议事件，亦不能认为有效"。

清室遗老敢如此公然抵制清室善后委员会，是仗着有段祺瑞这个不忘故主的大靠山和他的秘书长梁众异，梁众异和清室遗老陈宝琛等私交甚笃，不但成为他们在府中的耳目，暗地里还常替他们出点子。他们也因此自信稳操胜算，越加肆无忌惮，更不把清室善后委员会放在眼里。

清室善后委员会原定在 12 月 22 日进行的点查预备会，因执政府内务部公文的阻挠而被迫停止。

这时，一位叫庄蕴宽的人挺身而出。当年袁世凯称帝时，全国六十位议员有五十九位支持，只有他一人冒死反对，从而获得极高的社会威望。后来他被民国政府委任为审计院长，此时也成了清室善后委员会的监察员，参与推进清点宫中财物的工作。他极力保证清室善后委员会执行的公允和正当性。

内务部总长龚仙洲也认同庄之见解，呈摺段祺瑞说明清室善后委员会所订清查规则"均尚缜密周妥"，建议"不妨仍照该会原议办理"。他因病住院，及嘱其次长王耕木面陈段祺瑞，商量解决之道。

阅了呈摺，秘书长梁众异依然坚持要清室善后委员会停止点查。段祺瑞对溥仪出宫及清室善后委员会的成立一直不满，早就迁怒于冯玉祥和李石曾。虽然李石曾在他就任临时执政的第二天，特意拜会他并对此二事有所解释，但二人言语来回之间多次冲撞，更加深了他对李石曾的不满。李石曾在这次清室善后委员会不执行执政府停止点查的命令，更是令他恼火。

但是，当着内务部次长的面，他又不便驳回龚总长的建议，一时忍住没有发作，只是吩咐说："可以就适才大家谈到的几点，用内务部名义，再补充几点办法，送清室善后委员会执行。"

补充办法拟了五条，段祺瑞这才在龚总长呈摺上亲笔批下"可，如拟办"四个字。

这四个字，就等于在法律上确立了清室善后委员会的存在。这样李石曾这些人，就可以合理合法地带着一批北大系的学者进入故宫。

清室善后委员会点查工作的正式开始，就在1924年12月24日这一天，在李石曾的带领之下，首先从乾清宫开始，按规定，每一个宫殿的物品按千字文次序，编一个字，然后依次编号。他们首先看到的是一个木踏凳子，就把它登记下来，成了天字第一号文物，当然也成了日后茶余饭后的笑料。

当时对参加点查的工作人员有非常严格的要求，一要有铺保，即商家为其作保，若人员有窃盗等不轨行为，商家承担赔付责任，二要有人保，即商家换成社会人士，亦承担出问题后的赔偿责任。

当时把点查叫"出组"，工作完毕叫"退组"。出组时大家必须在一个地方一起工作，绝不能单独行动。点查初期正是隆冬时节，宫内又不能生火，为预防偷窃情事，他们用带子扎紧袖口，结果两手在寒风中根本无处可藏，有时点查一站就是三四个小时，墨盒里的墨，毛笔的笔尖常被冻成冰块。而清点工作就是在这样恶劣的条件下紧张有序地进行着。

清室善后委员会在毫无前例可循的情况下制定出一系列严谨的规定。每次出组的名单都印着组长和组员的姓名，具体流程包括查报物品、登记、贴票、事务记载。每次退组都要贴封条上锁，同时要求所有退组工作人员留下影像，以备日后查档所需。经初步清查，清廷遗留下的文物有117万件之多。清宫宝物的未来，值此多事之秋，注定一时还摆脱不了命运多舛的起伏。

段祺瑞临时执政府成立一周后，孙中山先生抵达北京。清室遗老旧臣绍英、耆龄、宝熙、荣源四人联名给中山先生写了一封信，大意是说：溥仪被逼仓促出宫，违背《优待清室条件》，即不合约法第六十五条，因此，请求中山先生维护民国信用，保守信义，为逊清"主持公道"。此信攻击矛头直指已经倒台的黄郛内阁及冯玉祥将军。

1925年1月6日，孙中山要汪精卫按其意起草，用秘书处名义回复，逐点驳斥绍英等四人的无理要求。复信开头即言："凡条件契约，义在共守。

若一方既已破弃，则难责他方之遵守。民国元年之所以有优待条件者，盖以当时清室既允放弃政权，赞成民治，销除兵争，厚恤民生，故有优待条件之崇报。"

信中列举逊清皇室所为事实，直指清室已将民国元年《清室优待条件》及民国三年《优待条件善后办法》"毁弃无余"——

"乃自建国以来，清室既始终未践移宫之约"。
"而于文书契券，仍沿用宣统年号"。
"对于官吏之颁给荣典赐谥等，亦复相仍弗改"。
民国六年复辟罪人张勋既死，清室又予以"忠武之谥"，明示"复辟之举，实为清室所乐从。"

复信接着明确表示："综斯数端，则民国政府对于优待条件势难再继续履行，吾所以认十一月间摄政内阁之修改优待条件及促清室移宫之举，按之情理法律，皆无可议！"

这封义正词严的复信发布后，一时洛阳纸贵，人人争睹。不但重挫清室遗老妄想恢复优待条件的企图，粉碎溥仪重归小朝廷的梦想，也间接批评了执政府从中维护清室利益的言行，对黄郛内阁修正优待条件及冯玉祥促成溥仪出宫的举措给予支持，这对清室善后委员会的工作有鼓舞肯定的作用，更是为故宫博物院的出现奠定了基础。

清室善后委员会认为，依照国际惯例对皇室宫殿处理的方式应该尽早对公众开放，当时一些有识之士也认为故宫应该成立博物院，而最早提出这个动议的就是北大校长蔡元培。

在这 20 世纪初期西风东渐、新旧交接、矛盾机遇共存的时代，蔡元培以"思想自由，兼容并包"的理念带领北京大学迎接五四运动，真正使北京大学成为新文化运动的中心。此时的北京大学，培养的不再是封建官场的候补官僚，而是充斥着自由思想，向往全新社会发展的"现代公民"。北大前身京师大学堂，是追求革新的戊戌变法仅存的成果，刚好坐落在紫禁城北侧紧邻的马神庙和嘉公主府旧邸。

溥仪出宫前，固守着紫禁城，维持着他宣统年号。每逢初一、十五，身着朝服的清室遗老招摇过市入宫"朝觐"的情景，民国老百姓见多了也只是见怪不怪，但在仅一街之隔的北大教授学生看来，却是一件极其荒唐可笑的事情，对于旧皇宫内种种荒诞戏码很难不生发出改变的欲望。

处在如此蓬勃发展的思想激荡中心，将故宫建立为博物馆[1]已经呼之欲出。新文化运动倡导者非常重视为公众服务的博物馆，也极力推崇西方将注重实物的博物馆作为教化公民之地的重要手段。鉴于清室不断以赏赐、出借等方式将故宫历代珍藏盗运出宫，招致原属国家文化遗产流失，经蔡元培等学者的倡议，终于在1913年冬，北京政府决定接收清廷在热河、辽宁两地行宫的文物20余万件，开始在故宫南半部的武英殿、文华殿分批轮流展出，是为古物陈列所，开故宫博物院之端。

应该说，古物陈列所的开设为故宫博物院的建立开了先河，它既创造舆论氛围，也积累了相关经验。只是民国乱世，政局不稳，溥仪小朝廷仍在，博物院的真正成立没想到竟是12年之后的事。

搁置十多年的故宫博物院，因为冯玉祥发动北京政变，才被重新提上议事日程。

很凑巧但不意外的是，在故宫博物院建立过程中起关键作用的清室善后委员会委员长李石曾来自北大，当时他是北大生物系负责人。不仅如此，故宫博物院建院之初的中坚力量，多是北大的重要教职员，如代替蔡元培担任清室善后委员会委员的蒋梦麟是北大代理校长，还有李玄伯（法文系）、沈兼士（国学研究所）、俞同奎（化学系）、袁同礼、徐鸿宝、马衡等，延请的顾问如文史大家朱希祖，史学大家陈垣，胡适、鲁迅等都是北大资深教授。

特别是北大文学院的"三沈二马"。"三沈"是沈士远、沈尹默、沈兼士三兄弟，"二马"是马裕藻、马衡两兄弟。沈士远是《庄子》专家，沈尹默讲《诗经》《楚辞》；沈兼士讲小学音韵，《说文》释义。马裕藻当时是文学系主任，马衡研究金石学。他们五人在民国初期学术界名噪一时，都在故宫博物院创建初期参与工作。如沈兼士先担任文献馆馆长，后又兼任图书馆馆长；沈尹默担任古物馆专门委员；马衡担任古物馆馆长，后又任院长。他们参加最初的文物点查工作天天出组，毫不怠慢。其他年轻些的工作人员，也多来自北大文学、史学、法学院和国学研究所，如：单士元、庄尚严、朱家济、董作宾、傅振伦……，实在无法一一列出。

他们带来的不只是北大的精神，还竭尽所能地丰富完善博物院的一切：陈垣要求整理文献要"秤不离砣"，过程中连档案包装都不许丢失；马衡带领古物馆进行传拓，所有专门的技术人员都从北大借调；沈兼士极力强调将新发现史料文献迅速出版，并将书画珍玩结集出版以飨大众；庄尚严从故宫第一次对外展览就洞悉了中国学术研究的弱点，呼吁学界直视问题所在；傅振伦利用故宫文物出国展览的机会，汲取国外博物馆经验，提供有效改良建议……诸如此类，故宫博物院一开始就能架势不凡，真是得益于这些精英的力量。

回顾故宫建院初期的历史，可以大胆地说，故宫博物院建立最初的精神准备，正是来自以李石曾为代表的北京大学。90多年前，正是这些人，以及他们在学术和工作上的成就，将刚诞生的故宫博物院和北大联系起来；将90多年前故宫博物院所能达到的最佳状态，和北大联系起来；也因为北大人的介入，故宫博物院才能更加独立于北洋政府的控制，得到自我的充分发展。

翻开紫禁城的下一章——故宫博物院，新的挑战马上就要开始。

伍

皇宫变成博物院

（1925—1949）

故宫初期历险难

在故宫博物院的挣扎萌芽期,有一批忠诚的守护者……即使在千军万马之前、生命危急之时,他们仍旧大义凛然从容抗拒恶势力,为的就是把故宫完完整整地呈现给大家,传承给下一代。

1925年10月10日,就在这一天,紫禁城乾清门广场前聚集了3000多位重要人物,神武门的门洞上悬挂了一个新匾额,是李石曾写的颜体大字"故宫博物院",大家都是为了这一天的开幕典礼前来。皇室宫殿,这数百年来的禁地,从这一天起,将对外正式开放。

从紫禁城到故宫,这个名称的改变,意味着从今以后,这里不再是皇宫,而成了一座博物院。

千千万万的普通民众从此可以走进昔日神秘的皇家宫殿。这浓缩中国建筑艺术精华的宫殿群,这庋藏深宫里的大量历代珍贵书画瑰宝,原属于过去明清皇室的专享,从这一天开始,一一展现在广大人民群众之前。

为了这一天的早日来到，一批幕后工作人员，其中大多是北大师生，完全不计较工资微薄，尤其像李石曾、易培基、庄蕴宽、陈垣等特聘无酬领导们，无不积极参与工作，每次点查必到，分秒必争，务求早日成立博物院，因为他们知道，溥仪为能回归紫禁城，处心积虑，博物院一天不开，他们就无法不担心，而且后来点查中的发现，证实他们的担心是对的。

1925年的7月31日，清室善后委员会在清点溥仪养心殿卧室时，发现清宫遗老梁金、康有为和溥仪串通密谋复辟的文件，文件中有要清室"速自设博物馆，连合中西，共同筹办"。字里行间透露出一个重要信息——清室遗族打算极力先争取故宫的主控权，以待配合复辟的最佳良机。鉴于当时北方时局动荡不安，应尽早开放宫禁，杜绝觊觎者之心，成立博物院迫在眉睫。清室善后委员会遂决定不等点查全部完毕，立即成立故宫博物院。清室善后委员会通过《故宫博物院临时理事会章程》，李石曾担任理事长，暂不设院长，由理事长主持院务。

就这样，故宫才开放两天就涌进了50000多名参观者。其实，这时的故宫博物院只开放了故宫的后半部，除了展现旧礼制维持原状的重要宫殿，其他配殿及原来空闲的宫殿则特设古物、图书、文献等多处专门陈列室。这让民众有机会透过实物接近皇家文化及经典艺术精髓，同时此举实际上阻断了清室遗族重返故宫的计划，故宫博物院主事者也成了他们的心头大恨。

五个月后，"三·一八"惨案[1]发生，段祺瑞执政府枪杀多名示威爱国志士，示威原本是抗议八国不合理撤防要求的爱国行动，被转嫁为李石曾、易培基等鼓吹共产主义引起的暴动，导致惨案的发生，而他们被嫁祸通缉的真正原因，就是在故宫问题上长期跟段祺瑞执政府对立。

李石曾、易培基走避通缉，故宫博物院顿时群龙无首，只得推举德高望重的庄蕴宽实际负责院务。由于当时故宫无人负责，鹿钟麟派驻故宫的部队也因奉军战场失利必须撤退，故宫将陷于无部队保卫的困境，庄蕴宽才毅然接下"维持员"这个苦差事，结果在不到四个月的时间里，难题不断，而且一个比一个难对付。

他先借调内务部的警察队承担故宫保卫的任务，又以私人名义向银行贷款以维持院里开销。直鲁联军进京后，提出故宫腾出房子供军用的要求，他又周旋京畿警备总司令部出面制止，当大军开到神武门前准备进入，冲突即起之际，幸亏总司令部参谋及时赶到，化解危机。

代理总理杜锡珪走马上任后，因为他既是吴佩孚系人物，又是原清朝海军宿将，逊清遗老认为有机可乘，一方面以清室内务府名义上书国务院，一方面由康有为致函吴佩孚，公然提出"恢复优待条件，并迎逊帝回宫"的要求，希望借吴佩孚之力，推翻冯玉祥先前不利于清室的种种安排。当时报纸揭露了清室遗老的这些活动，也发表了大量各界谴责清室意图的消息。直到吴佩孚迫于形势，撇清自己帮助"复辟"的嫌疑，不再插手，杜锡珪内阁最终否决了清内务府的上书，这次策动溥仪返宫的活动才有所收敛。

但是，另一批清室遗老又开始蠢蠢欲动。杜锡珪内阁经过秘密磋商，决定结束清室善后委员会作为故宫博物院维持员的工作，另外成立"故宫保管委员会"来接管故宫，前清遗老赵尔巽、孙宝琦分别被推举为正、副委员长。在赵尔巽、孙宝琦的鼓动下，迎接溥仪回宫的声浪一天比一天高。代表清室善后委员会的陈垣、庄蕴宽坚持不退缩，强烈要求仔细点交清楚才能交接，而赵尔巽、孙宝琦只希望一切从简办理，好立刻交接。

企图依附赵、孙回宫的投机分子自然对陈垣怀恨在心，竟然暗地里勾结军阀宪兵逮捕陈垣，借机报仇，同时施加压力，迫使庄蕴宽尽快办理交接。庄蕴宽四处奔走营救陈垣，国务院仍持续施压催促交接，终因陈、庄的坚持，赵尔巽、孙宝琦没能顺利接管故宫，愤而辞职，杜锡珪这时也辞了代理总理之职。好不容易，故宫又一次脱离了险境。

杜锡珪内阁解体后，故宫终于摆脱保管委员会的纠缠，但又再次进入无人负责的状态。为了保卫新生不久的故宫博物院，李石曾发起组织"故宫博物院维持会"并致函国务院，未料等待回函期间，赵尔巽因交接不成，对庄蕴宽的不配合耿耿于怀，怂恿军阀张宗昌下令逮捕庄蕴宽，围困庄宅直到深夜一点，幸亏张作霖部属解围。惮于时事多变，李石曾不再徒劳等待国务院回复，遂于 1926 年 12 月 9 日成立"故宫博物院维持会"，吸纳学者、官吏等各方人士共同参与，集合群力，暂时继续主持故宫博物院院务，但是维持会所遇难题和维持员时期相比，也不遑多让。

张作霖就曾三次染指故宫，插手故宫事务。首先是清室要求发还寿皇殿清帝后像风波。寿皇殿在景山之北，是供奉清帝后像所在，因年久失修，有漏雨毁损帝后像之虞，所以移放至宫内，后此事虽以帝后像放回寿皇殿告终，清室也视之为胜利。其实，寿皇殿也是归故宫博物院管理的宫殿，自无所谓交还。但此风波全因清室载涛恳请张作霖施压而起，借张之手伸进故宫之序幕。

几个月后，故宫博物院因经费严重短缺，职工薪津无法按时发放，工作无法展开，所以决定出售永寿宫的银锭、金砂、茶叶，以解燃眉之急，却因张作霖一纸命令暂缓执行，就一直被耽搁无法执行下去。事隔许久之后，才由原清宫内务部人士透露：有人密告这是为南京政府北伐筹措军费之举，所以向故宫展开侦查工作，终因诬告内容并非事实，毫无所获才结束侦查。而安国军政府对故宫的猜疑，导致势必接管故宫的决心从此更加重了几分。

一直到了 1927 年的 8 月，张作霖又促使国务院决议清太庙、堂子改归内务部管理，存于大高玄殿的军机处档案则归国务院保管。维持会决定放弃清太庙、堂子，而力争有史料价值的档案。

在维持会正设法保留档案之际，一波未平一波又起，国务院又下令彻查故宫历年清查及保管文物的情况。他们表面上从"彻查"入手，实际是寻找借口推翻维持会,好把管辖故宫的大权抓到手中,而"彻查"源于张作霖的翊卫长载涛声称故宫藏有金锭三百万。他们打算查个究竟是否真有藏金,但彻查结果证明此举纯属捏造事实,彻查过程中也没有发现管理上有任何弊端或缺失,连带军机处档案之事也不了了之。但是安国军政府早已下定决心准备改组故宫人事。

1927年9月20日国务院成立"故宫博物院管理委员会",取代各界人士以私人资格组成的"故宫博物院维持会",王士珍为委员长,王式通、袁金凯为副委员长。不过,院内负责事务人员无多大改动,规章、制度、工作仍照旧,因为得到了安国军政府的支持,故宫博物院管理委员会一切都比较安定,虽无多大建树,也没有发生大事故,寿命也不长,成立八个月后,到1928年6月国民革命军北伐成功,就告终结。

故宫博物院从1925年建院到此时,虽只有短短两年多的时间,却已经经历临时理事会、受"三·一八"惨案通缉牵连无人负责、维持员、保管委员会、维持会、管理委员会等多次人事改组和无人负责的空窗期[2],物换星移,时光流转,牵动着这一切变动的主旋律终究是政局的不稳定。在力保小朝廷的袁世凯死后的12年间,故宫见证了五位总统、一个执政、一个大元帅,他们轮番粉墨登场,但不管是谁在台上,都把目光对准了故宫。

在故宫博物院的挣扎萌芽期,有一批忠诚的守护者,他们是高素质、爱文化的知识分子,怀抱着严谨而又极富人文色彩的建院理念,能吃苦又不怕苦,更不畏惧军阀的张牙舞爪,即使在千军万马之前、生命危急之时,他们仍旧大义凛然,从容抗拒恶势力,为的就是把故宫完完整整地呈现给大家,传承给下一代。故宫博物院因为有他们和他们的初创精神,一开始便彰显出强大的生命力,虽然几经风雨摧袭,依然生生不息,并且在几番波折后,迎来了第一个黄金时期。

故宫院长光环沉

故宫博物院在易培基的领导之下，短短几年的改革建树颇多，已经将故宫博物院带进第一个黄金发展时期。但是他在不断努力推进故宫博物院一切工作的同时，没防到背后被人放冷箭，最终落得身败名裂。

北洋军阀的主脑轮番上阵各领风骚的这台戏，终于在1928年6月3日北伐军兵临北京城下，末代统治者张作霖被迫退出北京，而戏终人散、落下帷幕。这时南京国民政府实现了名义上的全国统一，改北京为北平特别市。同一个月的18日，南京中央政治会议决定派易培基前往北平接管故宫博物院，同时议定其组织法和理事会组织条例。

故宫博物院上下无不欢欣鼓舞，期盼就此结束北洋政府统治下的混乱飘摇的状态，能让院里各项工作早日步上轨道。

不料一个星期后风浪骤起，国府委员经亨颐提出议案，认定故宫为逆产，要求废除故宫博物院，并分别拍卖或移置院内一切物品。国府会议讨论过后，竟然通过这一荒谬提案，同时决定重新复议先前有关故宫博物院的决定和法令。

短短时间内，好坏落差如此之大，故宫博物院上下各人的心情像跌落谷底一样冰凉。他们震惊又气愤，但是立马又开始分头筹划对策。易培基当时生病，不便出面。北平方面，由沈兼士、吴瀛等邀请招待各界人士，散发建院宗旨的书面说明，制造舆论和社会影响力；南京方面，易培基和李玄伯一起征得张继的同意，由李玄伯拟稿，请张继出面呈文给中央政治会议并到场参会，呈文针对经亨颐所提谬议一一驳斥。

尤其应对经亨颐提案中："皇宫不过是天字第一号逆产就是了。逆产应当拍卖，将拍卖大宗款项，可以在首都建一所中央博物馆。"

张继呈文中即批驳道："故宫已收归国有，已成国产，更何逆产之足言？故宫建筑之宏大，藏品之雄富，世界有数之博物院也。保护故宫，系为世界文化史上尽力，无所谓为清室逆产尽力也。且故宫诸藏物，皆由明清两代，取之于民，今收归国有，设院展览，公开于民众，亦至公也，与拍卖之后，仅供私人之玩弄者，孰公孰私，不待辩而即知矣。""至经委员以为拍卖古物，可以建筑博览会；是直如北京内务部之拍卖城砖以发薪矣，尤而效之，总理在天之灵，亦必愤然而不取也。"

易培基也是中央政治会议成员。在这次会议上，他反复强调故宫博物院单独建院的必要性，从多方面指出经亨颐提案的不当，也补充了张继呈文中立论不足的地方。讨论结果，经亨颐提案被否决，中央政治会议成员一致决议维持有关故宫博物院原议决案。

1929年2月，国民政府正式任命易培基为故宫博物院院长。

易培基对故宫并不陌生，他曾经和故宫一起共苦难，同欢笑。对于如何补强设施、完备博物院功能，使其迅速步上正轨，他知之甚详，有太多想法，好不容易等到承平时期，他巴不得都能马上执行。

在 1928 年 6 月国民政府派易培基接管故宫博物院时，除参观路线上的主要宫殿，不少宫殿仍是破旧不堪。光绪皇帝的宠妃珍妃居住的景仁宫，在珍妃冤死之后，就已经不曾有人住进来，如今已破败得不成样子。承乾宫和景阳宫也因长久闲置，残坏破旧。许多殿顶都杂草丛生，瓦琉破散，到处漏雨，宫门、殿墙、陛阶、栏杆颓倾倒塌，随处可见，至于油漆彩画脱落，黯淡无光的，和需要小修小补的地方，更是不计其数。再不抢修维护，他们就将一天天朽坏下去。

当时故宫博物院所需事业费用，主要依靠庚款基金会临时拨给的三万元维持，并未从国民政府领到分文。因此能用于维修古建筑的经费十分有限。正当此时，蒋介石、宋美龄来到故宫参观，知道古建修葺抢救缺乏资金，蒋当场写了手谕，捐款六万元，作为抢修古建专款，成为故宫有史以来第一笔捐款。

开先例以后，来故宫参观的军政要人、各国公使、外宾为维修古建捐钱的也日益增多，其中如英国大维德爵士捐款 626440 元，用以修葺景阳宫作为瓷器陈列室；美国盐业大王摩登先生捐款 3625 元，修葺景仁宫作为铜器陈列室；美国柯洛齐将军夫妇捐款 6500 元，中山公园董事会、周作民、倪幼舟两位先生捐款 6500 元，等等。有了这些捐款，再加上处分故宫物品、出售门票及发行出版物的盈余，这才能开始有重点地陆续修好一批急需修葺的宫殿。

易培基心中的另一件急事就是尽快完成故宫文物的点查。1924 年溥仪出宫后成立的清室善后委员会，在 1925 年 10 月故宫博物院成立前，已完成大部分的点查并且将其报告公之于世。未清点的部分，因建院后动荡的政局一再受干扰而迟迟未能完成。

易培基一上任就责成秘书处联合各馆处人员从 1929 年 3 月 4 日起，每天分两组或四组，继续清点尚未入账的清宫物品，到1930年3月全部点查完毕。马上跟着制定严密的提取库藏文物的制度。过去提取库藏文物陈列或整理研究时，一般由各馆处自行派员进库提取，手续简单，管理不严，常出差错。新定制度提取手续虽较繁复，但杜绝了过去存在的缺失，责任划分清楚，便于事后稽查，从此成为各馆处一律遵行的制度。

至于故宫开放参观路线和区域，由于守卫人员有限，仍大致沿用过去分三路轮流开放的方式，每周每路定期开放两天，每逢星期二休息。但是随着宫内古建筑陆续修葺油漆一新，各个展览陈列内容逐渐增加充实及开放参观区域的扩大等种种因素，吸引了更多观众进入这座皇家宫殿博物馆。院里也以多元的方式举办经营活动，如盛大举办游园会招待各界来宾及每次重大展览邀请专家、学者、各界来宾前来观赏等新尝试，同时显示故宫操作模式已更加接近现代博物馆的经营理念。

根据《故宫博物院组织法》成立了古物、图书、文献三馆和总务、秘书两处，这两处乃处理院里事务性工作，不直接涉及故宫藏品的研究和管理。古物、图书、文献三馆都开始对当初只是点查过就进入库藏的文物、图书、文献进行分类、编目、鉴定工作，图书部分还对外开放阅览以供学者研究。

易培基还秉持故宫资源全民共享的信念，深信出版故宫有关文章图像是唤起民众对艺术和固有文化爱好的最佳途径，鼓励发行出版多种故宫刊物，开办了《故宫周刊》《故宫月刊》《故宫旬刊》《史料旬刊》《国立北平故宫博物院年刊》等期刊，他以为"周刊者，取资既微，流传自易"，看好它"普及""民众"的前景，《故宫周刊》也果真成为这些期刊中读者最多、影响最大，刊期最长的故宫期刊，前后总共出版了510期之多。

故宫博物院在易培基的领导之下，短短几年的改革建树颇多，已经将博物院带进第一个黄金发展时期。但是他在不断努力推进故宫博物院一切工作

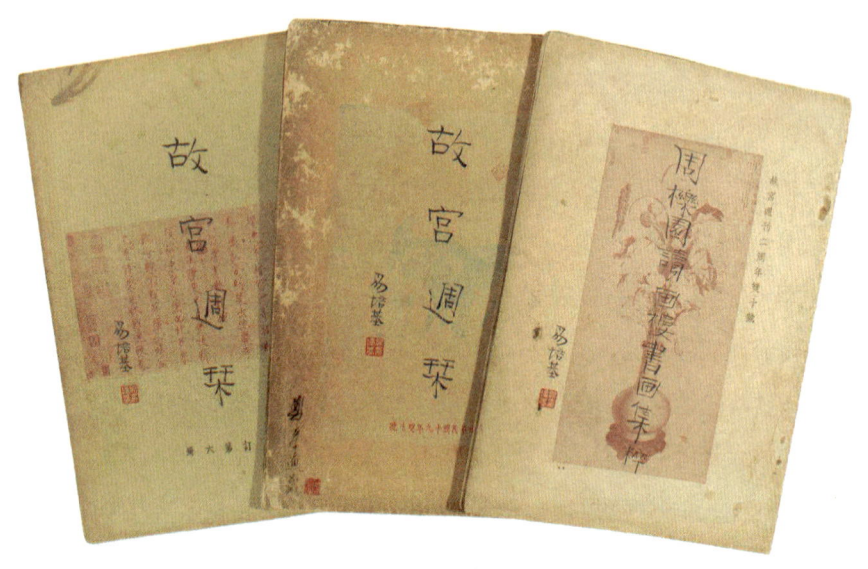

《故宫周刊》

的同时,没防到背后被人放冷箭,最终落得身败名裂。

他先是 1932 年 8 月间被人控诉盗卖古物,消息传开,一片哗然,顿时成为国内外十分瞩目的事件。虽提出申辩,又有北平记者以相同事由向法院控诉,南京政务官惩戒委员会也对其启动调查,他依要求分别进行答辩。

1933 年 5 月,一位不速之客来到了故宫博物院,他就是南京最高法院检察官朱树森。朱树森连着两天在故宫开庭侦讯,查看账目、单据,还特别抄下一位名叫尹起文的职工指出有舞弊的售物单据,目的显然是在搜集不利于易培基、李玄伯的证据。故宫博物院高层决定由吴稚晖、李石曾向蒋介石和行政院长汪精卫发电报报告此事,告知"日寇进逼,北平形势日危,古物南迁,方第五批……顷有自称最高法院检察官朱树森……临时开庭侦讯,声称奉有密令,不肯宣示案由。恐系前清余孽,蒙蔽最高法院,有意捏案控诉，以图阻止古物南运。恳迅予彻查，并告最高法院勿为所朦，以重文物续运"。

蒋介石不在，汪精卫把电报转给了最高法院检察署检察长郑烈。没想到因此牵扯出层层内幕。由郑烈收到电报后发急电给朱树森的内容可知两者共谋陷害易培基、李玄伯，郑烈嘱其暂缓行事，以免因影响文物南迁，上级追究查出共谋内情，急电又嘱朱树森筹费贿买证人尹起文，而且暴露张继要尹起文即刻来南京作进一步陷害谋划的黑幕。这封电文朱树森没收到，却经吴瀛和易、李二人，最后到了吴稚晖手里，一张欲罗织易、李入罪的关系网突然清晰了起来。

张继及其夫人崔振华与易培基、李玄伯早有嫌隙，过去曾经发生不愉快之事，圈内人皆知。张继认为他当不上故宫博物院副院长，是易培基从中作梗，于是迁怒。他也怀疑原由他负责西迁文献有肥水的差事，却被李玄伯搅黄了，是有意不让他"分肥"。而易、李在一些事情上确实得罪了张继夫人、监察委员崔振华，所以崔振华利用她介绍进故宫博物院工作的尹起文搜集易、李处分物品时营私的证据。再往远的说，就是李（石曾）、张（继）两家都是河北巨阀，李玄伯是易培基女婿，又是李石曾侄子，张继对李玄伯嫉妒极重，要打击李玄伯，必先打击易培基。

后来，吴稚晖对质张继和他夫人时，夫妻二人也对自己插手此事坦承不讳。崔振华甚至声称不把易培基、李玄伯拉下来，她绝不罢休。

易培基鉴于先前种种申辩及说情努力都没有下文，而攻击、诬蔑仍接踵而至，他揣度情势，决定辞去院长一职，以平民身份对郑烈等人提出反诉，却因李玄伯劝说未出庭到案，失去反诉和说明真相的机会，也失去了民众对他的信心。各报均登载其未出庭的消息，纷纷推测其真有犯罪行为，所以避不出庭。而崔振华、郑烈继续制造舆论，又将案子转移到便于控制的南京地方法院办理。

1934年10月13日江宁（南京旧称）地方法院检察官对易培基、李玄伯等9人提起公诉。起诉内容已从原先仅仅是盗卖文物的指控，变成"盗换"、侵占故宫珠宝，提起反诉是对朱树森执行职务"妨害公务"的举措，"散发传单"是对证人尹起文"妨害名誉"的行为；其他罪名还扩展到易培基任农矿部部长期间的几个问题。

起诉期间，易培基、李玄伯二人一直住在上海租界，无法传唤他们到庭受审，也无法通缉到他们。易培基在北平、南京、上海的其他住所都被查封，财产也被没收。

1937年淞沪会战大规模对日抗战开始不久，江宁地方法院检察官又对易培基、李玄伯、吴瀛三人提起公诉。这次起诉是针对故宫博物院封存在上海及北平的书画和铜器，他以清宫古物在乾隆时期及后朝词臣多已品定，不应再有赝品；何况清室善后委员会成立后，专家都点查鉴定过，更不应有伪作。如果现存古物中有赝品和伪作，就是后来故宫博物院主管古物的人以伪易真，如有数量上短缺，就是被主管人盗走，而兼任古物馆馆长的正是易培基。起诉书虽措辞强烈，却没有提出任何足以证实易培基盗卖、盗换文物的真凭实据。

事实上，清宫藏品中原来就有不少赝品、伪作，清室善后委员会的点查也只是粗点，专家少，外行人多，不用说鉴定真伪，清室善后委员会编印的《点查报告》连不少藏品的名称都弄错了。

在这次起诉之前，申辩无门的易培基已经含冤病死于战火包围的上海。随着上海抗战的败势已定，南京告急，南京政府机关纷纷西迁，司法行政部门已顾不上审理这个案子了。

1948年1月9日，南京四开小报《南京人报》发出一则"易培基案不予受理"的简短消息。前后历时十六载，距易培基病死也有十二年，昔日轰动一时的易培基盗宝案就如此含糊收场，再也没有下文了。

宝藏颠沛不流离

在漫天战火中，运送人员不为逃命，而是拼了命维护着宝物的安全，穿山越岭，出生入死，历险患难，只为了将这代表中华文化精华的国宝完完整整地保留下来。

民国二十年（1931年），日本发动"九一八"事变，占我东北，平津局势紧张，一旦日本入侵华北，故宫文物就有在战火中被毁或被劫的风险。故宫博物院理事会决定选择院藏精品迁往上海保存，国民政府也批准了这个计划，为这次迁移，故宫博物院理事会悄悄地准备了一年多。

也只能尽力从大量故宫文物中挑选精品集中装箱，但这个打算事实上也未能完全实现。各宫殿库藏品往往数以万计，绝大多数都堪称精品，但大部分只能留存不动，有的库房甚至整库文物未动。同时，为维持各陈列室照常开放，供人参观，还得保留一定数量的展品。而且忙中有错，由于装箱人员对文物缺乏研究，常有留下真品，选走伪品的情况；也有虽被认定是精品却因故未及装箱的，如唐韩滉《文苑图》、《雍正款锦鸡牡丹盌》等；也有当时

（唐）韩滉《文苑图》

被视为伪作，故意不装箱的，如宋徽宗的《听琴图》、西周铜器追簋等；也有虽系珍贵文物，过去不为人知，或藏置在不起眼场所，当时未找出来装箱运走的，如《兰亭八柱帖》、五代杨凝式《神仙起居法墨迹》、元赵孟𫖯《绝交书卷》等；由于包装和运输条件的限制，凡是大件物品（书画、陶瓷、玉器、西洋钟等皆有）都未运走。

即便如此，故宫博物院这次挑选是在条件允许的情况下，将能收罗的精品都装箱准备南迁，这其中囊括书籍、档册、书画、铜器、陶瓷、玉器及其他工艺美术品各类别的精品，共计 13427 箱 64 包。和古物陈列所、颐和园、中央研究院、国子监、先农坛、内政部等单位装箱准备一起南迁的文物加起来，共计 19816 箱及其他包扎 100 件。

1933 年 1 月军进入山海关，华北局势更加险恶，南迁计划眼看着必须

西周铜器追簋

马上启动,没想到报纸一刊登消息,竟引起了轩然大波。毕竟这是几百年来第一次对如此大批量的国宝有计划、主动地带离紫禁城。

　　支持者认为日寇得寸进尺,很有可能继续南侵,为免故宫重要文物遭兵燹,有必要将其转移到南方安全地带;反对者则认为外敌当前,文物离京,会动摇人心,引起社会不安,而且文物"一散不可复合",又是战乱时期,运到何处安全,是否能归还,谁都无法保证。反对声浪日益高涨,抗争行动也变得更加激烈,故宫博物院职工不断收到匿名恐吓信,社会上甚至谣传说:只要文物列车启动,就会有人在铁路沿线埋炸药,把列车炸毁。所以,这些文物被运出紫禁城的当夜,是以非常隐秘的方式进行的。故宫博物院职工那志良后来回忆那夜的情景说:"当时非常寂静,除了车辆声之外没有任何声音。没人说话,也没人唱歌,有非常凄凉的感觉。"因为没人知道这些国宝何时才能够再运回来。

第二天清晨，满载文物的火车，驶出了前门火车站。人类历史上规模最大、历时最长的文物大迁移就这样开始了。

这次文物列车总共走了四天。到达南京下关车站时，在站上迎接的是张继和行政院秘书长褚民谊。原来张继在国民党中央政治会议将宋子文存放文物至上海租界的决定，以在租界受洋人保护是国耻这样冠冕堂皇的理由，趁宋子文不在，改成运往洛阳和西安存放。但是不论是上海或西安、洛阳，两方都没安排好具体存放的地方。那志良形容："这是抬着棺材找坟地。"

就在等待和多方交涉中，经过半个多月，终于等到宋子文出差回来，国民党中央政治会议召开了临时会议，经过一番争论后，直到 3 月中旬，才决定文献档案留在南京，其余的运往上海。

在后来的三个多月里，又有四批文物陆陆续续被运到上海，存放在法国租界的天主教堂和英租界的业广公司的仓库里。靠着租界的庇护，故宫的国宝在这里安然地度过了三年多。

故宫博物院理事会觉得将国宝藏放在火警频繁、治安堪虑、人烟稠密之处并非长久之计，便决定在南京设立分院和修建文物保存库，地点选定南京的重要古迹朝天宫。1936 年 9 月 26 日，库房落成，随后，南京分院也正式成立，由于马衡已于 1934 年接替易培基成为故宫博物院院长，这次文物迁运到南京和此后的文物迁移都是马衡负责。当年存放在上海的文物又陆续运到了南京。但谁也没料到国宝在这里只停留了半年就不得不再次迁移。

1937 年 7 月 7 日，"卢沟桥事变"爆发，日军开始全面侵华。8 月 13 日，日军轰炸上海，南京岌岌可危。南京政府命令故宫博物院立即将存放在南京的文物向大后方转移。在漫天战火中，运送人员不为逃命，而是拼了命维护着宝物的安全，穿山越岭，出生入死，历险患难，只为了将这代表中华文化精华的国宝完完整整地保留下来。

19000 多箱文物分三路进行疏散。南路文物 80 多箱由水路转陆路运往长沙；中路文物 9000 多箱经水路运往陪都重庆；北路文物 7000 多箱装火车沿着来时的路线，准备经郑州运往宝鸡。在所有文物离开南京仅仅十天之后，日军就已占领了南京，犯下了惨绝人寰的南京大屠杀的罪恶。

南路文物最先起运，在往长江边运送时，东边仍不断传来隆隆的炮声，码头挤满逃难的人，雇用的英国"太古轮"不愿靠岸。文物运送人员向逃难群众说明真相，岸边同胞深明大义，自动让开码头，装载文物的轮船缓缓开走后，码头只留下逃不走的难民和他们爱国的心意。

参与当时抢运的牛德明回忆说："包括中路西迁文物在内，都堆在长江码头上，等候装船。最后几天，敌机在码头上空盘旋扫射，子弹雨点般打到文物箱件周围，押运人员只好匍匐在木箱附近，扫射一过，快速装运。"

吴瀛也回忆说："蒋介石坐了飞机在长江上空巡视，见到地上人荒马乱，江岸却有大堆箱件，王世杰告诉他那是故宫文物，蒋介石十分着急，即刻派杭立武催办，后来听说蒋介石还用自己的汽车运送文物。"

南路文物运到长沙后，暂时存放在湖南大学的图书馆里，当时准备在岳麓山爱晚亭附近开洞储藏文物，还没开工，日军已经开始轰炸长沙，刚停留不到一年的这批文物只好再次迁移。一星期之后，图书馆就被夷为平地，爱晚亭也被炸毁，南路文物又逃过一劫。

这一路颠沛流离，这批文物刚离开贵阳一个月，贵阳又被日军轰炸，几乎全毁。文物运送人员终于在贵州的安顺安顿下来，将文物存放在一个叫华严洞的溶洞里，在这里一放就是六年。后来又因日寇西侵，桂黔告急，这批文物不得不再进行一次更为艰难的转移。

当时负责押运的古物陈列所所长徐森玉带领队伍向昆明前进时，途中遇到"山大王"阻挡运送队伍继续前进，徐森玉亲自会见西南势力最大的匪首"袍哥"，袍哥挑明说："要过路可以，但要你上海的儿子作抵押，我要收个有钱的人做徒弟。"这种对一般人无须考虑的问题，却让徐森玉在儿子和国宝之间权衡再三，最后他决定冒险用儿子作抵押，以解困境。他的儿子徐伯郊从昆明径赴险地，并凭借自己的机智说服了匪首，这批文物才得以平安运抵昆明，最后又重新安置于四川巴县。

中路开始也是走水路，但比南路晚出发，起运时，日军已经占领了上海，并且转移目标集中轰炸南京。当中路文物还剩最后一批时，码头已经没有其他船只了，情急之下，押运人员牛德明和一艘英国船紧急交涉，不放弃这最后希望，一再地努力，直到最后关头，对方才同意将这批文物运到汉口。不久，汉口又有被炸之虞，这批文物继续西上，分19批用船转运到宜昌，然后再用小船一小批一小批地运到重庆。

1939年，日寇轰炸重庆，文物被迫迁往乐山，而且限期完成。当时轮船不足，只得加雇条件较差的民船连夜装运，黎明时分，正当江上曙光微茫，舱中仍昏暗不清，文物运送人员朱学侃先到船上检查舱位，心里只想着赶装文物，却未留意舱盖已打开，结果一脚踏空，身坠舱底，脑部重创，虽紧急送医，仍不治身亡。同仁感念他保卫文物光荣殉职，将他安葬在重庆狮子山，并立碑永存纪念。

北路文物是迎着日军进攻的方向前进，在三路中，北路文物的命运似乎最为坎坷。运送文物的火车刚到郑州就遭遇敌机的轰炸，到达宝鸡不足三个月，宝鸡也遭敌机轰炸，不得不又开始西迁。由宝鸡到汉中，装运时正值二月，虽然解决了运输车辆的问题，但是冬天翻越秦岭才是大问题，雪一下就深数尺，又常遇塌方，路滑寸步难行，困难重重。那志良回忆当时情景时说："车开出时，已经落雪，不久，路被雪盖满了，车子在轮胎上挂着铁链行驶，大家都是不寒而栗。"

在汉中期间，一名守护士兵身上的手榴弹不慎坠地引爆，炸死士兵三人，弹片击中窗边文物四箱，一箱炸碎一件乾隆款白地青花瓷器，另一箱炸伤一件彩花龙瓷瓶，还有两箱仅箱皮受损未伤及文物。

不久敌机轰炸了汉中机场，文物被迫三迁成都。文物刚刚搬完，汉中保存文物的南郑文庙就被炸毁，留下来结账的梁廷炜九死一生，差点成了敌机扫射下的冤魂。汉中到成都550公里，全靠汽车运输，途中要过几条河，一律没有桥，只得想办法以木船运载汽车，一船一船地运到对岸，还不时有敌机空袭，一切都是在困难重重的情况下进行抢运。走到绵阳附近，有一司机开车不慎，车翻到桥下去，车上文物皆"文"字号，即文献馆档案图书，不怕摔，翻下去的河段也刚好没水，文物才因此未受损害。

文物刚到成都，由于日军对重庆的轰炸升级，运送人员未雨绸缪，又决定将成都文物四迁峨眉。果真，文物一运完，成都市区就被夷为平地。经过无数波折，在一年多的时间里，北路文物经汉中、成都最后运到了四川的峨眉县。

1943年峨眉县发生大火，城内没有自来水，火势迅速蔓延，马上就要波及武庙存放的几千箱文物。那时那志良正在武庙库房，就和当地保长商量拆除与库房毗邻的草房，形成隔火墙，因救急得法，使武庙文物幸免于难。但那场火让城内县城、邮局、银行等无一侥幸，全部化成灰烬。

当年从故宫运出的13000多箱文物，除一小部分留在南京外，其余都安全转移到大后方。故宫博物院的工作人员在7年的时间里，带着这批文物辗转了大半个中国，在这期间，没有一件文物丢失，损坏也极少，这是世界文物史上的一个奇迹。

从1933年开始离开故宫博物院南迁，1937年又西迁的国宝，终于在抗战胜利后结束漂泊，于1947年重聚南京，历时整整14年之久。多少次经历险境，化险为夷，多少次出生入死，绝处逢生，仿佛"古物有灵"，炸不到、摔不破、烧不得，其实真正完成使命的是这群坚韧不拔、誓死捍卫国宝的勇敢守卫者，他们的勇敢并非不恐惧，而是心里虽然恐惧，但仍朝着既定的方向前行。

文化侵占行不通

在20世纪上半叶，具有中国文化象征意义的故宫，同时发挥其对外和对内的号召力，重新扮演起历史的文化使者。

文化的力量强过侵略者的武力，是中国多次上演的历史脚本。再一次的，在20世纪上半叶，具有中国文化象征意义的故宫，同时发挥其对外和对内的号召力，重新扮演起历史的文化使者。

即便在战火硝烟中，敌寇侵占我疆土，中华民族最危难的时刻，故宫博物院依然不放弃在危难的缝隙中，抓住每个绽放中国文化光芒的机会。仔细琢磨那段国宝颠沛流离的时期，辗转于南迁、西迁过程中的国宝，虽然遭遇种种艰难危险，故宫对外交流、对内展出的脚步不但从未停止，而且更加活跃。

中国文物第一次出国，是在故宫文物南迁后的1935年，从一箱一箱逃避兵燹的文物中挑选出精品，远渡重洋到英国伦敦参加中国艺术国际展览。这次展览是 5 名爱好中国艺术的英国人发起的，他们还要求世界各大博物馆提供所藏中国珍品参加展出。中国驻英大使郭泰祺对此事十分热心，立刻报告行政院，故宫博物院理事会认为这是在国际上宣传中国文化的一次重要活动，决定在存沪文物中提选 735 件文物参加，加上古物陈列所、河南博物馆等单位提供的，共 1021 件，包括铜器、瓷器、书画、玉器、家具、文具、珐琅、织绣、折扇等。由于这次展览是英国继举办法、德、意、比各国艺术展览之后，观众十分踊跃，甚至有特别从欧洲、美洲赶来观展的，加上 24 场有关讲演，媒体的广为宣传，使它成为一次非常成功的文化交流。

1939 年的另一次出国展览，更是在抗日战争全面爆发之后，在艰苦的战争时期，不顾危险艰难，从贵州安顺溶洞运出铜器、玉器、书画、缂丝等百件文物参加莫斯科的"中国艺术展览会"。这是应苏联艺术委员会的邀请参加的，同时展出的还有中苏友好协会、中央研究院及苏联国内收藏家收藏的一千多件中国艺术品。中苏友好协会对促成此事起了关键作用，而故宫的参展对战时促进两国团结更是具有特殊意义。

故宫对内除举办了英、苏展览前后的国内展览，还在战事正酣的间隙于贵州、四川数度展出，包括重庆的第三次全国美展、一次书画展，贵阳的一次书画展和成都的两次书画展，在抗战期间，起到最大程度上鼓舞人心的作用。

故宫的大本营紫禁城，则是天天在担惊受怕中继续做着文化的守护者。"七七"事变后，北平陷入敌手，留守故宫博物院的职工在极其艰苦险恶的环境中苦撑了八年。

沦陷初期，留院职工曾请示国民政府行政院，但只得一纸回复："该院留平工作人员处境艰危，自属实情。目前应于可能范围内，尽力维持。仰即遵照。"自此，留院人员只能自生自灭。当时，马衡院长及院内主要干部中的大部分人员都已离开北平，或南下，或转往他处。院内工作幸亏有这些留守职工维持，文物照常开放展出，一切遵循原有体制和工作方式，未作太多改动，沦陷后头一年，就是在这种情况下度过的，院内古建筑和庋藏文物也未遭受损失。但第二年夏天，日伪宪警的黑手就开始伸进故宫博物院图书馆太庙分馆。

太庙在天安门东侧，亦归故宫博物院管理，当时被用作故宫所藏图书对外开放供外界研究阅览的场所。日伪宪警先后于 1938 年 6 月 15 和 1939 年 3 月 31 日两次闯进太庙图书馆分馆检查书籍及期刊，带走和当场毁灭图书期刊共达 6 千多册。

1942 年 6 月 30 日，故宫博物院被日伪接收，祝书元被任命为代理院长。

在后来日伪强征铜制品以制造武器发起的"献铜运动"中，故宫博物院职员凭着区别文物价值差异的职业本能，费尽心思地隐瞒着珍贵的鼎炉及较有年代文物价值的救火大铜缸等金属制品，但日伪最终还是掠夺了不能断定年代的铜缸 54 座、铜炮 4 尊、铜灯亭 91 座，将其运往天津冶炼，以制成杀人的武器。不过，抗战胜利后这些文物中的大部分都被追回了。

日军占领南京时，故宫博物院南京分院同样遭到日伪的掠夺。原保留在库房中的 2954 箱文物被日军移存于北极阁的中央研究院，易培基当院长时为故宫印刷所购置的先进印刷设备，被日伪劫掠一空，但日本投降后已无从追回，所幸 2954 箱文物经追查被全数归还。

日军未大肆破坏掠夺故宫，应该是看在日本和溥仪的结盟。既然已经扶植溥仪在长春成立"满洲国"，再捣毁盟友的"祖庙"，抢劫他的"祖产"，道义上确实说不过去。再者，故宫文物精品已被搬走，转移到大后方，再抢一座几乎空荡荡的故宫，落个历史臭名，也着实划不来。或许日伪也算计以自己的兵力来统治一个平静的北平，总比老是需要镇压一群因毁了故宫而同仇敌忾的怒民上算得多。总之,也是天佑我中华,就在这种诡谲难测的恐怖平衡中,故宫又一次逃过了历史的劫难。

紫禁城在蒙尘八年后,终于又等到它绽放异彩的那一天。

原本北平受降大典被安排在中南海的怀仁堂,但是日军试图保留仅有的所谓"面子",竟厚颜无耻地要求在投降仪式中佩带军刀和勋章,中方当然立即严词拒绝。或许是被此无理要求激怒,华北受降区北平前进指挥所主任吕文贞将军甘冒背负"独断专行"的责任,自行将受降地点改在可容纳万余人的紫禁城太和殿广场,在最具中国象征意义的殿堂前,与万民共同庆祝这个历史的时刻。

典礼准时在1945年10月10日10点10分开始,"双十"是国民政府的国庆纪念日,取"十"字连续重叠更显国庆重生普天同庆的含义。也是在这一天,故宫博物院迎来第二十个院庆。

故宫博物院浴火重生后,最重要的工作就是找回失散的宝贝。实际负责的单位正式名称是"清理战时文物损失委员会"(简称"清损会")的平津区办事处,沈士兼是平津区代表,王士襄当时也是清损会工作人员。故宫博物院作为平津区最重要的文物单位,在短短几年的时间里,陆续接管了大批散失在外的清宫旧藏文物,而且很多失散文物和溥仪都有千丝万缕的关系。

溥仪在抗战的几年中一直住在长春的伪皇宫里。1945年8月苏联红军出兵东北,身为日本人傀儡的溥仪感到大势已去,仓皇中,他从作为文物存放仓库的小白楼只带走了120多件书画和一些珠宝,准备逃亡日本。几天后,他在沈阳机场被苏联红军俘获,这批文物后来被交给了东北博物馆,也就是辽宁博物馆的前身,其中五代周昉的《簪花仕女图》和欧阳询的《仲尼梦奠帖》,成了今日辽宁省博物馆的镇馆之宝。

但是他来不及带走的,被留在小白楼的大量文物被看守的卫兵一起哄

（五代）周昉《簪花仕女图》

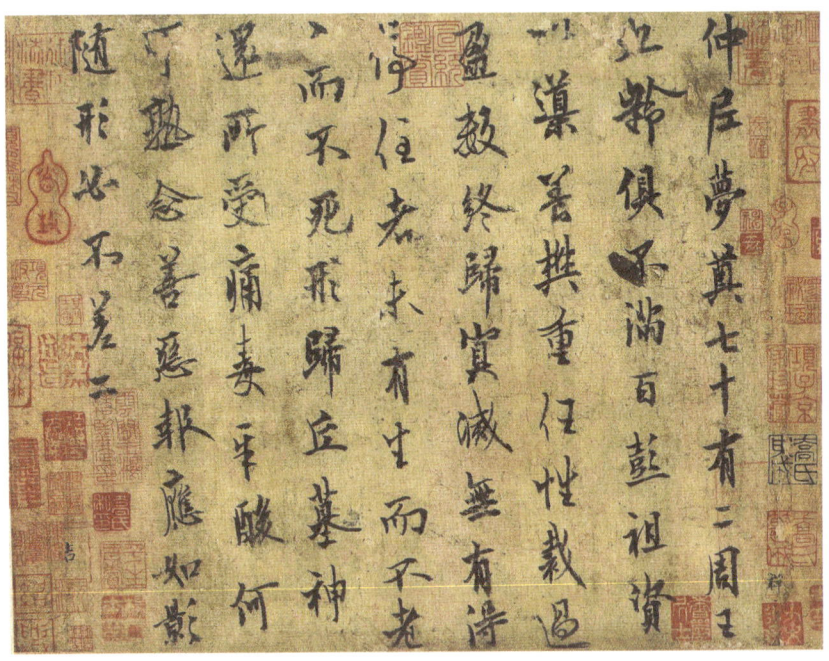

（唐）欧阳询《仲尼梦奠帖》

抢，许多字画在争抢中被损坏，其余的随着四散的士兵流落民间。北宋画家李公麟传世作品只有三件，其中之一的《三马图》就是在这次哄抢中被撕成碎片。北平琉璃厂在清朝已是有名的文化街市，抗战胜利后又有了一段异常繁荣的时期，就是因为当年在小白楼被哄抢的大批书画开始在此出现，古董商们把它们称为"东北货"。

美国的纽约大都会艺术博物馆有一幅南宋大画家李唐的《晋文公复国图》，就是一位收藏家在琉璃厂买走后捐出的。据统计，美国至少有六家博物馆藏有"东北货"，其中尤以大都会艺术博物馆最多，总共有430多件。

1946年底到1947年前半年，故宫博物院也曾拨专款26770万元，购买了一些所谓的"东北货"，都是清宫旧藏，其中重要的有宋版《资治通鉴》一部（共100册，另目录16册）、米芾《尺牍》一卷、唐国诠写《善见律》一卷、宋高宗书《毛诗闵予小子之什》、马和之绘图一卷、宋版《四明志》一册、元人《老子授经图书画合璧》、《明初人书画合璧》等诸多书籍和书画。

溥仪搬进长春伪皇宫前，曾在天津日租界张园、静园居住过。抗战胜利后，美军于张园发现铁锁紧锁的保险柜，清损会开箱后发现其中所藏多为玉器和珍玩，皆为精工巧匠所为，类似宫廷之物的小件物品，总计1085件。由于上面多有黄色号签，和故宫博物院由清廷接管的同类物件上的号签完全一致，而且还在宫内保存若干乾隆时为古玉特制的玉形挖槽匣盒，这批玉器和槽形也密合无缝，证明这些文物皆是清宫旧藏。这些精巧文物中有古月轩珐琅烟壶、痕古斯都宝石玉碗、嵌珠宝珐琅怀表等，皆为后来故宫展馆中的顶级藏品。另有书画五件，包括著名的宋马和之《后赤壁赋图》、元赵孟頫《秋郊饮马图》卷、元邓文原《章草》卷等。

清损会关注的整批文物有德国商人杨宁史（Werner Jannings）在沦陷期间大量收购的出土青铜器，清损会虽要求予以没收，但杨宁史多方推诿，不

战国前期宴乐渔猎攻战纹青铜壶

商饕餮纹铜钺

清官窑古铜彩牺耳尊

愿交出，最后宋子文亲赴天津与其交涉，杨宁史才终于同意以"呈献"名义送交故宫博物院，但要求有专门展室展出。这批藏品包括铜器 121 件、兵器 120 件，其中宴乐渔猎攻战纹战国青铜壶、商饕餮纹铜钺、玉柄钺等都是艺术价值极高的重要器具。

郭葆昌也是声名远播的大藏家，所以清损会和故宫博物院对其收藏极有兴趣。他是古玩铺学徒出身，因为袁世凯管理总务而成巨富，由于识货又多财，他收藏的瓷器及书画都极其精良，曾任故宫博物院瓷器及书画审查委员，于抗战时期去世，藏瓷归其子郭昭俊等人所有。王世襄与郭昭俊交涉，其即表示若公家能收购正是求之不得，但院方并没有进一步行动，实因无此经费，而且郭葆昌不同于杨宁史，其收藏并非敌产，不能强行没收或接管。这次最后还是宋子文出面，由行政院付给郭昭俊奖金美金 10 万元，并在中央银行为其安插工作，才使郭昭俊于 1946 年 2 月 25 日以"捐献"名义交给故宫博物院 427 件藏瓷，其中有举世稀有的汝窑器和连故宫都没有的清官窑古铜彩牺耳尊。

还有一批著名的存素堂丝绣，是经过原藏家朱启钤和清损会的共同努力，才将其归为故宫博物院所藏。朱启钤于民国前期搜集大量宋、元、明、清缂丝和刺绣品约 200 多件，其极珍爱之，还一一著录撰成《存素堂丝绣录》，后因创办中国营造学社缺资金，忍痛以 20 万元割爱给张学良。这些丝绣被置于东北边业银行，东北沦陷后，遂为伪满洲国中央银行占有，日人甚至视之为伪满洲国之"国宝"，还曾将一部分运往日本展出，并印成巨型图录出版，名为《纂组英华》，一时成为享誉国际的热门文物。日本投降后，这批丝绣继续存于吉林长春。随着东北局势诡变，朱启钤急忙与王世襄联手，设法将丝绣运至中央银行北平分行存储，随后故宫博物院接收了其中 80 余件精品。

比收回宝贝更令人高兴的事，莫过于紫禁城的收回。古物陈列所比故宫博物院成立在先，和故宫博物院像是一对共患难的兄弟，平时共用紫禁城这个大院子，文物迁移躲避战火时也一起突破万难，转移到大后方，屏息静待和平曙光的来到。抗战胜利后，根据国民政府行政院1946年12月3日作的决议，故宫博物院和古物陈列所将合为一体，由故宫博物院接收古物陈列所的北平宫殿房舍及其留在北平的所有文物，其已经转移到南京的文物则拨交给中央博物院。

从此，前三殿和后三宫不再是两个单位，紫禁城终于走完南北分裂的日子，故宫博物院的收藏也变得更加殷实，好像分散已久的骨肉终于又团圆了。但是，另外一件有如骨肉分离的大事马上就要发生了。

国宝从此分两地

因为形势急转直下,指定的文物只运走了一部分,而且只是那漂泊半个中国后在南京集合的文物中的一部分。

为躲避战火南迁又西迁的文物,抗战胜利之后,从四川巴县、乐山、峨眉分头出发,先集中到重庆,在 1947 年年底前全部运回了南京。曾被日军移到北极阁的 2954 箱文物,这时也全部由故宫南院接收过来。当这批南迁文物还没有机会被运回北平,国内政治军事形势就已经在迅速变化中。

1948 年 9 月下旬,济南被解放,东北人民解放军发动辽沈战役,眼看着马上就将解放东北全境,全国战局急转而下,南京已岌岌可危,南京的国民政府准备逃往台湾。11 月 10 日兼任故宫博物院理事长的翁文灏(时任国民政府行政院院长)邀集朱家骅、傅斯年、王世杰、徐森玉、李济等常务理事,商议决定选择故宫文物精品,尤以曾参加伦敦中国艺术国际展览会,后来迁川南路文物的 80 箱为主,600 箱为范围,优先运往台湾。在会上,朱家骅以教育部长身份提出"国立中央图书馆"的善本书,傅斯年以中央研究院历史语言研究所所长身份提出该所所收藏的考古文物亦应随同迁台。迁运的筹划工作指定由理事会秘书杭立武负责，杭立武当时既是教育部政务次长又是中央博物院筹备处主任，自然也有想法。所以，中央博物院筹备处也决定挑选精品 120 箱，会同故宫文物运台。

接下来，故宫博物院及中央博物院筹备处理事会联合会议又共同决定："第一批文物运台之后，应尽交通工具之可能，将两院其余藏品，一并疏运台湾。"但因为形势急转直下，指定的文物只运走了一部分，而且只是那漂泊半个中国后在南京集合的文物的一部分，当然这也不是原来的计划。

撤移国宝自然不能忽略远在北平的故宫。南京方面一决定精华文物迁台后，行政院就函电人在北平的故宫博物院院长马衡启程赴京，并嘱其选择故宫博物院的文物菁华迅速装箱，分批空运南京，以便和南京分院的文物一同运往台湾。

在国民政府的高官中，马衡是有所不同的，他始终是无党无派的，接到这个命令，在此重要关头，他必须抉择，而且这个抉择将关系故宫的未来。

当南京那一头大家都在仓皇失措地打包装运准备赴台时，马衡在北平仍是镇定自若，继续推进院内各项重要业务，向各部门分派工作，如清除院内历年积存的秽土，修正出组与开放规则，把长春宫等殿保持原状辟为陈列室，增辟瓷器、玉器陈列室及敕谕专室，修复文渊阁，继续交涉收回大高殿、皇史宬等，他似乎已经以实际行动表达了自己的立场。

同一时候，南京分院运往台湾的文物已经开始分三批从南京起运。

第一批是由海军调派"中鼎轮"载运。海军部人员听说有船开往台湾，就携家带眷地带着行李赶来搭便船逃难，船上挤满了人，但是押运人员担心这将对文物安全造成威胁，请杭立武先生出面请海军司令桂永清帮忙解决此问题。桂永清上船后，百般劝慰，说明将另有专船护送眷属，他们才同意下船。"中鼎轮"是一艘平底的登陆艇，遇到风浪，船身便摇摆颠簸不定，船上的箱子又没固定好，船向左倾，箱子便滑到左边来，向右倾时，箱子又滑到右边去，木箱滑动敲击之声，不绝于耳。据当时在场的人描述："海军司令又托船长带了一条狗，它又在那里不住地狂吠，加以风声、涛声，这些押运人员，直觉得是世界末日要到了。"

"中鼎轮"于1948年12月20日离开，同月27日到达基隆。

第二批和第一批一样，是由故宫博物院、中央博物院、中央研究院和中央图书馆合办运输，再加上外交部把部里的档案也随同迁运，一共是五个单位合作，雇用商船运送，由招商局派了一艘"海沪轮"装运，因为是花钱雇用的船，没有其他人员强搭上船的问题发生。

"海沪轮"于1949年1月6日离开，3天后到达基隆。

第三批运台文物因为雇不到商船，只好由海军部派遣的"昆仑号"运输舰载运。这时更是兵荒马乱，人心惶惶，船一到岸，海军部人员的眷属就挤满了舱位，箱子搬上船都有困难，而且箱子和搭船的人都混杂在一起。押运人员再次请杭立武先生商请海军司令桂永清出面解决。这次桂司令向大家开导，希望大家下船，大家都哭了，都向他求情，请他通融，那种凄惨的场面，惹得司令也陪着直掉眼泪，无法可想，只好让他们随船而去。这也是运输情况最乱的一次。结果，准备运往台湾的728箱故宫文物、28箱中央图书馆的古善本，因此没有被搬上船，留在了南京。

"昆仑号"于1949年1月29日启航，因不时停靠下人，2月22日始抵基隆。

故宫博物院在这三次运输中，运台文物的箱数是——

第一批320箱，第二批1680箱，第三批972箱，合计2972箱。

这三批运往台湾的合计2972个箱子里总共装着约60万件文物，其中器物、书画5万余件，善本书籍近16万册，清宫档案文献38万册。虽然这只是故宫南迁文物的四分之一，但都是筛选过的精品。

而北平本院的文物托运工作，自始至终，走的是慢板加拖泥带水加倍的慢。马衡先是争取高层干部和职工警联谊会的支持和配合，然后才布置古物馆、图书馆、文献馆的工作人员编写可以装运的文物珍品目录。目录编写完后，还报请南京行政院审定，接着又让人准备包装材料，而且向有关人员强调"不要慌，不要求快"，要求绝不能因装箱而损伤文物，至于装箱工作进度，他却从未催问，应该说是一点也不关心。最后还使出撒手锏，于1948年年底下令将故宫出入通道全部封锁，严禁通行，以致精选装箱文物根本无法运出故宫。南京分院虽有函电催促，马衡则以"机场不安全，暂不能运出"的理由拖延。

那时，解放军已经进关，大势已定，北平几乎已成一座孤城。又过了几天，东西长安街的牌楼被拆了，准备用长安街的路面作飞机跑道，让飞机在城内起降。但这个城内机场还未启用，北平就已经和平解放了。结果，北平的故宫文物一箱也没有运出去。

1949年1月，北平对外的交通基本已经断绝，南京政府特别安排专机，

张大千《庐山图》

准备接运北平的文教界名流到南京。这时马衡致函杭立武，称自己因患心疾卧病两周尚未康复，医生嘱咐勿乘飞机，暂时无法离开北平。接着又指出第一批抵台文物有书画 21 箱遭雨淋湿，须急速晾晒处理，否则将有毁损之虞，而抵台三批文物辗转基隆、新竹、台中，仍无定所，已有两周，若还有新的第四批文物送到，势必耽误晾晒之安排，所以为了保护文物，就不要再运第四批了。

马衡信中语气不卑不亢，但已表明留在北平和不再续运故宫文物的决心。

此时南京政府代总统李宗仁也已下令阻止故宫文物运出，第三批真的成了最后的一批。之后，不到三个月，百万雄师过长江，南京也解放了。

负责故宫文物迁台的负责人杭立武用最后一班专机，准备护送国画大师张大千及他的收藏和画作到台湾，因为张大千随身所藏数量颇丰，机舱空间不够放，杭立武最后决定将毕生积累的黄金储蓄和自己的行李留下，腾出位置给张大千的画作和藏品。这些画作和藏品在张大千过世后，大部分都捐给了后来在台北新成立的"故宫博物院"，捐赠的画作中还包括张大千在台湾时呕心沥血的绝笔之作——《庐山图》。

《庐山图》长 10 公尺，高 1.8 公尺，是张大千临终前来不及落款但综其所能的泼彩写意工笔青绿山水画，也是其最大尺寸的绘画作品。绘画过程历时一年多，张大千作画期间往往舌下含着硝酸甘油片，在家人的扶助下，爬上订作的高桌作画，甚至为了营造画中山水的磅礴气势，坚持锯掉"摩耶精舍"画室的两根梁柱，以便全盘掌握画面，但是他画的竟是他毕生游遍名山大川却唯一遗憾未曾去过的庐山。

没想到他搭上那班飞机的那一刻，竟然是和祖国山川大地的生离死别，从此他再也无缘见到庐山真面目。跟随迁台的故宫文物和他们的守护者也一样，这一别恍如隔世，台北故宫博物院的文物到如今依然无缘回到它们在北京的家——紫禁城。

陆

故宫迎来新纪元

(1950—1965)

开国收整残帝宅

　　自新中国成立以来，故宫小修大工不断，最大程度地全面维护了这座有 500 多年的古老建筑大院，让它从此有尊严地继续屹立在人们仰望的目光中。

1949 年 1 月 31 日，北平和平解放。

　　故宫博物院院长马衡心中应该是高兴的，因为紫禁城不用再承受一次战火的洗礼。但是他没有和共产党政权打交道的经验，心中应该是既紧张又期待。在 2 月 3 日的日记里，他写道："解放军自永定门入，军政首长在前门城阙检阅步、骑、炮兵，一军入前门经东交民巷、东单、东四而达西城，行列延长数里，整齐严肃，蔚为壮观。"

　　中国人民解放军北平军管会（以下简称"军管会"）对他始终以礼相待，从接洽交接及办理手续一直如此。1949 年 3 月 6 日，军管会代表尹达在太和殿举行的交接典礼大会上，当着故宫博物院的 300 多名工作人员，大声地郑重宣布：

> 北平军事管制委员会现在正式接收故宫博物院!
>
> 全体工作人员原职原薪。马衡院长还是院长。
>
> 从今天起,故宫新生了!

这次故宫真的是从各方面开始脱胎换骨,全面加强博物馆功能的建设和策划启动了。

按原本的设想,军管会的领导就是临时性质的。从1949年10月1日中华人民共和国正式成立后,除1958—1960年暂归北京领导外,故宫一直归属文化部文物局领导,而且在1950年有了一个新名称:"国立北京故宫博物院",简称"故宫博物院"。

故宫博物院原来古物馆、图书馆、文献馆三馆鼎立的局面已经无法符合要求。三馆陈列文物往往各自为政,不利于统一安排对内对外的展览需求,所以新成立陈列部、保管部、群众工作部。陈列部的设置是为统一筹划展览陈列事宜;保管部是针对保管文物工作量极速增大而设,负责的工作包括清点南京分院运回的1406箱文物、整理由各渠道激增的接收、购买、捐献的大量文物,和调出重复文物给其他博物馆及需要的单位等;群众工作部则因负责满足观众服务要求日增的需求而设。

原有的图书馆保留,文献馆改为档案馆,总务处改为办公室。为面对新形势的要求和完成交付的新任务,全院除做了这些体制上的调整,还相继成立专门委员会,如非文物物资处理委员会、文物收购委员会等七个专门委员会,以推动一个部、一个馆不能单独完成的工作。

新中国成立之初,一个使用频率非常高的词就是"百废待举"。

这个时候的故宫,参观主路线景观经民国时期的初步整理,大致还过得去,其他院落却仍旧是一片脏乱。房屋门梁倾斜倒塌,檐瓦脱散,漆画斑驳,蒿草遍地,深可没人,垃圾秽泥成山堵沟,地面砖墁年久失修,满目疮痍残、破不堪，胡搭乱建甚至随处可见。据说当时的一些老百姓把故宫称为"一堆老破庙"。

这次故宫的大扫除从 1952 年开始，院里职工全体动员，文化部、解放军也出车出人。几年间清除的杂物、秽泥、垃圾还包括一些新中国成立前搭建的破旧棚屋，有些渣土甚至是明代末年遗留未清的，加起竟然有 25 万立方米之多。换个比较容易理解的方式说明，这足足可以堆一条宽 2 米、深 1 米的垃圾路，从故宫一直排到 130 公里外的天津。

对紫禁城内唯一的水道内金水河的清理，开始的时间还要更早些，从 1950 年起疏浚壅塞河道的工作就已经进行了，掘出淤泥 5000 立方米，连带修缮河岸及河墙后，整条内金水河就没有再淤塞过，畅通无阻，水质也从污浊转为清澈。在修河岸河墙的同时，还对所有的明沟暗渠作了整治。遍布紫禁城的明沟暗渠是用来宣泄雨水的，过去年久失修，排水功能丧失，常有地方积水不退，导致产生行走不便和浸泡古建墙基的问题，整治之后，对人员及古建的安全都起了相当重要的作用。

故宫博物院建立初期，惨淡经营，迫于形势和条件不足，展览陈列常因陋就简。新中国成立以后，故宫博物院励精图治，虽物资条件仍有限，但故宫博物院上下都愿意花心思开办新展览，陈列不同题材的故宫系列藏品，还不辞辛劳地办联展或外借场地及藏品给协作单位，其中还包括一次很成功的东欧外展，周游了苏联、捷克斯洛伐克、罗马尼亚、匈牙利、波兰、德意志民主共和国及保加利亚，加深了这些东欧国家人民对中国人民和中国古代艺术文化的了解。

尤其在接任院长吴仲超的倡导之下，故宫陈列的规模、质量、设备、布置都有了跳跃式的提升。以各类主题陈列专馆而论，更是逐步做到系统陈列，便于欣赏研究国际一流的展示水平。让人津津乐道的宫廷史迹陈列，就尽力做到了原貌重现的展示效果，哪怕是溥仪留居后廷期间，养心殿、后三宫、西六宫等陈设及装修因多有移动或破坏，早就面目全非，陈列部也要认真参考、查对有关宫殿史料文献，甚至寻访过去在清宫服役的太监宫女，一一弄清各殿室里的原状及所有陈设用品。

太和殿中最重要的摆设自然是位于中心须弥座上的髹金漆龙椅，但有谁能想象它曾经被当作废品处理，差点永不见天日。它的复原归位有侥幸的成分，但主要还是靠着故宫人锲而不舍的精神，才能恢复太和殿原貌。

原来，在1915年袁世凯准备称帝时，将太和殿龙椅撤掉，换成一张不中不西、不伦不类的草包大椅。1947年故宫博物院接管古物陈列所时，曾试图找回龙椅，配了几张故宫里的椅子，都不配称，只好作罢。但人们总问龙椅何在？这张龙椅始终是故宫人魂牵梦萦的对象。

1959年，朱家溍先生从一张光绪二十六年（1900年）的旧照片上看到太和殿的原貌，按图索骥，终于在故宫一处存放破旧家具的库房里找到了这把已经残破不堪的龙椅。可是如何修复又成一大难题。

1963年，故宫博物院下定决心无论如何都要修好龙椅。先拍摄龙椅整体和各个细部的照片，再清除污垢，搞清楚各个部位的制作方法，凡是短缺的构件，都仔细一一配制。宁寿宫有一把龙椅是乾隆年间仿太和殿龙椅制作的，另外好不容易发现一张康熙的朝服像，画中康熙就是坐在太和殿龙椅上，这都成为修复龙椅的宝贵参考资料。结果，木活、雕活、铜活、漆活、贴金活，样样讲究到位，前后各工种总共花了934个工作日。正式陈列出来的龙椅在围绕其后侧的雕龙髹金屏风的衬托下，显得恢宏大度、金碧辉煌，从此重现昔日浑然一体的皇家风格。只是这背后的坚持和工夫又有多少人知道！

龙椅的修复，还得归功于一个非常关键的环节，就是让所有残败文物有重生机会的文物修复厂，它是吴仲超院长招募众多名家，于1960年成立的，是故宫博物院的第一个修复厂。

当时历代艺术馆、绘画馆、珍宝馆等展出面积之大、展品内容之丰富，是国内独一无二的创举。珍宝馆集中展示大量的精美珍宝，都是有清各帝以

陆 故宫迎来新纪元 | 215

太和殿的髹金漆龙椅

各种方式搜集来的珍宝精华,广受群众喜爱,参观游客络绎不绝,历久不衰。展示陈列的成功,竟成宵小觊觎的对象,使珍宝馆成为故宫遭窃频率最高的展示空间,前后发生过三次震惊国人的盗宝案:第一次是康熙金册、金质小刀、佩刀被盗,赃物被肢解当金块贱卖,因此全院加强安全警备设施;第二次及第三次都能及时捕获窃贼,拦获保住第二次被盗的"皇后之宝"印等金玉件及第三次被盗的"珍妃之印"。故宫于每次事后都认真检讨,改善、增强安保措施,虽无法止住某些宵小的盗窃之念,但能阻住窃宝之行亦是欣慰。

过去人们总爱说故宫有三大"招",除了珍宝馆的"招贼",还有延禧宫的"招灾"和太和殿的"招雷"。延禧宫招灾,又是着火,又是挨炸弹,连带到大清亡了,它也成了烂尾楼。太和殿正脊两边有全中国最大的鸱吻,它在传说中龙生九子中属水,火灾来时可喷水,还有垂脊上第十只脊兽的行什,是古建中独一无二的,貌似传说中的雷公,据说能防雷消灾,事实上它们也没能真正防雷成功,据历史记载,太和殿遭雷击失火就有三次之多。自然不仅是太和殿,整个故宫遭雷击的事件历来从未消停过。

1955年8月8日,午门东雁翅楼和雁翅楼东北、东南的角亭遭雷击受损,故宫的科学避雷终于被提上日程。结果,故宫在全国首先启用保护角折线法,在两端吻兽上安装避雷针,而且为了保护古建,减少翻修频率,避雷针不使用钢材而采用不易腐蚀的铜合金,此后,凡是宫中有遭雷击危险的建筑物先后都装上了避雷针。

可以说新中国成立以来,故宫的维护修缮工作从未间断过。尤其在1953年获得文化部的批准组建自己的工程队之后,在古建技术的保存及传承方面有了最佳的保证。

当1956年初春故宫西北角的角楼被一个巨大的工棚罩起来时,"角楼拆了装不回去,角楼被故宫修坏"的传言开始在北京市民间流传。有此传说无非是因为故宫角楼是中国古建中公认构造最复杂、最精巧,号称有"九梁十八柱七十二条脊"的独特建筑，本身的建筑工艺就是靠工匠们一代代传承下来的，没有传承工艺的工匠就没有修复的能力。

这次工棚里的修缮其实是因为刚好赶上冬季，为防工人和材料受风寒侵袭之苦，用搭席棚的方式，将整个角楼封护起来，外界因此难以看到内部施工状况及进度，但由于角楼受社会人士的关注，才有流言蜚语的产生。负责这次修缮工程的是有"故宫古建研究第一人"之称的单士元，他曾在日记中写道："这样的工程可以说是从明代嘉靖朝以后的400多年来，从未有过。"实际动手进行修缮的是当时十位在土、木、石、瓦、漆等各方面身怀绝技，被人尊称为"十老"的工匠师傅。由这次修缮积累的经验，为日后数次的角楼修缮奠定了良好基础，全得力于这批专家及匠师的研究实践及经验传承。

接着国家在1958年又拨款160余万元，开始进行故宫200多年来最大规模的一次全面性的维修工程，并且立下"着重保养、重点修缮、全面规划、逐步实施"的方针。

这个计划一启动，维护、修缮、增编预算未曾间歇过，一直延续到20世纪80年代中期。在这期间翻修了中轴线三大殿、其他主要宫殿群、御花园数万平方米的地面砖墁，重新翻墁了自午门至神武门外所有开放路线的铺砖地面10万余平方米，进行了2400米的城墙宫墙抢险修补工作，整理再现宫内花园景观，重点修护了重要宫殿建筑，油饰宫殿外檐，重髹彩画，恢复昔日金碁辉煌的庄严面貌。自新中国成立以来，故宫小修大工不断，最大程度地全面维护了这座有500多年的古老建筑大院，让它从此有尊严地继续屹立在人们仰望的目光中。

曾经的大院主人溥仪回到了阔别将近40年的故宫，感慨颇多，他在《我的前半生》中写道："令我惊讶的是，我离开故宫时的那幅陈旧、衰败的景象不见了，到处焕然一新……在御花园里，我看到那些在阳光下嬉戏的孩子，在茶座上品茗的老人。我嗅到了古柏散发出来的青春的香气，感到这里的阳光也比从前明亮了。我相信故宫也获得了新生。"

大小宝贝找回家

新中国成立以后,政府有规模、有计划地进行回购、鼓励回赠,有如抓紧救援的"黄金时间"一样抢救国宝,这股充实故宫文物的力量和信念,使购买和捐赠成为故宫所有失散宝贝找回家的主旋律。

过去故宫到底有多少宝贝,从来没有一个准确数字。虽然有过几次点查,但因为种种原因,总是不彻底,无法让人放心。新中国成立以后,故宫管理层意识到,对故宫全面清查,巨细靡遗,让宝贝一一验明正身,给大家一个明白交代的时机到了,而对还散佚在外的故宫文物,也是动员回家的时候了。

1950 年春,从南京北返了一批珍贵文物,故宫博物院将其中保存藏文古籍写本《甘珠尔经》的箱子逐一开箱清点。开箱至"上字第 585 号"时,吃惊地发现箱内捆经书用的五彩丝带已经被割断,包袱裹着的上护经版内佛像周围的镀金佛光和镶嵌的七珍珠宝不见踪影!箱内有"原贮第四箱"的字条，箱上还留有民国二十二年及民国二十九年严庆炤签字的故宫博物院封条，不过都已残破。

院长马衡对此事非常重视。立即询问有关人员，并且命令南京分院马上组织人员进行调查。经过抽丝剥茧的询查，终于在清室档案中找到有关记载。原来八国联军入京时，有18箱《甘珠尔经》的经带被侵略者割断，然后取走护经版内的镀金佛光和七珍珠宝，散落在地的残破不堪的经包，后来依慈禧旨意放回英华殿西庑。清善会一定是按原样打包点收的，才有了封箱里的残件。

凭着这种步步为营、一丝不苟的态度，在接下来不同的清查行动中也陆续有了各种令人惊奇的发现。

不少故宫文物随着伪满洲国的落幕在东北蒙尘，在文化部组织专家到东北博物馆进行的一次清查文物行动中，在堆积如山的未经梳理的藏品中，突然有人欣喜若狂，几乎要跳起来！原来，是一位名叫杨仁恺的专家发现一幅宋代真迹的画卷，而且不是别的，就是众人皆知的《清明上河图》。

因为易培基盗宝案而被法院上封条的文物箱，被随意地堆放在故宫的三间库房中，这些所谓的"犯罪证据"是被划定为赝品，然后依照控诉人很奇特的逻辑将前院长易培基罗织入罪的。这个逻辑的前提是：所有故宫的收藏一定是真的，而院长曾命令点查过故宫文物，所以只要有被专家认定为赝品的文物，真品就是被院长以偷天换日的手法占为己有了。

清宫真实的情况是，即便酷爱收藏的乾隆帝也曾闹过不少以假乱真的笑话，他老人家就自始至终把《富春山居图》仿品当真品，而把真品当伪品来收藏，更不用提他那几位不爱收藏不懂文物的后代皇帝子孙了。有人向他们进贡时，往往都列上一些像元代黄公望、王绂、倪云林；明代文徵明、唐寅、仇英等大名头的假货摆摆样子。进贡的外行，收礼的皇帝也不在意，反正收了便束之高阁。大量次品假货就是这样进了皇宫，所以宫中有假货不足

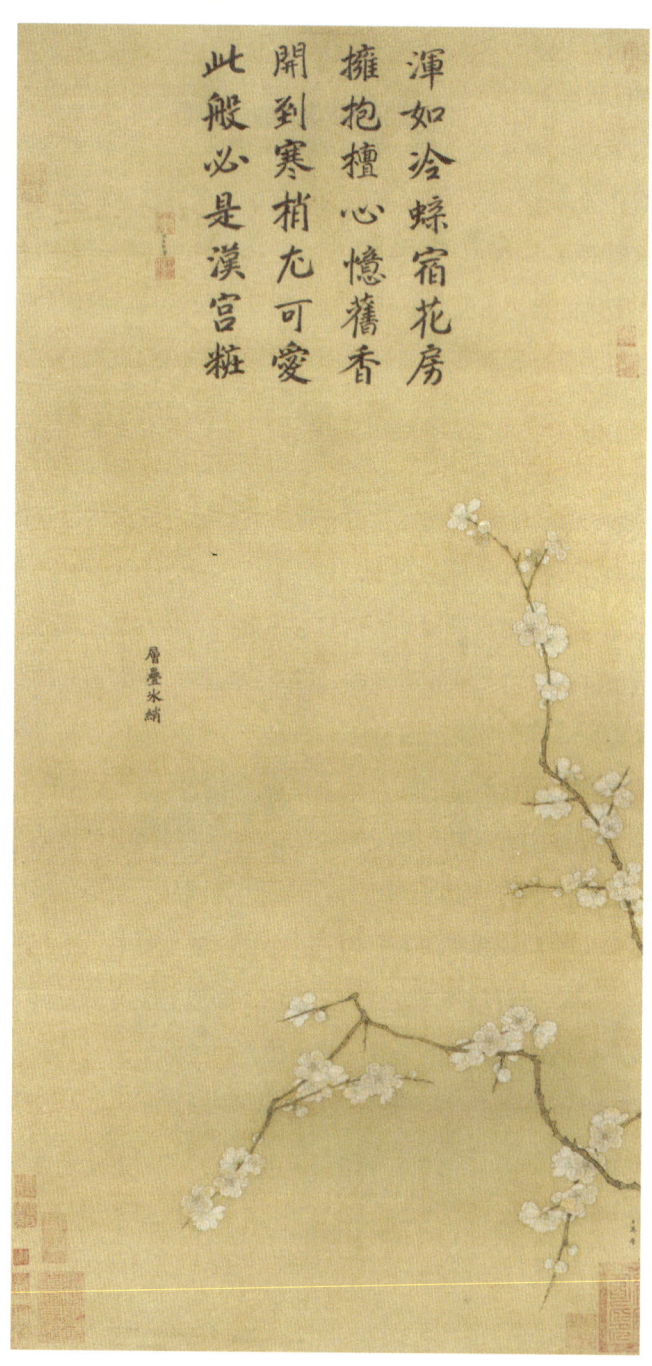

（宋）马麟《层叠冰绡图》

为奇。但是这些被法院专家认定的伪品,在这回清查中,被发现两件国宝级的国画,一件是宋徽宗的《听琴图》,一件是马麟的《层叠冰绡图》。

后来在整理庆寿堂中院时,发现唐代卢楞伽的《六尊者像》竟然混杂在准备处理的杂物中,没有任何文物档号;在其他清宫里又发现同样没有档号的精美龟鱼蟠螭纹方盘,专家鉴定为极其少见的传世青铜器;还有长期弃置在缎库中,被认为是赝品的商代三羊尊,这次清查经数位专家共同鉴定,认为是一等精品;在弘德殿物品中,也发现不少账上无号的宋代哥窑、官窑、龙泉窑的瓷器珍品及10个大小不一的金印匣;尤其在一捆竹席中清理出工艺已绝传多时的名贵象牙席[1];其他险成遗珠之憾的,有如明宣宗朱瞻基的山水人物大折扇和佛堂里许多难得的雕塑件,不计其数的皇家艺术品,若不是这次彻查,不是永远石沉大海,就是被当废物处理掉。

这些珍品为何在过去清点中,总是被遗漏掉,原因不一而足。或是因小朝廷时期溥仪盗宝,上行下效,宫内盗窃之风盛行,官员、宫女、太监偷藏私运不及的,造成天棚上、屋角下、隔墙中、橱柜后……珍宝长期藏身其中;或是因为过去清查时日匆促或验者走眼等原因,被忽视或归为次品、赝品未编档号;或是因宫内原本存有伪件,常令外行人甚至专家真假难辨等。但是经过这些年认真彻底的清理,这些过去被湮没的文物精品终于得以重见天日。

毋庸置疑的是,由溥仪手中流失出去的,样样是顶级精品,其中很多是国宝级的书画。溥仪究竟卖出了多少书画已无法查证,但仅仅是他赏给天津经手人的就有《历代帝王像》、《步辇图》和《阆苑女仙图卷》等名作。《历代帝王像》是与《女史箴图》同等珍贵的国宝级画作,从天津流出后被卖给日本人,第二次世界大战后为美国波士顿博物馆收藏。《阆苑女仙图卷》是五代画家阮郜仅存的一件作品,而五代人物画传世的总共也不超过十件;《步辇图》很多人相信是唐朝阎立本的唯一真迹,这两件作品在新中国成立

（唐）卢楞伽《六尊者像》

以后就被故宫博物院收回，一件是国家买回，一件是藏家捐赠。

  在伪满洲国覆灭后，溥仪带出宫的历代书画珍品1200多件便散失在东北、华北一带，国民政府面临瓦解之际自顾不暇，而时日一久势必更难追回，所以，新中国成立以后，政府有规模、有计划地进行回购、鼓励回赠，有如抓紧救援的"黄金时间"一样抢救国宝，这股充实故宫文物的力量和信念，使购买和捐赠成为故宫所有失散宝贝找回家的主旋律。

溥仪无预警地被驱逐出宫，临出宫时最后想夹带出去王羲之的《快雪时晴帖》，被神武门守卫搜出扣留住。这《快雪时晴帖》曾经是清代最懂收藏的乾隆皇帝最珍爱的三件书法作品之一，被他常年放在因收藏三件稀世珍品而闻名于世的"三希堂"书房里，不时还会拿出来欣赏。三希堂里的另两件稀世珍品是王献之的《中秋帖》及王珣的《伯远帖》。《快雪时晴帖》后来随着南迁文物到了台湾，现存台北故宫博物院。另外"二希"回宫的故事就带有宝贝自己找回家的传奇色彩。

清亡以后，"二希"被瑾妃的小太监偷偷卖给了北平的古董店"品古斋"。20世纪30年代曾经当过袁世凯总管的郭葆昌无意间发现这两件无价之宝，他立即买下并秘为收藏，绝不轻易示人。没想到一次家宴酒后兴奋，他将两件至宝展示给徐森玉和马衡两位客人欣赏，这个消息马上在北平传得沸沸扬扬的。大收藏家张伯驹听说后，唯恐国宝外流，愿意以高价收买，但郭葆昌实在索价太高，加上当时日军全面侵华，抗日烽火骤起，银行金融冻结，购买之事只得作罢。

郭葆昌过世后，其子郭昭俊和张伯驹本以更高的价码已商量好，但这时国民政府行政院长宋子文为郭昭俊安排了中央银行的肥缺，郭昭俊为感谢并讨好宋子文，乃将"二希"赠送给他。张伯驹义愤填膺，在《新民晚报》披露此事，宋子文迫于舆论压力，忍痛将"二希"归还郭昭俊。新中国成立后，郭昭俊携"二希"逃往台湾，本来打算将"二希"卖给台北故宫博物院，但国民党政府初到台湾，财政拮据，顾不上买"二希"的事，错失"三希"重聚的最佳时机。

郭昭俊后来在香港经商，因资金需要，将"二希"抵押给汇丰银行，赎回期限为1951年底，眼看期限将至，而郭已无力赎回，银行对"二希"垂涎已久，至宝命运危在旦夕。恰好时任文物局局长的郑振铎过境香港，听闻此事，迅速上报，初创的新中国虽处处仍捉襟见肘，总理周恩来当即下令购回国宝。此过程中徐森玉公子徐伯郊，也是文物迁川时自愿当山匪人质的

（唐）韩滉《五牛图》

英雄，刚好是广东银行香港分行经理，他运用其金融界人脉，出面折冲救回"二希"，自此"二希"终于找到回家的路。

徐伯郊还从香港为国家抢购回赫赫有名的唐韩滉《五牛图》、五代周文矩《文苑图》、宋李唐《采薇图》等一大批国宝级的文物。

故宫博物院许多国宝级的书画是有心的收藏家慷慨捐赠的，其中最为人津津乐道的就是"二张"的捐赠故事，"二张"指的是张大千和张伯驹。

张大千潇洒成性，不重视金钱，但对珍贵古书画却嗜之如命。抗战胜利之后，他已准备耗资 500 两黄金购置一座清王府作为长住北京的居所。购房一事既定，他偷闲逛琉璃厂古董店，无意间看到南唐顾闳中的《韩熙载夜宴图》，爱不释手。店家见到识货行家，竟开出令人咋舌的 500 两黄金的价格，刚好相当于他准备购置王府宅第的金额。鱼与熊掌不可兼得之时，张大千不改行事猖狂、挥金如土的真性情，当下即决定买下《韩熙载夜宴图》。

1952 年，旅居香港的张大千打算移居海外，为筹措费用不得已须出让藏画，若委托中介或拍卖行，以张大千"大风堂"收藏的号召力，必得高价，但他唯恐国宝级文物流落海外，将成千古罪人，遂将大风堂镇馆之宝《韩熙载夜宴图》及五代董源《潇湘图》、元代方从义《武夷山放棹图》等多幅无价国宝，以极低廉的作价让售给中国政府，据说此举还使已在台湾的蒋介石大为不快。其中《韩熙载夜宴图》仅作价 2 万美金，与买时花费 500 两黄金的价格实在是天差地别，这是名义上买卖而实际捐赠的有心之举，几件宝贝也因此回家了。

张伯驹在诗词、书画、京剧、古琴等各方面皆有一定的造诣，但是其醉心研究精深，最负盛名的是其书画的鉴定及收藏。他竭尽心力搜罗挽救清宫书画精品的成就，无人能出其右。目前所知，清宫旧藏中年代最久远的书画，有"墨皇"之称的西晋陆机《平复帖》和"天下山水画卷第一"的《游春图》，都是他曾经不惜以身家性命为代价争取捍卫的至尊国宝。

《平复帖》自嘉庆皇帝赏赐给亲王就已流出清宫，到了民国初期，宝帖为恭亲王后人溥心畬所有。1937 年时，溥心畬因母殇拟筹措费用办理丧事，有意将《平复帖》出售。张伯驹鉴于前一年溥心畬已将韩幹《照夜白图》售与洋人，深恐重蹈覆辙，极力与其交涉，不让"墨皇"流落海外。溥心畬索价 20 万大洋，远超过张伯驹的支付能力，他一面晓以大义，一面积极筹款，几番交涉，最终以 4 万大洋成交。未久日寇全面侵华，张伯驹几乎宝不离身，甚至将《平复帖》缝于衣被之中，宁己涉险履难，也绝不容许使宝帖有任何损伤。

《游春图》的购藏，更是令张伯驹费尽心力。1946年初，《游春图》随伪满洲国的瓦解流入民间，成了所谓的"东北货"，为数名琉璃厂古董商合力购买下来。张大千与这些古董商素有交情，特意为此画由上海飞到北京，希望能协商减价购买，不料双方僵持不下，落得败兴而归。张伯驹虽曾建议故宫博物院将其买下，但故宫博物院财政拮据，无能为力。为防止至宝流落海外，在明知张大千以失败告终的情况下，张伯驹仍然知难而进，抱定势在必得的决心，甚至不惜自家举债将其买下，使他从豪门巨富变成债台高筑，最后还不得不将自己在弓弦胡同的一座宅院（传原为慈禧宠监李莲英旧宅）卖给辅仁大学，又央请夫人变卖首饰一件，才凑足卖家要价220两黄金，使这件至宝继续留在国内。

1956年，张伯驹与夫人潘素，基于爱国心，将《平复帖》、《游春图》、唐杜牧《张好好诗》卷、宋范仲淹《道服赞》卷、宋蔡襄自书诗册、明黄庭坚草书卷等8件珍贵书画，无偿捐给国家。8件书画，件件价值连城，国家欲奖励以重金，却被张伯驹断然拒绝。其言："予所收蓄，不必终予身，为予有，但使永存吾土，世传有绪。"他夫妇二人陆续捐出118幅国宝级书画，有些成为受惠博物馆的镇馆之宝。宝贝何其有幸能够遇到这样的主人，既是书画收藏大腕儿又是绝对的爱国志士，张伯驹值得大书以赞。

而孙瀛洲则是瓷器收藏大腕儿，更有"宣德大王"之称。永乐、宣德两朝由于年代相近，加上宣德青花制作配方上萧规曹随永乐青花，往往让陶瓷专家难以辨别，素有"永宣不分"之说。据说孙瀛洲能仅凭眼观或是闭眼手触，即能鉴别宣德瓷器真伪，故得其名。1956年，孙瀛洲应聘为故宫博物院专家，基于对祖国的热爱，他一鼓作气，将其精心收藏的3000余件各类文物捐献给故宫博物院，仅陶瓷类就有25件被鉴定为国家一级文物。他捐赠故宫文物的质和量在历来捐赠者中一直名列前茅。其中最引人注目的，莫过于一对造型轻灵娟秀、胎体薄如蝉翼的三秋杯。近年来中国瓷器拍卖屡创纪录的鸡缸杯是成化斗彩瓷，传世仅有十数只，而三秋杯则是存世成化斗彩瓷中绝无仅有的孤品，其珍贵程度，不言而喻。

中国瓷器精美自古著称于世，以往大量出口海外的"外销瓷"，其产销制作沿革，也是研究瓷器发展及对外关系的最佳素材，由于纯为外销而生产，反而成为国内的稀缺类别，明清两代紫禁城也未特意收藏，幸亏侨居新加坡的韩槐准对其情有独钟，为收藏"外销瓷"，四处奔走，甚至变卖家产，以一己之力，尽量收购。更难能可贵的是，他希望弥补国内收藏的缺口，将其毕生所藏，悉数捐给故宫博物院，其中更包含鲜见瓷件，充实博物院了故宫外销瓷研究的内容，是海外华人心向祖国的一个鲜明例证。

在众多捐赠文物给故宫博物院的人士中，溥仪是一个特殊例外，不仅不应该享受捐赠者的尊荣，若追根究底，他恰好是很多宝贝必须透过种种管道找回家的始作俑者。他当年以"赏赐"名义偷运出宫的1200多幅精品书画，在新中国成立后的十多年间，透过捐赠、回购和种种努力，国家得以追回其中的800多幅书画，而其他散失的十多万件故宫大小宝贝也在这段时间回到了家。1950年，溥仪将其随身携带的无价之宝，乾隆做太上皇时用的黄玛瑙三联印"赠送"给国家，1951年"三反""五反"运动开始不久，他又将自己身边仅存的宝物即468件首饰交给了战犯管理所。但是和先前因他而流出宫外的文物相比，这只是杯水车薪。

许多宝贝永远找不回家了。

主席牵挂紫禁城

即使明确表示送给他个人的礼物,他仍然会捐赠给他心目中最合适的永远归宿——故宫博物院。

1949年初解放军兵临北平城下,紫禁城再一次面临考验,那时主事者的意志将决定这座经过500多年历史磨难的皇宫接下来的命运。

当时在西柏坡的毛泽东给兵临城下的解放军将帅发出指令:"此次攻城必须做出精密计划,力求避免破坏故宫、大学及其他具有重要价值的文化古迹,你们务使各纵队首长明了并确守这一点。""要使每一部队的首长完全明了,哪些地方可以攻击,哪些地方不能攻击。绘图立说,人手一份,当作一项纪律去执行。"

同一时间,国民党的傅作义将军在北平召开各界学者名流的座谈会,画家徐悲鸿慷慨激昂地论述:"北平是一座闻名于世界的文化古城。这里有许多宏伟的古建筑,如故宫、天坛、颐和园等,在世界建筑宝库中也是罕见的。为了保护我国优秀的古代文化免遭破坏,也为了保护北平人民的生命财产完全免受损失，我希望傅作义将军顾全大局，服从民意，使北平免于炮火摧毁。"康有为年逾花甲的女儿康同璧说："北平是座世界共仰的文化名城，有着人类最珍贵的文物古迹，这是无价之宝，决不能毁于兵燹。"

北平城表面上异常平静，暗地里解放军特使与傅作义频频接触，毛泽东保护故宫等重点建筑的心意是清楚明确的，以详细军令的形式下达，解放军势必依令达成，却使攻城难度倍增。

毛主席重视文化，和故宫也有一份特殊感情。他就读于湖南省立第一师范学校时有一位老师，就是后来当上故宫博物院院长的易培基。1919年，毛泽东同湖南人民代表团来到北平宣传进步思想，声讨驱逐湖南督军张敬尧，当时就住在挨着紫禁城的福佑寺。他酷爱研读历史，善于解读这皇家建筑的历史文化意义，加上其亲身接触历史古迹的感受，所以他下令保护文物古迹之举，就十分容易理解。

溥作义将军最终做出投诚的决定，北平和平解放，紫禁城又一次逃过战祸的威胁。

1月31日北平解放，2月7日故宫博物院就已经重新对外开放，紫禁城在中华人民共和国的新纪元，继续扮演其服务人民的国家博物院的角色。开国元首毛主席从未考虑回到过去，重新把紫禁城作为一国之君的住所及办公室，以彰显自己地位的尊贵。他甚至一步也未曾踏入，直到1954年的春天。

故宫的城墙上，出现了毛泽东的身影。

1954年5月20日的下午，这已经是毛泽东在四天之内第三次来到故宫。从各种史料中并没有查到毛泽东来故宫的详细记载，这反而给后人留下无限的想象空间。

1954年5月17日下午4点，毛主席在公安部部长罗瑞卿的陪同下，不声不响地来到了故宫。他身穿灰色中山装，脚着布鞋，手里拿着一根小竹竿，登上了神武门城楼，故宫保卫科科长韩炳文紧跟其后，此外再无他人陪同。

这一天故宫是照常开放着，为了不干扰游客，他们避开游客参观的区域和路线，从神武门东坡道登上城楼，顺着城墙向东、向南，一直走到东华门。

毛主席心情很愉快，从城楼上观赏了故宫全景，接着在东华门城台上稍作休息，坐在小马扎上，与大家分食橘子。韩炳文曾在中南海警卫局任职，毛泽东和罗瑞卿原来就认识他，毛泽东和他亲切交谈，问他一些保卫科内机关设置的问题。当时的保卫科依分工负责院内保卫和消防工作，每天晚上都要派人登上城楼，沿着城墙巡逻，那时故宫还没有红外线显示仪和火灾自动报警系统，所以，昼夜的监控全靠消防警卫人员那一双双的眼睛。

毛主席还询问了故宫各部门的分工和工作人员的文化程度，并鼓励大家努力学习文化和业务知识。随后，他又走到午门，参观了设在午门城楼上的"基本建设出土文物展览"，总共在故宫逗留三个多小时，直到天色将暗才又悄悄离开。

时隔一天，5月19日下午，毛主席又来到故宫。这次是由午门进，直接登上午门城楼，继续参观"基本建设出土文物展览"，他对陪同人员说："这就是历史。"这次，他对展览看得比较仔细，显然对那个阶段的考古新发现发生极大的兴趣，当时北京猿人遗址挖掘工作进展情况较好，考古工作者陆续从周口店的灰烬堆积层中发现了北京猿人的牙齿、石器和动物化石。毛主席在午门城楼上，认真观看展览，两个小时后才意犹未尽地离开了故宫。

5月20日下午，毛泽东第三次来到故宫。这次从神武门进，然后向西走，而且在西北角楼前留下了一帧珍贵的照片。照片中毛主席笑容满面，显得非常高兴。由此向北眺望，景山、大高玄殿和北海白塔，尽在眼前；在西城墙那边向西望，则是金鳌玉蝀桥和他工作、生活的中南海，他初次来京时寄宿的福佑寺，还有风神庙、雨神庙、雷神庙、万寿兴隆寺等古迹，也都尽收眼底。到了晚上七点左右，毛主席才走下城楼，向大家挥手告别。

新中国成立后，毛主席只来过故宫这三回，只绕城墙，未入院内。他对里面收藏的书画文物从未曾沉迷流连，他曾经向故宫博物院调借书画研究欣赏，但是有借有还，而且每次都清清楚楚地打清单借据。故宫博物院至今还保存有两份毛泽东借阅书画的目录。一次是1959年10月23日，由中央办公厅陈秉忱经手，借阅书画20件；一次是1963年2月11日，由田家英经手，借阅25件书画。这两次所借书画都是明清两代名人作品，从目录上看，毛泽东在绘画上偏爱山水花卉，在书法上偏爱草书。借阅期间还特别让秘书把所有的字帖集中起来放在身边，可见其对字帖特别喜爱。

众人皆知，毛泽东自己对诗词书画也有很深的造诣，由于自身地位特殊和兴趣所致，许多书画家、收藏家、艺术家都希望与其多交往，投其所好，名家馈赠大礼，在所难免。但是凭老一辈共产党员的情操，毛泽东根本不可能将这些古玩珍宝名贵书画收为己有，还曾自立"党和国家领导人所收礼品一律缴公"的规矩，甘心成为"过路珍宝"的短暂拥有者，是一位真正"有名无实"的收藏家。

毛主席友人姚虞琴曾致赠一幅明代王夫之手迹《双鹤瑞舞赋》予其私人收藏。毛泽东深谙书法之道，自然清楚此物之稀有珍贵，却不据为己有，于1950年写信给当时的文物局局长郑振铎，交代其将此手迹转送给国家。但又恐捐赠之事过度被宣扬，毛主席特别要求："此物似乎只可收藏，不必陈列展览。"此件后为故宫博物院收藏。

此后，毛泽东又多次将中外友人所赠之私人礼品上缴国家。据曾任国家文物局局长的吕济民回忆，1952年毛泽东还将友人赠送的清钱东壁临写的《兰亭十三跋》转送给故宫博物院。

1956年，张伯驹将自己收藏的书画精品无偿捐献给国家，在他交中央统战部部长徐冰转呈毛泽东的信中，特别写明捐赠书画中的唐代李白《上阳台帖》是赠送给毛泽东个人的。毛泽东对李白的诗词一直颇为推崇，面对这件可能是唯一的李白传世墨迹，自然爱不释手。但毛泽东在存留欣赏一段时间之后，最终还是在1958年将《上阳台帖》捐赠给他心目中最合适的永远归宿——故宫博物院。

时代考验旧皇宫

在历史政治运动中,总是有头脑清晰、明辨是非之人。故宫几次履险,能化险为夷,靠的就是这些"贵人"。

新中国成立以后,故宫虽然是一个相对独立的博物院小环境,但博物院及其工作人员仍旧无法与世隔绝,超脱游离出那个时代的大环境,也不可能独立于故宫红墙之外,在接连不断的政治运动中,完全置身事外。

故宫作为新时代中最具体的封建存在,势必招引各式各样的挑战。

从1952年开始的反贪污、反浪费、反官僚主义的"三反"运动中,故宫被当作政府浪费的例证而受到批评。博物院收购文物被说成是个人独断、未经协商的行为,遭到批评。个别员工也被指控行为奢侈,受到严厉谴责。故宫大量职工被集中到东岳庙进行审查,院内的展览也不得不进行整顿。在那时革命热情充斥的大环境里,故宫展览已不能专注如何展示出纯粹的"美"和"传统"。时代的思想导向逼得故宫文物的展示也必须考虑如何提高

"思想性、艺术性、科学性"，以融合现代中国的艺术品及过去的文物双轨并行的方式来表现。

周恩来笑问时任教育部长的张奚若："看了故宫整顿改革方案，是不是睡不着觉了？"

张奚若回答说，让他睡不着觉的不是这个方案，而是方案中提到隋、唐、宋的一些作品会被挂在故宫皇极殿展览，太阳斜射到殿里，作品很快就会变色。解决方法应该一是少展览，二是加黑布幔子，里面用电灯采光。他接着说，重要文物应该以最现代化的科学方法加以保护。如天冷可考虑安装洋炉子和暖气，但这两者都有烟筒，这就如同厂矿，不像故宫了。

周恩来插话说："又要暖和，又不要暖气，怎么办？"

张奚若回答："另盖现代化的房子去陈列。方案中说，原则上应规定全国最珍贵的艺术品集中到故宫陈列。这是否把各省市的珍贵艺术品都集中起来？如果是这样，那就值得考虑了。全国五亿多人，能到北京看画的有多少？特殊的要集中，但不要都集中起来，地方也要留一些。如都集中到北京来，对进行群众的爱国思想主义教育不利。"

周恩来表态，这个意见对。

在历史政治运动中，总是有头脑清晰、明辨是非之人。故宫几次履险，能化险为夷，靠的就是这些"贵人"。

在1957年的一场波及社会各阶层的群众性大型反击右派分子进攻的运动中，故宫有一些工作人员被扣上"右派分子"的帽子，被解除了职务，送到农村进行"劳动改造"。下一年开始的"大跃进"和人民公社化运动中，中央机关被勒令裁员以支援农村的工业化建设，故宫也在此列。大批故宫工作人员被暂时"下放"到农村，不过，这些人员大多是50年代招聘的导游和一般工作人员，并非博物院的专业人员，而且下放人员大多数在1959年又回到了工作岗位。故宫的群众工作部在这段时期，也在全国很多城市"为民服务"巡回举办图片展，并且派工作队携带幻灯机，奔赴农村、工厂和军营，向群众宣传故宫及宫廷艺术，以达到教育群众的目的。

正值"大跃进"运动方兴未艾，社会普遍鼓励改革破旧的氛围中，大众的眼光又投注在故宫这座旧皇宫身上，它的存在再次面临岌岌可危的处境。

为了北京市的旧城改造，想动故宫的主意这件事，已经酝酿了很久。

自从新中国成立之后，在制定北京城的建设规划时，已经有许多人先后提出要拆除故宫。先有苏联专家打算把中央行政区放在故宫的位置，后来又有一些老干部也提出要拆除故宫，说他们一见到故宫，就想到封建主义统治下的中国穷人受苦受难的样子。

1958年1月，毛泽东在南宁会议上说："北京、开封的房子，我看了就不舒服。"他还批评一些主张保护古建筑的人："北京拆牌楼，城门打洞，也哭鼻子。这是政治问题。"他并没有特别点到故宫，但有的领导干部则循着他的思路自我揣摩，提出了拆除故宫的要求。

1958年刚刚制定的《北京城市建设总体规划初步方案》根据社会形势作了很大修改，其中就包括对北京旧城进行根本性的改造，"坚决打破旧城市对我们的限制和束缚"。

旧城改造原是好事。但由于当时社会背景的影响，很多当时的决定现在看起来都是十分偏激的。比如将城墙一律拆除，拆完城墙后，就开始琢磨故宫宫墙内该怎么拆呢？因为在当时很多人的眼里，那只是一个封建皇帝住过的宫殿。

《要用阶级观点分析故宫和天安门的建筑艺术》一文里曾提到有位女主任说道："皇宫盖得拖拖拉拉，死板，不好看。"

后来，一份关于处理故宫的争论材料送到周恩来手中。周总理并不愿意将故宫拆掉，但当时人们头脑发热，他又不好直接否定主张拆除者的意见。他找来北京负责城市建设规划的领导们，和他们商量定下重新规划的原则："故宫等古代建筑一定要保留；但可以把它们统一组织起来，拆除部分房屋，扩大植树区，搞一个群众都能进去休息娱乐的大区域；同时，建设东、西长安街，在长安街附近建设机关办公楼。"北京市的领导接受了这些建议。周恩来还召开国务院常务会议，将此思路确定下来。

北京市有关部门进行了反复研究和协商，讨论中一直是把故宫作为保护的重点。在1958年9月的《北京市总体规划说明（草稿）》中提出"把天安门广场、故宫、中山公园、劳动人民文化宫、景山、北海、什刹海、积水潭、前三门——正阳门（前门）、宣武门、崇文门、护城河等地组织起来，拆除部分房屋，扩大绿地面积，使之成为市中心的一个大花园，在节日作为百万群众尽情欢乐的地方。"那些主张拆除故宫的人，见这个规划突出了群众性，也就无话可说了。

这个大规划的施行落实到故宫这一部分，除了按部就班地实施古建筑的修缮，也同时对院内一些不能体现"人民性"的"糟粕"建筑进行清理拆除。随着这个清除"糟粕"计划的执行，故宫原来存留的一些残破坍塌、阻挡交通、添加乱建和便宜行事的怪建物，如御花园绛雪轩罩棚、养性斋罩棚、集卉亭、鹿囿、建福门及建福宫后院中惠风亭等一批"糟粕"建筑于一年之内全被拆除干净。

呼吁拆除故宫的声浪也因为许多更要紧的工程项目和须要处理的要务接二连三的来到而逐渐被人们淡忘。但是到了1964年这个时候，北京交通变得十分紧张，一些人拆除故宫的念头又死灰复燃。北京市领导又在动故宫的主意，想拆除或改造故宫以改善那一带的交通状况。北京的旧城改造工程当时进行得如火如荼，东西长安街的改造规划刚好在制定中，有人建议拆除故宫，从中建一条马路，以方便交通；有人建议在故宫里建一条东西向马路，再把文华殿、武英殿辟作娱乐场所。

当时北京市还邀约六家设计单位分别对故宫的进一步改造制定方案，最终有四个方案列入考虑。如果用一个字总结，就是"拆"。

方案一：拆午门，建中央大楼。

方案二：拆端门，建中央大楼。

方案三：拆故宫、天安门，以开敞明朗活泼的气氛，使庄严、美丽、现代化的新型建筑，代替已经古老落后的帝王宫殿建筑。

方案四：故宫、中南海、南河沿线以西民房全拆，全部改建。

当时的北京市委无论选择那个方案，都是"拆"。中宣部部长陆定一闻听此情况，心急如焚，便去找周恩来总理。周恩来听了汇报后，明确表示不赞成拆除故宫。随后，陆定一在中宣部的会议上否定了拆除故宫建马路的方案，在会上公开表示：

> 我们对故宫应该采取谨慎的方针，原状不应该轻易动，改了的还应该恢复一部分。
>
> 关于房子改造问题，小房、小墙可以拆一些，但要谨慎。马路可以宽一些，这是为了消防的需要，不是为了机动车进去。故宫就是要封建落后，古色古香……
>
> 搞故宫的目的就是为了保留一个落后的地方，对观众进行教育，这就是古为今用。
>
> 今天在座的处级以上干部都是（保护故宫的）保皇派。故宫博物院要以宫廷陈列为主（意为不能搞成娱乐场所）。

1964年6月12日，中国文物保护协会顾问谢辰生在日记中写道："如果不是这一次定一同志顶住，故宫真不知如何得了，可能现在已是面目全非了。"

故宫就在这些不同的政治运动和城市规划中，一次又一次地幸免于难。没过多久，即将面临一场更大的政治风暴，历时多年，故宫刚好又是风暴中心大家关注的焦点，这一次挺不挺得过去，当时没有人心中有数……

故宫文物再出发

有了这段厚积薄发的潜伏期和各方面拓展博物馆业务的准备经过,这时已经来到正式建造一座有模有样的博物院的时刻。

故宫迁台文物,待在库房里将近16年的时间,才重新有了一个新家,它仍然叫作"故宫博物院"。这16年,是一个相对平静但是蓄势待发的潜伏期,这些文物一登场就无法再掩盖自身宫廷收藏的光芒四射。

北平故宫博物院迁台文物的确实数目是2972箱,当初南迁及后来迁台的筛选原则都是尽量精中求精。迁台文物中善本及文献档案占极大部分,最著名的莫过于原藏于故宫文渊阁的《四库全书》和御花园摛藻堂的《四库荟要》。

《四库全书》是清乾隆三十七年(1772年)皇帝下诏搜罗天下良书,依惯例编纂分成经、史、子、集四部,凡3460种,计79339卷,一共抄写了七部。文渊阁的是第一部也是最好的一部。目前还存留的有一部在沈阳,一部在中国国家图书馆。

《四库荟要》是从《四库全书》中挑出重要的 473 种，抄成 11178 册，分成 2001 函，准备给皇帝随时取阅的。这部书只抄了两部，分别存在大内御花园的摛藻堂和圆明园的味腴书室。圆明园那一部已毁于英法联军的野蛮行径，目前台北这一部是唯一存世的。

装箱迁移时，《四库全书》是 536 箱，《四库荟要》是 145 箱，后来全部运到台湾。在台中雾峰乡北沟库房存放时，都放在西边的库房里，每七个箱子堆成一摞，几乎接近屋顶。

有一次例行检查时，工人特别爬到顶上去看，发现一个水箱上有水渍，是库房顶有破洞渗漏下来滴在箱上的水迹。开箱仔细检查后，发现箱内《四库荟要》几十册有受水浸湿黏和发霉的现象，高层十分重视，立即追查漏雨原因，最后推测为小孩玩耍抛石块打碎屋瓦所引起，马上着手改善堆放及防雨罩护的条件，损毁的善本也尽量依原样修复完全。

即便在仓储取件不方便的情况之下，管理团队也进行了四次大规模的开箱抽查，分别是 1951 年的 1011 箱，1952 年的 520 箱，1953 年的 777 箱及 1954 年的 1115 箱。清点时根据原有清册，如核对无误即注明"核对无误"，对于文物真伪及年份若未经鉴定审查，则注明"未审查"。清点委员则多为学者专家，完全秉持认真负责、实事求是的态度，让管理层清楚掌握库藏明细。

但是文物存放在台中乡间的雾峰乡吉峰村时间久了，各界要求参观的人开始多了起来，尤其以外国人远道而来，只要求看看汝窑瓷的为多。

其实，这时的参观条件是很困难的。每逢有人参观，工作人员就在库里面两列箱子的夹缝中支起木板，然后从堆得高高的箱件中，把所要的箱子抽出来，开箱提出文物放在木板上给人家看，看完之后，还要装回原箱堆起来，是烦不胜烦的。

最后管理部门决定筹措资金在库房边建一个陈列室，作一些小规模的展览。1957 年 3 月陈列室修建完成，陈列室占地只有 600 平方尺（不到 70 平方米），分隔成四个房间，每次能展览文物 200 余件。规定每三个月要换一次展品，每星期展览 6 天，星期一休息。

这个过渡时期的陈列室注定是要失败的。因为地点偏远，没空调，天热难熬，展间面积狭小，展品件数不足，内行看不过瘾，外行又看不出精彩来。虽然刚开始一个星期，室内拥挤不堪，室外也站满了人，可是好景不长，一个月后参观的人数就少得可怜，公路局特别开通的直达陈列室的班车，天天开着空车来回跑。

1955 年，负责管理库藏文物的联管处准备在清点管理文物的基础上，以编辑出版方式系统性地介绍文物藏品，第一本出版的就是《中华文物集成》。当时为定书名，不同意见很多，有人认为这五册包括铜器、法书、名画、瓷器、版本五类，共计文物不过五百余件，怎么称得上"集成"？理事长王云五认为书名可以影响销路，用"集成"是为了"以广招徕"。他是理事长，大家不便多说，书名就这么定了。因为经费不够，只能凑合使用劣等印刷，效果也如预期一样的差。但在那时，这一类的印刷品不多，出版不久，就完全售罄，是不是"集成"二字发挥功效，就不得而知了。

第二本出版的《故宫书画录》是作为检索运台故宫书画极为有用的参考书。故宫所藏书画，在乾隆年间，编辑了《石渠宝笈》[2] 和《秘殿珠林》[3]，把这些书画著录起来。有关宗教的书画，都著录在《秘殿珠林》里，一般的书画则著录在《石渠宝笈》里面。后来两书都分别有了续编和三编。这两书三编的编辑方式，所记内容繁简程度和体例都有所不同，但有一个共同的问题，就是它们的分类，既不以作者的姓名分，也不以时代或作品性质分，而是按照字画当时所存的地点分，所以查找十分不便。《故宫书画录》针对这个问题，把故宫运台的 4650 件书画，经专家评鉴，分为"正目"和"简目"

两部分。"正目"为价值较高或流传有绪的精品，要有详细记录，内容大致是摘抄《石渠宝笈》及《秘殿珠林》的原文；其余则列入"简目"，只写品名，不多作其他描述。

《故宫书画录》只有文字记载，没有图版，所以为了满足艺术爱好者的需要，又印了《故宫名画三百种》。接着又印行《故宫铜器图录》《故宫藏瓷录》及《故宫藏瓷》《故宫法书》等图录。在这个阶段，管理高层已经意识到需要以英文促进国际交流的重要性，尤其台湾当局还多方仰赖以英文为母语的美国，所以《故宫英文周刊》就是这个时候开始的，还将院藏文物概括写成一本名叫《中国文物图说》的中英对照的小册子发行。

中国文物赴美展览，是酝酿已久的事，早在1935年的伦敦展览之后，就有赴美展览之议，但未成功。1952年美国生活杂志社亨利鲁斯（Henry R. Luce）来台访问时旧事重提，台湾当局内部商量协调后，与美方协议决定于1961至1962年间，在华盛顿国家博物馆（The National Gallery of Art）、纽约大都会艺术博物馆（The Metropolitan Museum of Art）、波士顿美术博物馆（The Museum of Fine Art, Boston）、芝加哥美术博物馆（The Art Institute of Chicago）、旧金山杨格纪念博物馆（The M.H.De Young Memorial Museum），以每馆展览期限不超过六个星期，展览中国艺术品共计253件，其中214件来自台北故宫博物院，39件来自"中央博物院"。

这次有心安排的文物旅美之行，除了在各站以中国文物吸引了大量观众的眼光，布展交涉中虽曾迸发文化差异的火花，故宫文物守护者有礼有节地和强势美国折冲，让这些故宫文物圆满成功地担当了一次"无声"的文化使节。

华盛顿国家美术馆的Dr. Cooke和Mrs. Elizabeth Ostertage对布展帮助很多，但改不了那种自负的优越感。在书画展览陈列柜里，有几只小虫死在玻璃上，大家琢磨这些虫子的来路，美方说博物馆的建筑四周是厚厚的墙，室内有空调设备，虫是无法飞进来的，一口咬定是中方运来的木箱里有虫卵，带进来后孵化成虫的。中方怀疑虫是随着陈列室摆饰的鲜花进入陈列室的。双方各持己见，只好请美方把死虫带去研究，看看是美国虫子还是中国虫子。第二天，美方电话称："也许"是你们对了。全场花木自即日起一律搬走。

到了纽约，美国《生活》杂志（Life）为了扩大宣传，准备在杂志中刊印不少照片，照到"清康熙莹白脱胎大碗"时，觉得这瓷器出奇得薄，为凸显它的"薄"，便打死了一只苍蝇放在碗里，从碗外照去，苍蝇的脚和翅膀都很清楚显现出来。这原本不失为一个对比的好方法，但是为何放苍蝇读者会以为是中国人不爱干净，连国宝上面也有肮脏的苍蝇。争取了许久，总算换上了一只草虫。

英国的大卫德爵士是一位受人敬重的中国古瓷收藏大家，也是台北故宫博物院的好朋友，曾经捐赠巨款修葺台北故宫博物院。他这次，特地飞来纽约看展，而且要求展前亲手把玩一下瓷器，因为真正玩家不上手是不过瘾的。他托了许多有力人士说情以遂心愿，但是在场的那志良和李霖灿坚决不肯，因为爵士已十分年迈，手抖得很厉害，让他亲手把玩，是非常危险的。最后由李霖灿拿着瓷器，准他摸一摸，才总算解决这个难题。

有了这段厚积薄发的潜伏期和各方面拓展博物馆业务的准备经过，这时已经来到正式建造一座有模有样的博物院的时刻。

1962年6月18日，台北外双溪出现了一个奠基石碑，石碑上只有"故宫博物院"的字样，早先在四周树立界石上的另一个"中央博物院"字样已经不见了。原来台湾当局已经决定在这里成立台北故宫博物院，把"中央博物院"的东西拨交给台北故宫博物院代为保管。

台北故宫博物院建筑快完成时，台湾当局领导人蒋介石来参观，问起何时可开幕？旁人回答将在11月12日孙中山先生诞辰纪念日开幕。蒋介石说:"这个博物馆若是叫中山博物院,多好!"

经办人如奉谕旨般,就把那建筑上的牌匾做成"中山博物院"。直到正式落成时,经确认,新馆建筑取名为中山博物院,馆的主人将其重新确定为台北故宫博物院。

当年运台的2972箱文物,清点后包括"中央博物院"的文物,合计608985件。从1965年开幕以来,台北故宫博物院每年吸引着成千上万的游客,尤其是大陆"文革"期间成为院藏文物的最佳代言人,让中华皇家宝物的精华绽放璀璨耀眼的光芒,而且享誉国际,历久不衰。

柒

风雨飘摇故宫挺

(1966—1976)

心系书画故宫人

二位同样心系书画的莫逆，一位在台湾捍卫中国传统书画的地位，一位在海外为中国传统书画发光发热，最后都属意故宫为心爱画作的最佳去处。

20世纪六七十年代，"文革"在大陆各地如火如荼地进行着，中国传统文化面临空前考验，当时在许多文化人心目中，维护传统文化和保住故宫都非同小可，这是众所皆知的。比较少人注意到，台湾在此之前，其实已经开始进行了一场维护中国传统文化的艺术运动，维护的是中国传统水墨画，领导者马寿华就是第一代的台北故宫人。

马寿华因公被派任到台湾任职，一踏上这片从三国时代即有官方记载称为"夷州"的宝岛，就意识到须要面对的不只是刚引发遍及全岛社会冲突的"二·二八"事件，还有经历日本五十年统治处处可见的日本遗风。由于自幼即潜心研习书画长期培养的兴趣使然，他迫不及待地和当地美术界人士接触，深深感受到在日本有心耕耘殖民型美术教育的结果——台湾美术主流皆

马寿华立于《蕉林竹窝图》前

以日本绘画为本宗,反视中国传统绘画为外来之美术。

随着后来蒋介石撤台,兵荒马乱、百废待举,文化复兴工作远不及民生等实体建设来得迫切,加上台湾当局资源匮乏,即使有心也完全顾不上,维护传统文化的工作只能是彻彻底底的个人良心事业——在别人不愿意出头的地方出头,在别人舍不得花精力的时候出力。

就这样,为了捍卫中国传统绘画的地位,马寿华除了仍是一位全职官员，同时也成了一位孜孜不倦的文化工作者。

在大陆的岁月里，他30岁左右即享有画名，与书画名流有一定往来，但始终以业余画友自处，不求名利于画界。虽然他悠游于书画之中，但在公职辗转升迁过程中，书画终究只是一个消遣。一到了台湾，他心里已经明白，书画不能只是消遣，更多的将成为承载维护文化传承的历史使命。

在日本占据台湾期间，台湾的美术精英无不争取进入当时的最高学府台北师范，几乎所有的杰出美术人才都出自该校，毕业的佼佼者都一心向往留学日本，到了日本又殚精竭虑地想在日本"帝国美展"得奖展出，仿佛这是一步登天的必经途径。后来，日人又在台湾克隆"帝国美展"，开办了"台湾美展"，不过，真正的问题在于早期所有评审都是来自日本的画家，接下来评审的标准一直用的也都是日本绘画的审美标准。日积月累地，果真按照日本帝国殖民思想的策划，在台美术精英都成了日本美术的代言人。

马寿华本着一如既往游宦广交艺友的习惯，与台湾美术界人士结善缘，尤其因为政局变迁，原与在台日本当局交往甚密之美术名流顿失所依，遇事求助无门，马寿华身居要职，不吝适时施予援手，真诚待人，不多时，已成为台湾美术界最受敬重之大陆画家。1948年，在抵台的第二年，马寿华即被"台湾美展"聘请为评审委员，成为第一位大陆来台的画家评委，对于当时清一色亲日派评委成员，他们并不知道，这其实意味着一个新时代的开始。

从此，在美展"国画组"评审过程中，马寿华和亲日派对"国画"的审美及评定标准各有所执：马寿华坚持以中国传统水墨画"临摹有致亦为佳作，但求气韵生动"等为审美评判依据，而亲日派则以受西方写实及创作思维影响的东洋胶彩画为评审依据。由马寿华开始并领军日后加入大陆画家评委行列的溥心畬、黄君璧（1950）、金伯勤（1957）、梁中铭、吴咏香、傅狷夫、张毂年（1959）、高逸鸿（1960），在每次遴选或更换新评委，双方都壁垒分明，寸步不让，成为争取定义"国画"话语权的最前线，这段历程史称"正统国画之争"。没有这段历程和马寿华的费心经营，今天台湾的"国画"将不是大家熟悉的中国传统水墨画，而是日本正宗的东洋胶彩画。

马寿华一步一个脚印地成为中国传统水墨画的代言人，在台湾极力倡导传统国画艺术，不但于大小美展竞赛中唤醒民众的国画意识，更开个人书画展览之先河，带动画界办展风气，提携水墨画家后进更是不遗余力，即便再忙，也总是排除万难，亲临致辞或为文祝贺。学术著作教学授徒之事，亦不落人后，又与他人共同发起台湾当时尚少见的传统水墨画画会，其时先生书画声名远播，海内外邀展应接不暇，在当时艺术界之影响力无人可及，遂于后来陆续成立的"美协"、"画学会"、"书法学会"等所有台湾当时重要之美术组织团体里被众人推举为首长，而且皆连任至1977年，也就是他辞世的那一年。

同样无悬念的，台北故宫博物院于1965年成立之初，马上聘任其为管理委员会之委员。他这个故宫管理委员一直当到1976年，即他辞世的前一年。他当时在台湾是一座象征传统书画的大山，他为传统书画的发展所做的努力和贡献，和珍藏在故宫宝库里的历代著名书画一样，代表着中国文化经过试炼后的硕果，只有细细地品味，才能真正明了其中难得之处。所以，那时的台北故宫博物院有他，好比收藏一段中国书画史，是一个扭转历史的故事。

他最心爱的绘画作品后来也留给了台北故宫博物院，是一幅用乾隆朝宣纸画上他最为人著称的墨竹。这幅长353.6厘米、宽145.5厘米的《蕉林竹窝图》，连同其他36幅书画作品一起捐赠给台北故宫博物院，是台北故宫博物院收藏当代书画作品的第一人，台北故宫博物院还特意将这些作品印行图录以作永久纪念。

同样将自己生平最重要的画作《庐山图》捐赠给台北故宫博物院享誉国

际的画坛传奇人物张大千，不但与马寿华以莫逆相称，并要求其妻徐雯波女士向马寿华行古礼拜师习画，甚至在为马寿华画册为序时将两人交往情谊向外界清楚表述："庚辰（1940年）之春，始识木轩先生于台阳。两人皆癖嗜丹青，相见辄与论究六法，月旦古今，渐成莫逆。内子雯波敬爱先生双钩兰竹，倾服之不已。"马寿华也因惜才，又是知音、同好、师门之故，对张大千另眼相看。

张大千虽随妻齐称马寿华为师，马寿华却不以此及其在艺坛的领袖地位自居，请张大千为自己过去临摹名作之册页予以评价及指导。1973年张大千在东京举办展览，特别敬邀其至东京作开幕致辞，他不辞辛劳奔波，以八十二岁高龄远渡重洋亲临现场。由于当时马氏在日本书道界享有崇高地位，过去以台湾书法界代表团团长身份，曾受日本首相佐藤荣作、众议院议长石井光次郎热情接待。他的此次出席也受到相应的重视，日本首相、众议长也都亲临开幕式。他对张大千的请求也总是有求必应。张大千因曾出家百日素有佛缘，希望觅一幽静寺庙独居取静，且属意释广元法师主持的净律寺，马寿华便出面安排遂其心愿。释广元是马寿华入门弟子，日后也成为台湾的书法学会理事长。诸如此类亲密交往情谊之事，比比皆是。

马寿华从未刻意张扬张大千与己之亲密交往。外界并不知道张大千旅居在外时，每年春节回台都携妻登门依师礼拜年。每次回台除共同切磋艺事，基于同好"平剧"（即京剧），往往相携看戏，即便是张大千决定返台定居前的张罗及考虑，由马寿华所留札记及照片可知二人来往频繁，几乎无所不谈，相互敬重，在很多方面，一定也相互影响着对方。

张大千辞世后和马寿华一样，也将最心爱的作品《庐山图》留给了台北故宫博物院，他还将自己在附近作为住宅兼画室的"摩耶精舍"捐赠给了后者，保留原状对外开放，细心的人不难发现，一进门迎面的大画上当时为数名画家合绘图落款题字之人即马寿华，看到张大千画室里的摆设，除了最亲近的父母亲、兄长等家人照外，只有他位居高位的四川老乡、至交好友张群写的一幅字，另外就是马寿华为他画的一幅画。

　　二位同样心系书画的莫逆，一位在台湾捍卫中国传统书画的地位，一位在海外为中国传统书画发光发热，最后都属意故宫为心爱画作的最佳去处。在外界纷纷扰扰，甚至在一时波涛汹涌强烈冲击中国传统文化的年代里，二位莫逆在世界不同的角落，像文化侠士一般，在经历千山我独行后，同时选择相信故宫将是中国传统文化的最好归宿，最佳避风港，最大堡垒。

　　而事实也证明，在那波涛汹涌的年代里，北京的故宫真的成为中国传统文化的最大堡垒。

故宫茶壶小风暴

> 故宫"茶壶中的风暴",免不了,但冥冥之中似乎像是一种宣泄,帮助故宫躲过更大的风暴。

1966 年,一个从"文化"领域发端的政治运动,席卷了整个中国大陆,影响到社会各个阶层及每个领域。屹立五百四十多年的紫禁城在这次政治风暴中,很理所当然地成为"破四旧"最显著而且最应该被毁灭的封建象征,从"文化大革命"一开始,紫禁城的"命在旦夕"似乎早已是意料中事。

但是,大家都忙着自救,被批判或批判别人,批判完再找下一个对象。这场运动中,真的没有人能够置身事外。紫禁城也只是等着,大难即将来临。

转眼间,大字报已经贴满了紫禁城高耸的红色宫墙。

之后,批斗的风暴一个比一个厉害,大字报铺天盖地,所有被认为和"文艺黑钱"沾上边的人全上了大字报,成了被批判的"走资派"。当时被集中在文化部"集训班"的处级以上领导干部、研究员和专家,都被当作走资派的"黑帮",揪了回来。狂风越刮越大,"火烧紫禁城""砸烂故宫"的大标语触目惊心地到处张贴着,造反派也几次上门骚扰。在周恩来总理与国务院文化部的强力干预下,终于有一天,神武门门外,故宫博物院用整张红纸写的大字通告贴了出来,上面写着:

    根据国务院通知,为了确保故宫安全,决定自即日起闭馆,不再对外开放。

  看到红色通告,大家总算松了一口气。在守卫人员的坚守下,这段时间,红色通告成了铜墙铁壁,挡住了这一股似乎不可一世的"破四旧"洪流。

  但是,在一波接着一波的政治风潮中,故宫里的人、事、物,有时也不得不配合演出一出又一出荒唐的时代剧。

  "文革"开始没多久,北京成为全国的"串联"中心,而天安门又成了北京的"串联"中心。天安门背后的故宫顿时也成了"红海洋"的中心。

  故宫内的"雕塑馆"(即奉先殿)那时被指责为宣扬宗教迷信的场所,故宫的"革命群众"索性将原先翻模龙门等各石窟原件的大型石膏雕像统统砸毁,馆内的文物则收回库房。但是"雕塑馆"空荡荡的也不是办法,于是北京艺术院校的"红卫兵"和刚好来北京"串联"的外地"红卫兵"艺校生联合起来,搞了一个新《收租院》泥塑展,成了当时唯一仍对外开放的故宫展览。

  鉴于政治运动风潮不断,人员心思不定和秩序混杂难控等因素,有关方面不得不考虑故宫建筑和文物的安全,终于在1967年四五月间,由上面下达了命令,故宫继续停止对外开放,并且由北京卫戍区派军队加以保护。从此,故宫大门紧闭,所有工作人员可以安心地在院内一门心思搞"革命"。

"文革"原本就是混乱不讲秩序的，经常是陷入派系混战中。故宫博物院同样也存在着两派组织争斗不休的局面，却没有任何人提出"砸四旧"要砸"文物"的，这大概因为大家都是"故宫人"的缘故。

当有人提出敞开大门，允许串联，顺应"大方向"时，卫戍部队营长一口拒绝："不行！故宫闭馆，是国务院命令，我们无权废除门卫制度！"

事后，他还向全院职工宣布了两条纪律："绝不允许院内任何人、部门、组织答应外边人前来串联；也绝不允许任何外单位、组织借口串联，强行进驻故宫。"

尽管陈列、保管两个部门的职工毫无例外地卷入打派仗、揪斗"牛鬼蛇神"的漩涡当中，而且为此付出不少时间和精力，但却没有哪个派、哪个部门放下正常的业务工作。尤其遇到狂风暴雨袭击故宫时，两派群众组织就会放下正在打的派仗，共同派人到总钥匙房领出钥匙，一起进陈列室，进库房。查看之后，如果发现风雨损坏了建筑或文物时，立刻又会共同研究办法，解决处理问题，什么派不派的，这个时候都搁下了。

1969年4月，两派再次大联合，共同成立了"革委会"。由于需要干部下放文化部在湖北咸宁的"五七干校"劳动锻炼，故宫一下子走了350多人，只留下150多名职工，继续照料仍在闭馆的种种事务。

警卫队留下来的，仍继续值岗放哨，守卫着紫禁城的每个城门；消防队员照常操练；陈列、保管部门留下的只有20多人，大风大雨天照样进库进陈列室，查看文物、房屋。

到了九月，150多名职工照样全体出动，清除空旷地区的杂草、垃圾。

更多的时间，人们用在开会、批判上。

"文革"大时代中的惊涛骇浪还好没有真正侵袭打击到故宫和它的文物。故宫"茶壶中的风暴"，免不了，但冥冥之中似乎像是一种宣泄，帮助故宫躲过更大的风暴。

皇宫旧店新开张

人们还是愿意用自己的双眼,看到故宫真的被人用心地保护着,完完整整地熬过这艰难的每一刻。

故宫关闭了几年,不是被遗忘了,而是更被大家念叨着它的平安和完整,都想亲眼再看一看,昔日的皇宫在动荡中是否一切安好?

1970年,总理周恩来问文化部文物局局长王冶秋:"故宫重新开放,有什么问题?"

王冶秋回答中特别提到两点:"一是闭馆多年,到处都是杂草,要拔掉;二是有些建筑物年久失修,要抢救。"

周总理特别关心干这些活儿人手不足的问题,接着问得非常详细具体。他甚至在四个月后半夜造访故宫,再次亲自过问人员配置和住宿问题。最后还决定:"先开放中路和西路一部分,大开放力量不够。要搞展览。要事事发动群众。"

其实,当时故宫内部正在进行另一次的"整改",由管理故宫的"革委会"指定一位叫高和的人负责这次"整改"的方案。方案的大方向是准备把故宫改造成"反封、反帝的教育阵地",而且已经开了好几次座谈会,所有焦点都集中在太和殿。有一些北大学生提出应该在太和殿掘地三尺,将皇帝宝座搬倒放进去,再配上农民起义的雕像。这让整改组十分为难,如果把宝座这样改了,那么象征皇权的太和殿又将如何改?更不用说整个皇宫又得如何改动?

周恩来亲自布置重新开张的任务,整改组的难题马上有了转圜的余地。王冶秋马上把下放湖北咸宁"五七干校"的几位业务干部调回北京,在他的领导下,新组成的七人整改小组,积极筹备故宫博物院的重新开放工作。

王冶秋和整改组同志到各个陈列室走了一遍,把中轴线、西六宫、东六宫和皇极殿的陈列草案,包括宫廷原状、陶瓷、工艺、绘画等内容确定下来,只考虑把有浓厚封建迷信色彩的艺术品剔除。曾经有人认为古代绘画不宜陈列展出,王冶秋认为这些古画是中国优秀文化艺术的代表,当然要展出。

整改方案经过几次修稿,最后由中央审定,确定了以宫廷原状陈列为主的方案,同时决定在慈宁宫布置"文化大革命期间出土文物展览",与故宫同一个时间对外开放。

周总理对故宫重新开放特别上心,专程在预定的开幕日之前重新回到故宫,仔细视察房屋设施,看到一切都符合要求,才指示故宫工作人员准备开放,还额外吩咐个别古建须加固维修,端门彩绘无须过分讲求华丽美观,只要与天安门协调一致即可,还十分细心地注意到故宫博物院的匾额是民国时期李石曾所书,为了显示除旧布新,应改请郭沫若撰书,由石工将原石匾反过来重新刻制。

故宫陈列内容确定及外观条件改善之后,重新开放还缺一本介绍故宫的简介。编写这本简介可不是一件小事情，它承载着宣扬我国古代文化的使命，将会流传到全国，甚至全世界。由整改组的朱金甫执笔的第一稿简介，经过多次反复推敲，专家及上级审定之后定稿。

这本思想性强、言简意赅的"故宫简介"小册子在故宫 7 月 5 日重新开幕时与参观大众见了面，平均日销量达到 7500 册，这反映出人们在"文化大革命"中的文化饥渴。这本简介也成为日后各地博物馆重新开放时编写文字说明的范本。

开放那天，观众可以经过郭沫若书写的"故宫博物院"门匾，进故宫参观前三殿、后三宫、军机处、养心殿、西六宫的宫廷原状陈列、陶瓷馆、奉先殿的"收租院"泥塑及慈宁宫的"文化大革命期间出土文物展"。观众远超过想象中的踊跃，每日达 4 万人次，仅仅 8 月 1 日那一天，观众就多达 8 万人。

观众多，证明大家是真心关心故宫的。太多传言说哪件珍贵的文物在破"四旧"时被砸烂，某座殿堂又被当作罪大恶极的封建建筑给捣毁了，种种谣言满天飞，终于，故宫重新开放，可以让人们眼见为实。人们还是愿意用自己的双眼，看到故宫真的被人用心地守护着，完完整整地熬过这艰难的每一刻。

文物外交亮高招

基辛格每次来到北京,几乎一定要到故宫转一转,一次次的重新感受它的文化魅力。他曾经对人说:"到北京不看故宫和天坛,等于没来。"

1971年7月10日上午,故宫博物院出现了一位外国人的身影,为了他,院方采取了最高规格的保密和安全措施,还特意关闭了部分景点。这离故宫博物院重新对外开放才刚过了五天的时间。不禁让人联想到故宫这个时间重新开放,莫非是为了接待这位神秘贵宾?

这位贵宾来自美国,当时中美还处于敌对状态,但是中苏关系已经开始发生变化。美国在美苏争霸中渐居劣势,急需一个强有力的新盟友来平衡劣势,只是中美两国终究属于不同意识形态的两个社会阵营,双方的交往绝对不能贸然行事,为了打开中美交往之门,必须铺垫、准备,而且必须秘密进行。所以这位神秘贵宾就是绕道巴基斯坦,来华秘密访问的。他就是时任白宫国家安全顾问的基辛格(Henry Alfred Kissinger)。

基辛格一行人的故宫参观行程，是他此次在华停留期间唯一的外出活动。他也成了故宫重新对外开放后第一位外国参观者。在现场陪同参观的只有外交部副部长黄华等少数人员，基辛格参观时特别提到故宫显得格外幽静和宽敞，也看不到什么参观的游客。

摄影记者忙着给大家拍照留念，基辛格带着幽默的语气说："还是少照一些为好。否则白宫知道后，以为我在这里只顾游山玩水，不务正业。"说完引起大家一阵大笑。

紫禁城金碧辉煌的宫殿，雕梁画栋的景致，布局典雅的花园，哪怕单单是殿前的鎏金狮子，汉白玉丹壁上的精工雕琢，就足以让人大开眼界，目不暇接，流连忘返。虽然无法具体说明在这微妙的外交进程中，故宫和它的文物代表们发挥了多少作用。不过，据说后来基辛格每次来到北京，几乎一定要到故宫转一转，一次次的重新感受它的文化魅力。他曾经对人说："到北京不看故宫和天坛，等于没有来。"

七个月后，美国尼克松总统第一次访华时，北京故宫也盛情接待了这位难得的贵宾。

1972 年 2 月 25 日，那天上午空中飘着雪花，中方紧急出动警卫人员和部队到故宫和沿途扫雪。尼克松总统和夫人在中央军委副主席叶剑英的陪同下，来到了故宫。

当时现场有趣的一景是，美方的警卫人员都不约而同地采用中式打扮：身穿蓝布棉大衣，头戴两耳下垂的棉帽，足蹬黑色深帮的布棉鞋。他们在故宫大院的人群中穿来穿去，特别引人注目。他们事后还说，这种棉布又软又暖，在美国是买不到的，所以他们不仅自己买，还给家人和朋友买了不少。

尼克松总统和夫人参观了故宫和出土文物展后，当日合众国际社（UPI）的报道是这样描述的："在堂皇的太和殿，尼克松停下来观看着图形错综复杂的木台上的纯金色宝座。在他观看并通过翻译与叶（剑英）交谈时，他突然现出满脸笑容，这位中国元帅向他讲了故宫的一些历史。"

从此以后，善加利用故宫及故宫文物进行外交工作已成司空见惯之事，外国国家领导人来京必不可缺的活动就是参观故宫。故宫文物因借展出宫也时有所闻，每次出宫，每件文物，都像肩负着重要的外交使命，奔赴前线，同时难免也承担着一定的风险。

1973年出国那一次，是故宫博物院筹备了一个中国出土文物展览，预定在法国巴黎展览四个月。这次出国展览文物是由耿宝昌护送，500多件国宝全由飞机运送出国。临行前，文物局局长王冶秋还特别交代耿宝昌："人在物在。"没想到在阿联酋的迪拜机场中转加油时，果真遇到了劫机事件。幸好劫机事件最终圆满解决，有惊无险，国宝完整无损，安全运送到目的地。展览也顺利完成，参观人数共达36万人次。

天摇地动试宫魂

> 冥冥之中好像有"故宫魂"护体，500多岁的故宫最后只受了一点轻微损伤，又安然渡过了一次大灾难。

在十年"文革"风暴铺天盖地席卷中国每个角落时，故宫守着它的角落，极力维持着风雨中的宁静，继续承担历史赋予它的使命，保护着里面的每一瓦每一物，故宫人和关爱故宫的人都感染到这种气息，变成一种共同的精神状态，无以名之，姑且称为"故宫魂"，就凭这，天摇地动也撼动不了故宫，它总能如常前行。

故宫在"文革"时的一次重大考古发现，依靠的就是故宫人的这种精神。虽然考古界一直想证明紫禁城就是在元故宫旧址上建起来的，但苦于紫禁城内不能轻易考古挖掘，遂成考古中的悬宕无解之谜。1972年，故宫工程队在院内挖灰池取土时，碰巧发现一批元代琉璃质料的建筑构件和各类瓷器。可那时"文革"无止无尽的开会批斗，使常规工作都快无法按时完成，哪有多余精力进行费时费工的考古研究？选择遵从反封建思路而完全忽视这无意的发现，还是艰苦前行，本着故宫人精神，认真落实历史疑案？孰难孰易，大家心知肚明。

但如预期的，那辛苦的路就是唯一的选择，故宫马上认真组织研究这天赐良机，非得将这次意外发掘搞得水落石出才行。因为发掘地点就在清内务府遗址，相当于武英殿西北角位置，根据过去推测，一西一东的武英殿、文华殿应是元故宫外护城河流经区域。这次出土的白琉璃筒瓦，白胎白釉，釉面泛出银色光泽，中心装饰为流云，瓦头上有龙爪纹，长10.5厘米、宽7.5厘米、厚2.1厘米，外貌和材质不属于明朝，也不属于清朝，很有可能是元皇城内的存遗。

经认真考证发现，此处原本应有浴德堂，是一座元代澡堂，澡堂名取自《礼记·儒行》之"浴德澡身"。原来堂身有前殿、浴室、灶屋、井亭四个区域，屋顶则为带有伊斯兰风格的穹隆顶，四壁墙体厚达1米以上，建地面积约16平方米。古籍记载澡堂四壁、穹顶全以景德镇窑白瓷砖砌贴，浓浓土耳其风，仿佛可以穿越时空看见元朝皇帝在此蒸气缭绕地享受着土耳其浴，六百多年前就拥有今日的高档生活小情趣。

这里出土的白琉璃筒瓦，最终被证实就是出自浴德堂，而且很有理由相信这块瓦就是堂上的某块屋瓦，过了六百多年来传递一个难得的历史信息。这下离考证出元故宫旧址更接近一大步。

在宫外风起云涌之际，在宫内旧有的钻研更深入，新文物的征集更积极，对故宫的捐献也不曾停过。

1966年，张䌹伯将其家藏古墨1197件捐献给故宫，几乎同时，古墨收藏家周绍良也将其收藏的一百件古墨全部捐给故宫，从清康熙至宣统各期古墨齐全。

接下来的捐赠行为中，不得不提郭有守为故宫捐献进行的锲而不舍的努力，在"文革"一片反传统的声浪中，更显出故宫对尊重传统人士的向心力。郭有守的尽心尽力最终也得到回应，极大程度地帮助故宫丰富了傅抱石这位当代大师作品收藏的短板。

郭有守原是台湾当局的驻外人员，他于1966年起义投诚，在"文革"即将拉开序幕时回到了北京，刚好赶上了"文化大革命"。但是他并没有因为"文革"的开始就将自己藏品捐出，而是在深思熟虑后发自内心的真诚捐献。

1971年12月17日，郭有守经由解放军总参二部致函国家文物局局长王冶秋，表示愿意将一批文物及资料捐献给国家。故宫方面几天内就到他家取回了陶瓷、绘画、中外图书等共119件捐赠品。第二年的3月10日，他又继续向故宫捐赠了文物156件，其中包括傅抱石的《竹林七贤》《山水人物画》等8件作品。

郭有守在中华人民共和国成立前曾任四川省教育厅厅长，一直喜爱中国绘画，作为张大千的表弟，郭有守和张大千、傅抱石这些当代著名画家都很熟悉。1946年，他被任命为中国驻法国大使馆文化参赞。走马上任之前，他曾与傅抱石商量，准备在法国东方艺术博物馆举行傅抱石个人作品展，一方面可以促进中法文化交流，另一方面若有销售还可以贴补家用，傅抱石欣然同意。展览后，展品中的33幅作品就寄存于博物馆的保险库中。之后，郭有守始终惦记着这件事。他在1971年第一次捐赠的前后，特意向郭沫若提起此事。于是外交部出面交涉，由于当初打交道的是国民政府，郭有守势必需要居中协调，让法方明了作品应是作者遗孀罗时慧所有，法方最终以极友好态度同意全数归还，而且免去了所有保管费用。

就这样，一大批珍贵的傅抱石作品回到了国内，罗时慧女士也毫无私心地将33件作品全数捐献给故宫博物院，其中包括著名的《桃花仕女图》和《渔归图》等作品。

在故宫博物院总共收藏的44件傅抱石作品中，就有8件来自郭有守，

33件来自罗时慧,追根究底也归功于郭有守,因为他,又一位大师的许多杰作得以丰富故宫博物院现代画收藏。

"文革"运动讲的是"大破大立",而故宫在意的是维护传统,尽量保持原样,为此,故宫人其实是需要付出很多心力,随时维修、补强、时刻防灾、避险。所以故宫大工小修不能停,只有因政治运动松紧而有完成快慢之别。只要是古建修缮,牵涉的往往不只是普通的油漆装修,还有大量学术考证和工序材质的讲究,故宫人都知道,即便在这最困难的时候,还是一点也马虎不得。

在1972年的古建普查中,发现漱芳斋的前后殿宇大多有糟朽的现象,有必要进行修缮。

一要动工问题便来,该按何时的规格修缮便成了最重要的问题。一查历史档案,发现漱芳斋自明代始建为西五所一部分,先后经过四次改变,分别是明始建、乾隆改建、嘉庆改建、光绪改建,每次改建都有建筑材料、规范和风格的变化,而规格的取舍往往影响施工方式、力度和时间的差异。修缮工程项目的专家们反复琢磨,最终决定以嘉庆时期的建筑局面为准,不采最近的光绪规格,这样既能保存明代早期主体建筑"前殿后寝"的基本格局和后乾隆时期的建筑原状,又可减少修缮工作的工程量,达到节省开支的效果。这次漱芳斋修缮的完成又是一次认真结合学术和实际考虑的劳动成果。

1974年国务院批准了故宫所提《故宫博物院古建筑修缮五年规划》,针对午门燕翅楼、东南角楼、皇极殿、后三宫、钟粹宫、景仁宫等多处建筑进行修缮和油饰,除了实际需要,也希望故宫整体建筑风貌能有耳目一新的改观。

1975年在对皇极殿附近的古华轩进行彩画修复时,并未贪求便宜行事,直接以新漆覆盖旧漆,反而大费周章地保留旧漆,特意"整新如旧",让新旧结合,几乎"天衣无缝",这当然又是另一个"故宫魂"求好心切的典型例子。

畅音阁戏楼始建于乾隆中期，已是 200 多年的老建筑，1976 年楼中底层井口梁被发现严重腐朽，而刚好是起主要承重作用之梁柱，若进行更换，那上两层则必须全部落架，整座建筑须要大面积拆动，工程将浩大繁琐。经过项目人员认真研究仔细计算后，剔除腐朽部分，用同质材料修补，再用钢木桁架加固补强，就能达到令人满意的效果，又不用大费周章地拆整座楼。故宫项目团队绝不敷衍行事，计量谨密，巧工细活，匠心独运，不用伤筋动骨就替 200 多年的古建筑打了一剂强心针，就是为了让它挺过下一个意想不到的灾难。

只是，没想到，这个灾难来得如此的快。

1976 年 7 月 28 日 3 点 42 分 53.8 秒是一个可怕的时刻。一瞬间，地动天摇，大地震摧毁了一座城市——唐山。

一百多公里外的故宫，每一根柱子、每一堵墙都跟着晃动，所有古建木构的榫接卯合，所有古建砖墙的粘贴砌筑，所有后来的修缮补强，在这个时刻，都必须发挥作用，必须大家全部一紧一松，再抓在一起，才挺得过去。

冥冥之中好像有"故宫魂"护体，500 多岁的故宫最后只受了一点轻微损伤，又安然渡过了这一次大灾难[1]。

不过，对故宫而言，1976 年同样意味着非常不平凡的一年。

从一开年，受众人爱戴的周恩来在 1 月 8 日走了。他对故宫的关爱直到今天人们还无法忘怀。

7 月 28 日的唐山大地震，让故宫又经历了一次大自然的考验。

9 月 9 日，曾经下达解放北平不伤故宫的军令的毛泽东也走了。

10 月，煎熬中国大陆十年的"文革"风暴终于停息。

故宫需要认真准备一个新开始，在一阵天摇地动之后。

捌

继往开来新格局

（1977—2019）

库藏增减总有时

曾经有人估算,中国历史上被非法掠夺的文物可能超过数百万件,当迟来正义得以伸张的那一天,故宫博物院的库藏藏品数量势必将爆表满棚,不过,那将会是非常美好的一天。

博物馆是依其收藏的质和量来分高下,对馆藏情况的完全掌握,不但是对内管理的需要,也是对外表现博物馆实力必备的资料。所以故宫博物院对此要求,总是在尽可能的情况下,充分掌握清点的可靠性和完整性,自建院到"文革"前在种种困难的环境之下进行了数次大规模的清点和整理,"文革"后最大规模也是最近的一次是2004年开始的"文物清理七年规划",这次是彻底摸清收藏"家底"的大清理。

这次清理不但逐一清点核对文物的账目和文物,查找遗漏的文物,还执行过去从未完成的文物鉴别定级。

过去被视为"资料"的文物就有将近10万件,包括各门各类,有的瓷器件刚好能填补瓷器史收藏的空白或代表当时烧瓷的最高成就，只因流传过程产生伤残，就被列为资料；有 2 万多件清代帝后书画，因认定帝后不是艺术家，作品水准不高而全部被列为资料；由于过去只重视成衣，把大批不同官服上的补子，甚至龙袍上的补子，当作"配件"全部列为资料；还有数代著称于世的雷氏建筑世家，他们世代留下来的皇家建筑模型"样式雷"，原先也全被归成资料来对待。早期被处理成资料的文物，这次全翻身了。

这次清理也发现了不少过去未被登录和注意到的文物。在一个存放铺垫的库房的箱子里发现 53 只枕头，而当时故宫博物院登记存藏的文物枕头还不足 10 件；在文物柜的背部或夹缝里就发现 40 多件未曾被登录的书画，其中就有一件清末以近代科学手段测绘的巨幅《台湾全图》；在对御茶膳房地上堆放已久的地毯和帐帘进行保洁时，发现了一件明黄色的暗花缎大毡门帘，宽 3.68 米、长 3.34 米，上面系有黄签写着"承运殿后门"，但故宫内没有"承运殿"，考证后才知是袁世凯称帝时改太和殿为承运殿，但还没来得及用上，他就黯然下台。做工不太讲究的大门帘，就此填补了"洪宪"年代短命荒唐的历史纪录。"洪宪"只维持了 83 天，它也成了稀缺的织品见证物。

世人都知乾隆爱作诗，一生留下 4 万多首诗，但是这次清查前，只知道有他的 1.7 万首诗稿。清查库房时无意间发现两个箱子注明"乾隆诗稿"，里面有他的 2.8 万首诗稿，这一下子就变成 4 万多首诗，意味着他每天至少要写下 1.3 首诗才能达到此数量，所以他估计是史上最多产的诗人。不过，最为大家所熟知的竟是他那首"一片两片三四片，五片六片七八片，九片十片十一片"，到此乾隆苦思接不下去，纪晓岚随口说了一句"飞入芦花都不见"。金庸就曾讽刺乾隆诗才不济，还到处题字，在他的《书剑恩仇录》里特别写道："他（指乾隆）最爱卖弄才学，这次南来，到处吟诗题字，唐突胜景，作贱山水。"

这些诗稿都是以蝇头小楷写在长方白纸上，既有朱字御笔稿，也有大臣墨字誊写稿，诗的内容主要是纪实，每一句的后面都有注文，所以篇幅都不短。这种诗文可能有点像今日的微博和微信朋友圈的日志，某种程度也能发挥补充史实考证和文化考古的作用。想想拿破仑随便一件手稿就能拍出天价，乾隆这些诗稿早已不是诗本身的价值了。

2010 年清理完成时的表彰会，一些参与者发言时泣不成声，其中辛酸和艰苦，可想而知。这次清理的成果，故宫博物院决定以向社会大众负责的态度，逐步将所藏文物精华按不同门类出版《故宫博物院藏品大系》，并最终完成《故宫文物藏品总目》的编印，向社会公众发行。

故宫博物院所藏明清档案、典籍、文物的增减自然也是大家关注的焦点。故宫博物院因拨交、购藏、捐赠增添丰富了院藏，有时也因各种不同原因外拨出去，让其他单位分享皇家收藏的特殊性和优点，而且这些交流从中华人民共和国成立后就已经开始，所以故宫藏品数量并非外人想象的"只进不出"。

比较突出的应该是明清档案的划出。国家视明清档案为国家财富，倾力从社会各个角落将这些档案集合起来，有近 400 万件（册）之多。其中还包括极有价值的罗振玉旧藏档案，这原是他抢救的清末待毁的清宫大库档案，后由国民政府历史博物馆购藏，但因经费困难，只留部分，将其余档案装成 8000 麻袋共 15 万斤，以 4000 元卖给同懋增纸店。罗振玉得知后，以三倍的价钱购回，这就是有名的"八千麻袋事件"。他后来因为无力保管，自己只留一小部分，其余转卖李盛铎，最后由中央研究院历史研究所购得，现在这批约 31 万件的档案仍在台湾。而罗振玉自己留存的档案，经由其子，最终进了北京故宫。连同这批档案的大部分明清档案，在接下来一次次的机关重组改制中，最后归属第一历史档案馆，由国家档案局领导，故宫只留下与其自身业务相关的档案资料。

故宫旧藏的典籍图书中，到如今最令人牵肠挂肚的无异于清乾隆钦定的

"天禄琳琅"昭仁殿藏书,这套皇室典藏珍籍集结了我国宋辽金元明历代善本的精华,原本有 664 部的"天禄琳琅",到了 1925 年清室善后委员会清点时,只剩下 311 部,几经辗转主要流向台北故宫博物院和台湾研究院,其余 353 部中的大部分被溥仪以赏赐名义偷运出宫,后因战乱又散落民间,有近半数先后归入辽宁省图书馆和中国国家图书馆,还有近半数流散在社会上。故宫博物院只有民间陆续捐赠的 2000 多册的"天禄琳琅"善本。

所以,中国国家图书馆一有机会,开口要的就是那些"天禄琳琅"善本,故宫博物院也慷慨拨交。拨交的书籍中还有其他珍贵古籍,总共约 30 万册之多,是故宫博物院拨交典籍图书最多的一个单位。

有好一阵子,故宫博物院为响应充分发挥图书作用的号召,总将藏书中的重复本及与业务无关的书籍拨交给需要这些书籍的机关、单位。不过,20 世纪 70 年代,故宫博物院随着工作的开展,觉得外拨给北京图书馆(即现在的首都图书馆)的书籍中,有许多是故宫博物院业务所需,所以原先拨交的书籍有 20 多万册又退还给故宫博物院筛选处理,但其中并没有那些"天禄琳琅"善本。

故宫博物院也在 1990 年前多次将院藏器物外拨给其他单外,据有关记录,总共有 83999 件另 87 斤 1 两,包括类别应有尽有。其中较引人瞩目的是虢季子白盘和《乾隆南巡图》等在内的 3881 件珍贵文物一起拨交给 1959 年成立的中国历史博物馆。

虢季子白盘器形硕大,造型奇伟,盘上铭文具有很高的历史价值,与现藏于台北故宫博物院的散氏盘、毛公鼎并称西周三大青铜重器的国宝。虢季子白盘于清道光年间出土于陕西宝鸡,后辗转流传至江苏常州,1864 年淮军将领刘铭传(曾任台湾省首任巡抚)攻打太平天国时,在常州的一个马厩中发现此盘,之后,刘铭传返乡还建"盘亭"藏之。民国以后,各方觊觎,北洋军阀、日本人都想占为己有,刘氏后人为此盘受尽磨难,最后掘地一丈将此盘深藏不露。1950年刘铭传四世孙刘肃曾将此盘捐献给国家，由故宫博物院收藏，后拨交给中国历史博物馆。就这样，故宫博物院成了这件不是清宫旧藏的国宝"过路"主人。

直到1990年，故宫拨出器物涉及9个国家及国内27家单位。其中，共拨往外国1000件，国内82999件另87斤1两。

20世纪五六十年代是故宫接收政府部门及各地博物馆拨交文物的高峰期，总共接收文物约16万件，其中一级文物约700余件，它们许多是故宫旧藏，有些虽不是故宫旧藏的珍品，故宫也不用做"过路"主人，因为国家有意让其成为中国名副其实的最好最大的藏家。

故宫增加收藏的另一个途径就是接受各方的捐赠。据统计，截止至2007年底，故宫共接受捐赠文物、文物资料及图书约33900件，捐赠人员728人次。故宫为表达对捐献者的崇敬感激之情，于2005年80周年院庆之时，特别在景仁宫专设景仁榜，将捐献者的名字按年份镌刻在墙上，以志永久纪念。

故宫主动出击征集文物最具体的行动莫过于收购，在20世纪五六十年代借此途径买回了许多因溥仪散落在民间的"东北货"，当时红火到古董店一有好货先送故宫的地步，非常有效地阻止了大量珍贵文物可能流失国外的现实情况。但是，到了近二三十年，中国文物市场的生态开始发生变化，拍卖会成为争买文物的主要战场。

1993年6月，上海朵云轩拍卖会上敲下了第一槌，从此重新开启了大陆地区自1958年已中断的中国艺术品拍卖市场。

故宫这些年在文物拍卖市场上出手次数并不多，但是，每次出手都是大手笔。1995年，故宫买下翰海拍卖公司推出的北宋张先《十咏图》，成交价1800万元人民币（约合239万元美金），打破了1989年佳士得拍卖公司在纽约创造的元代《元人秋猎图》187万元美金的纪录。1996年买下清石涛《高呼与可图》，成交价 400 多万元。1997 年买下明沈周的《仿黄公望富春山居图》，成交价 600 余万元。

2003 年 7 月 28 日，故宫出价 2200 万元人民币购买隋人书《出师颂》的书法作品，8 月 18 日，《出师颂》回到故宫，并且在漱芳斋与嘉德拍卖公司举行交接仪式。《出师颂》是距今约 1500 年的临摹西晋书法家索靖的存世墨迹孤品，这件历代皇家收藏的国宝，清乾隆皇帝还曾将其收编入《三希堂法帖》，1922 年被逊帝溥仪以"赏赐"溥杰的名义携带出宫后，流转民间多年，终于回归故宫。

故宫在拍卖市场选择收购品，通常在预算允许的范围之内优先考虑原先从清宫流出来的，如《出师颂》、沈周的《仿黄公望富春山居图》及流传有序的著名作品，如张先的《十咏图》和石涛的《高呼与可图》。但是，拍卖市场淘金也不时充满着遗憾。《乾隆皇帝大阅图》有三件，一件在故宫，第二件出现在拍卖场时，故宫曾想以 500 万元收购，但底价就要 800 万元，最后拍到 2000 多万元。《康熙南巡图》一共 12 卷，故宫留有几卷，卖方的开价高，故宫也没买成。有一枚康熙玉玺出现在拍卖场时，因故宫里有其他康熙玉玺，也放弃了，希望能以"有限的钱买到更早、更能填补空白的文物"。

曾经，宋徽宗的《写生珍禽图》出现在拍卖场，是一个千载难逢的收购机会。故宫的单国强对这次拍卖经过有很深的感触："宋徽宗的画本来极少，出来一件不容易，故宫、首博、上博都想竞拍，故宫的心理价位是 1000 万元，当叫到 2300 万元的时候，都不敢举手了。当时对这幅画的真假还有一些争论，我们一犹豫，国外买家就拿下了。对古画认定的分歧是很正常的，毕竟年代久远，可以对照的文字实物都很少。我们该出手的时候，就要出手，拿下再说。后来听说《写生珍禽图》进了美国的博物馆，估计永远不会再出来了。"

有时，竞买不只针对院藏精品。2000 年佳士得在荷兰的一场中国清道

捌 继往开来新格局 | 275

（清）郎世宁《乾隆皇帝大阅图》

光"泰星号"沉船文物的拍卖会，故宫陶瓷专家耿宝昌看到拍品手册时，阿姆斯特丹已有不少买家开始摩拳擦掌了。这次拍卖的海底瓷都是民窑精品，当时中国外销瓷风行海外，每次运瓷都接近数十万、上百万件，这次打捞船船东还故意砸毁 60 多万件成色普通的瓷器，只留下 35.6 万件，以免数量过多影响行情。故宫因为自身藏品一直都是以皇家官窑为主，所以决定买一点回来充实展览阵容，耿宝昌和一位同事带着 3 万美元，出价原则规定可以在标价之上加 3 倍。他们可能是第一次光顾国际拍卖的中国官方人员，所以拍卖行非常兴奋，特别优待给了参加竞拍的 1 号牌，但多数拍品的成交价都在预估的 10 倍左右，他们竟然一次举牌的机会都没有，3 万美元最后分文未动地被带回北京。

耿宝昌在那里有见到打捞船船主哈彻本人，形容他"黄头发、赤红脸，长得五大三粗"，"但说到南海的沉船分布情况，他显然比我们自己还要熟悉"。据估计，目前在中国南海古沉船应该超过 2000 艘。

中国政府联合国内数个单位，于 2003 至 2004 年展开对"南海一号"的水下考古打捞工作，根据保守估计，"南海一号"装载货品光瓷器就远超过 10 万件。耿宝昌回国后没几天，就代表故宫参加了这次水下考古的筹备工作。

哈彻打捞出沉船"泰星号"的海底文物后，把文物藏匿在公海有一年的时间才交给拍卖行拍卖，因为按现行国际公约"无人认领的沉船允许拍卖"。

1996 年中国政府签署了《国际统一私法协会关于被盗或者非法出口文物的公约》，郑重声明中国保留对历史上被非法掠夺文物的追索权利。曾经有人估算，中国历史上被非法掠夺的文物可能超过数百万件，当这迟来正义得以伸张的那一天，故宫的库藏藏品数量势必将爆表满棚，不过，那将会是非常美好的一天。

文物代表争出场

除了身为主角的故宫，其他文物代表就不一定总有出场的机会，而且游客通常也搞不清故宫当天有多少大小展览，即使清楚，也看不完。

北京故宫博物院现有文物1862690件（套），台北故宫博物院现有文物698735件（册），而且两院所藏绝大部分都是清宫旧藏和遗存。无论以何标准来衡量，都是丰富的中国艺术文物宝库，无论多大的展览场面，注定大部分的藏品都将难以出场一次，所以，每次出场都是带着特定的使命，就为了博取游客那惊鸿一瞥，不知有多少意味深长的巧思安排投注其中。

北京的故宫本身就是一个世界级的国宝文物，但它不是故宫文物收藏的第一号，其实应该也没有列入编号，因为理所当然是大家心目中的第一号，大家来故宫，最重要的就是看"故宫"。

故宫以三大殿为中心，占地面积有72万平方米，建筑面积约15万平方米，有大小宫殿70余座，房屋近9000间，是当今世界上规模最大、保存最为完整的木质结构古建筑之一。由于是明清两朝的皇家宫殿,与世界著名的法国凡尔赛宫、英国白金汉宫、俄国克里姆林宫、美国白宫并列五大宫,而且被世间誉为五大宫之首。

故宫古建其实也是看得见的历史,多少历史事件发生的现场,多少宫廷大戏上演的角落,一处雕梁画栋就是历代艺术的积累,一处小桥流水就有诗词文化的底蕴,能观赏和细细品味的地方实在太多,一般游客即使走马看花,也走不完故宫的开放区域,更无法想象,直到今天,故宫还有超过四分之一的地区没有对外开放。

没有开放的区域,虽有种种考虑,但总让人有"无法见到"的神秘感,反而引人无限遐想。其中最有宗教神秘色彩的莫过于雨花阁,位于大部分未开放的外西路区域的东南角,在故宫数十座佛堂中属最大的一座,是在明代建筑基础上仿照西藏托林寺坛城殿改建的,也是一座藏传佛教的密宗佛堂,很难得地保留了嘉庆以前的原貌,同时也是中国现存最完整的藏密四部神殿,但是从未对外开放过。

传说清朝最后的一位皇帝溥仪,经过劳动改造之后,以普通公民身份,和同伴回到他过去的"家"游玩,经过雨花阁,正好有一位历史专家给人介绍这不对外开放的雨花阁,溥仪半开玩笑地称这位专家恐怕不知道雨花阁不随便开放的秘密,专家听了不高兴,认为溥仪装内行。不过这位专家确实不知道,即便当时贵为皇帝的溥仪,也是在和婉容皇后成亲之前,才由内务府总管带着上雨花阁的,原来顶层供着三尊欢喜佛,看过以后,便可知晓男女之事。今日不开放的原因和此有无关系已不是最重要的。实际情况是,雨花阁内摆设紧密,全阁三层内部上下都是木造结构,如果开放参观,势必难以管理,很容易造成文物遭受损毁、古建不胜负荷的遗憾。

不过,在雨花阁北边不远的一个完整院落,今后也应该会保持不对外开放,继续在故宫里作为不引人注意的神秘角落存在。那个角落在熙熙攘攘、人声嘈杂的御花园中，不太会被注意到，它的朱色大门多半锁着，偶尔门半掩着，门外总是站着人，从门缝里望进去，常有一群人簇拥着一个人，猜得出那是一个身份特殊的人，有时候一看就知道是谁，多半是新闻里常见到的国家元首或总理。

这个院落在乾隆当上皇帝之后，就被他大肆装修，改成他宴请皇亲国戚和近臣的招待所。从雍正开始密立皇储的新制，乾隆是第一个没享受到太子待遇的清帝，所以一登基就把他的旧居装修得特别豪华，弥补他没有太子寓所的缺憾。这里有室内的小戏台，有一个半开放式的室外戏台，有休息喝茶的地方，四周摆设都是讲究的古董珍玩。

这里在故宫地图上标示着"重华宫""漱芳斋"。但是一般游客是不得其门而入的，因为这里已经被保留作故宫贵宾的休息招待所，是让贵宾在参观完故宫后，有一个歇脚喝茶，继续沉浸在故宫氛围回味一切的地方。

其实，随着过去几年故宫开放区域不断地扩大，想一天仔细逛完故宫，已经是一件不可能完成的任务了。从 2002 年开始，故宫便逐步将更多的区域向公众开放，从 2002 年的 30% 增加到 2011 年的 48%，再到 2015 年的 65%，预计到 2020 年就能到达 76%。

故宫有计划地逐步开放紫禁城内的花园、神武门、端门等区域，新开放的区域也经过精心设计，处处有惊喜，游客走到神武门时会发现神武门已经上得去了，而且可以顺着城墙，走进角楼；另一边的端门还被用作数字博物馆，让观众可以在此欣赏 VR 影片等。

2020 年的重点开放区域之一就是从未开放过的"女性世界"。随着故宫整体保护修缮工程即将完成，旧时宫中女性集中的西部区域将向游客开放，当时太后、太妃、嫔妃这些皇帝女人集中生活的地方，过去是禁地中的禁地，一直带有不可侵犯的神秘色彩，从来没有对外开放过，这次也要公开，多少桩宫廷深怨，多少场红颜争斗，多少回垂帘听政，以往厚重的神秘帷幕，自此将布幔轻启，让世人进一步探个究竟。

除了身为主角的故宫，其他文物代表就不一定总有出场的机会，而且游客通常也搞不清故宫当天有多少大小展览，即使清楚，也看不完。就拿 2005 年 80 周年院庆前后的大小展览来说，那段时间总共有 25 个大小展览同时展出，分别被归为国际交流类（如：太阳王路易十四特展、瑞典藏中国古陶瓷器展）、典章文物类（如：清代皇帝卤簿展、皇朝礼乐展）、精品专题展（如：清代御窑瓷器展、《清明上河图》暨宋代风俗画展）、名家捐献类（如：八十年捐赠文物精品展、马衡先生捐献文物特展）、新近入藏展（如：中国当代名家书画收藏展、十年书画入藏精品展）、宫廷生活类（如：钦安殿原状展、清代宫廷戏曲展）等。

这些还不包括经典的中路前三殿后三宫原状展、珍宝馆、钟表馆、陶瓷馆、绘画馆、雕刻馆及家具馆等展馆里的常设展览。稍不留意，常会错过有些展览和其中的重中之重。

大部分游客慕故宫名而来，绝不会错过的是太和殿（即俗称的"金銮宝殿"）的龙椅陈设，殿前万头耸动，但只要看到龙椅，似乎就心满意足地完成了故宫"到此一游"的任务。比较细心的，就惦记着一定要看到保和殿后的"云龙石阶"巨型雕刻，沿着中路看完"前朝后寝"宫殿原状展，一般导游让大家在御花园附近逛逛，就算对故宫游有所交代，准备向下一个北京景点出发。大部分游客和众多"必看"的文物就这样擦身而过，如入宝山，空手而回。

举如常设的钟表馆展览，集中展出明清皇家钟表收藏的精品中，有一件乾隆最心爱的"铜镀金写字人钟"，代表着当时中西方造钟技术的顶尖之作，为英人威廉森于 1780 年替乾隆制造出的故宫现存最大的玩具时钟，高 231 厘米，底座有一个着洋装的西洋人，在上弦后，会提笔书写"八方向化，九土来王"八字汉字，横、竖、撇、捺都有笔锋，写时那洋人脑袋也随着左右摇摆。三层阁内的敲钟人每逢 3、6、9、12 点击钟碗，奏出音乐，最上层圆亭内有二人则拉开"万寿无疆"的横幅。据记载，这钟是依乾

捌 继往开来新格局 | 281

铜镀金写字人钟

隆创意打造的，240 年前，紫禁城里面就已经有了今日才有的写字智能机器人。

2008 年原设于文华殿的陶瓷馆已经改到武英殿，继续从 20 世纪 50 年代就开始的陶瓷陈列专馆惯例。这个陶瓷常设陈列是从故宫所藏 35 万件陶瓷文物中，精挑细选出 400 多件最具有代表性的陶瓷精品，游人在武英殿内走一圈，尽览中华陶瓷精华。

原是书画馆的武英殿改成陶瓷馆后，文华殿成了书画馆的常设展厅。基于考虑纸绢颜彩容易老化变质的天性，古书画不能长期固定展出，所以书画馆就成了故宫精彩书画轮流出场的伸展台，一次次特别设计安排的专题书画展，在此吸引着无数爱书画的常客和新知，只要是懂书画之人，都知道故宫书画收藏精彩绝伦。

珍宝馆的展览是故宫历史上展出时间最长的展览项目，珍宝馆也成为故宫最重要的常规陈列馆之一。这是从故宫一百多万件藏品中，按赏玩珍品、帝后饰品、日用器具、礼制文物、陈设器具和佛教文物六个单元，经过慎重考量，特意筛选出最具代表性的数百件文物展品，展览所用的宁寿宫建筑群，正是乾隆改造后准备自己退休后安享晚年的"城中之城"，整个院落宛如紫禁城的缩影，也分前朝、后寝两部分，装修豪华铺陈考究。

珍宝陈列馆之一的乐寿堂里，常听到导游重复着"和田、五吨、十年、扬州"这几个关键词，这是用来介绍来自新疆和田的巨型玉石雕刻"大禹治水图玉山"，这块重达 5300 公斤，高 224 厘米，宽 96 厘米，采石、运输、雕刻前后费时十年，经由名扬四海的扬州雕工，依宋人名画雕刻而成的玉山，从乾隆五十二年（1787 年）8 月 16 日安置在这里之后，就一动也不曾动过，一放就是 200 多年。过去展柜玻璃陈旧，又因故宫无休息日，无法除尘或更换，影响观赏，直到 2014 年的 1 月 6 日，20 世纪 80 年代以来首个全天闭馆日，珍宝馆赶紧进行了展柜的更换和灯光的改造。这个玉雕的存在，应该可以说，在很多方面都是中国和世界之最。

珍宝陈列馆中有一个馆参观者总是寥寥无几，空荡荡的展厅中摆放着十来个大尺寸的玻璃展柜，里面放的不过是一个个不起眼的粗面石头，石头上有什么，也看不大出来。但在有些人的心目中，这才是故宫博物院的镇馆之宝。就像大英博物馆的镇馆之宝，同样是一块不起眼的罗塞达石碑，学者深信这块石头上的三种文字是解密三大古文明的钥匙，参观大英博物馆的人都需要去朝拜一下，虽然几乎没有几个人看得懂，而且那石头也并不十分美丽。

故宫里的这些形状像鼓的大石头，其实并不是鼓，而是我国现存最早的刻字石，石头上的文字堪称篆书之祖，是一种大篆，介于西周金文和秦小篆之间，是我国文字发展链条上的一环。这批石鼓首次被发现，已经是刻字一千年后的唐朝贞观初年，它们历尽沧桑，在陕西凤翔的荒草丛中出现，马上又开始了下一个一千年的艰辛历程。

石鼓先是被迁入凤翔孔庙，五代战乱，又散落民间。几经周折，北宋司马光的父亲司马池将九个石鼓移到凤翔学府，还缺最后一个"乍原"鼓，多方寻访，找到时，已被凿成米臼，不过总算找齐。宋徽宗素有金石之癖，将石鼓迁至汴京国学，又命人以黄金填满古字。北宋亡，石鼓被金人掳至燕京（即今北京）。金亡元兴以后，石鼓就一直安放在国子监墙下，直到20世纪日军侵犯北平前，在时任故宫院长马衡的主持之下，石鼓南迁避险，流转万里，直到抗战胜利后，才运回故宫。

故宫专设一常设展厅"永久"展示这批远古的石鼓，必有深意。或许，不是大家都能认同它们就是故宫的镇馆之宝，不过其他世界著名博物馆的镇馆之宝都是固定"永久"陈列，可能博物馆相信参观者来访每次都看得到，才是建立恒久忠诚和知名度的最佳保证，在这方面，台北故宫博物院是做得相对比较成功的。

一提起台北故宫博物院，大家都会联想到"翠玉白菜"和"肉形石"，这两件巧夺天工的巧雕件，可称得上是台北故宫博物院的"镇馆之宝"，因为知名度最高，老少皆知，而且永久陈列，在台北故宫只要看到一长串游客排队等着观看的展品，不用多想，一定是这两件。

翠玉白菜原是永和宫的陈设，清末永和宫是光绪帝瑾妃的住所，瑾妃就是珍妃的姐姐，两姐妹一起嫁给光绪进入宫内，推测这是瑾妃的陪嫁嫁妆。这件翡翠玉雕是利用这块翡翠的天然成色，翠绿部分作菜叶，白玉部分作菜梗，叶菜深绿部位爬着两只昆虫，一只是螽斯（即蝈蝈），一只是蝗虫，它们都是繁殖能力非常强的昆虫，寓意多子多孙。

肉形石原石则是一种不透明的玉髓，文理层层堆叠，工匠利用这个特性，先在上层表面钻上细密的点作毛孔，再染上红褐色，呈现出浸过酱油肉皮的效果，是顺应玉料自然天成的外形和色泽的设计出来的完美成果，一方冷硬的石头，被巧做成看似鲜嫩多汁的东坡肉。

这两件"国宝"在台北故宫博物院的宣传资料中，甚至邮政发行的邮票上多次亮相，加上雕琢巧工，质料非凡，童叟易懂，人见人爱，日积月累，渐渐成为台北故宫博物院最受欢迎的代表文物。知名度和宣传效应甚至胜过西周的毛公鼎、南北朝王羲之的《快雪时晴帖》、北宋范宽的《溪山行旅图》、北宋素雅脱俗而且稀有的汝窑名瓷等著称于文物界的顶级藏品。

不过，值得庆幸的是，每当有这些顶级文物出场的时候，参观者同样是从四面八方云集，为的就是能一睹为快。

当然，台北故宫博物院也有常设的陶瓷展、家具展、宗教文物展、玉器展等，有举办专题书画展的常设展厅，以及其他不定期的特别专题展览，和北京故宫一样，只能从它 698735 件（册）的文物中精选出极少数的文物，代表出场。

雍正拉近两岸情

为了呈现一个完整的雍正，台北故宫博物院迈出了第一步，两岸故宫数十载头一回的投石问路。

用"故宫"在网上搜索，会出现两个故宫，一个在北京，一个在台北。两个都称自己"Palace Museum"，意思是"皇宫"博物院。知道历史的人，都知道1949年以前，它们是同一家博物院，收藏的内容种类也相似，因为原本都是同一个"皇宫"的收藏，只是为了躲避两次战火，第一次是抗日战争，皇宫收藏出了宫；第二次是解放战争，部分收藏就来到了台北，而且一分开就是数十年，直到今天。

人们一直期待着两个故宫合体的那一天。为了这一天，两岸的故宫都需要准备，等待时机，踏出那非常不容易的第一步。

这个时机来得十分不容易，2008年台湾政党轮替，两岸紧张关系有明显缓解的迹象。台北故宫博物院也换上了周功鑫院长，她一上任就讨论向来在院庆举办的跨部门大展，原本属意2009年先办"南宋大展"，讨论着，讨论着，大家都倾向于先办"雍正文物大展"，但是，想举办一个面面俱到的关于雍正皇帝的大展览，如果少了雍正的肖像画、行乐图、朝服像等文物，总觉得不是那么的全面，而这些都在北京故宫这边。

就这样，雍正皇帝这位在世时励精图治奠定后代盛世的清朝皇帝，身后又意想不到地成了两岸故宫交流的牵线人，他被分藏两地的遗绪成了诉说他生平的鲜活资料，为了呈现一个完整的雍正，台北故宫博物院迈出了第一步，两岸故宫数十载头一回的投石问路。

2008年12月17日，台北故宫博物院借参加"北京文化创意博览会"，派教育展资处处长朱惠良等来北京，初次接触北京故宫，就借展、合作出版等事项进行对话。这些在故宫记录里轻描淡写地记载下来的内容，却是故宫在分隔两地后接近一甲子的时间中，第一次的正式交流[1]。

北京故宫为了有这个机会说"好"，似乎也等了太久，马上给予积极的回应，希望双方院长能尽快见面研究落实步骤。这个双方院长的初次见面，可是比中国传说中的牛郎织女会还要困难得多，牛郎织女每年七夕得以相会一次，两岸故宫院长这第一次相会，足足等了快六十年。

故宫在两岸都有独特的地位。台北故宫博物院的院长在蒋介石时期，是他的亲信幕僚，现在仍是政界要员；北京故宫隶属于文化部，院长是部党组成员之一，相当于副部级，而时任院长的郑欣淼，是文化部副部长兼院长。两位院长不只是世界著名博物院的院长，同时也有政治身份，动见观瞻，一举一动，不能只是文化人的洒脱，更多的是会有各种的政治解读，尤其重要的是，大家会将故宫视为政治的风向标，一点风吹草动，即知两岸关系寒暖。

故宫过去总和政权起落息息相关，如今，故宫还是有关政治。院长的互访不但是媒体追相报道的新闻，而且更适合放在政治新闻版面。当时台湾当局对两岸关系的态度是，"搁置争议，创造双赢"，积极推动两岸关系全面正常化，"大方向'由上而下'，各部会'由下而上'突破困难，打开僵局。"

捌 继往开来新格局 | 287

雍正读书像

台北故宫博物院借展雍正文物之事，北京故宫很快就于当月的 30 日正式回复："供贵院雍正大展展品选件经检视状况良好，可以参展。"同日《台湾地区公务员及特定身份人员进入大陆地区许可办法》修正发布，也在当天下午，周功鑫院长接受媒体访问时，她便郑重宣布："将于 2009 年 2 月中旬带团访问北京故宫。"

2009 年 2 月 15 日，两岸故宫在相隔六十年后首度在北京故宫会面，野岛刚是唯一随团采访的外国记者。他回忆说："当时，台北故宫博物院的周功鑫院长与北京故宫的郑欣淼院长一起，并肩走在紫禁城的午门，那一瞬间令我非常感动。"

这趟破冰之旅虽然是在北京寒气逼人的深冬，台北故宫博物院一行人感受到的是北京故宫暖暖的情义，处处给方便，为的就是共同解决难题，务实达成交流目标。

这次选在寒冬二月到访，其实是为了配合台湾"立法院"2 月 20 日开议会期，周功鑫作为部级主管必须出席备询，大家关注的焦点自然会是两岸故宫的交流情况。她承受的压力可想而知。

博物馆的全名载示和文物有关的法令问题并非两院所能自行决定，若严格要求遵守和过分钻牛角尖，势必走不下去。若采博物馆一般的借展合作模式，走合作联展，台北故宫博物院如何署名就是一个大问题，甚至签约合同上的称谓，都将会是各有关单位关注的重点。除文物借展，原计划北京故宫配合台北故宫博物院在台北共同举办"雍正——清世宗文物大展"，然后配合展览两院在北京共同召开"为君难——雍正其人、其事及其时代学术研讨会"。这两项合作也都牵涉台北故宫博物院全名载示的难题。

不过路是人找出来的，"曲线救展"成了两院共同的心愿，在北京故宫极大程度的配合之下，双方决定避开称谓问题，由第三方分别和两院签约完成文物借展来台的安排，展览研讨会也改在台北召开，两岸故宫第一次"联展"，就在双方展现最大诚意，相互体谅，和种种限制之下，办成了。

在这次互有默契的合作交流中，同时也谈成了一件不广为人知的文物"合璧"的盛事。

台北故宫博物院珍藏的一部《泥金藏文写本龙藏经》，是康熙奉孝庄太皇太后钦命御制的，孝庄太皇太后是康熙的祖母，发起人身份的特殊、装帧的庄严华丽和制作动员的耗费惊人，使这部《龙藏经》成为台北故宫博物院典藏佛教法典中最受瞩目的一部。

完全没料到的是，这部经在海峡对岸早已是掌管满文《总管内务府档案》的李保文魂牵梦萦的对象，因为档案中详细记载了一部非凡经书的制作细节，而这部经在清宫典藏佛道书画著录书《秘殿珠林初编》也占据极重要的位置，但是他遍寻多年都不得此经的下落。终于看到台北故宫博物院发布这部《龙藏经》的出版消息，他联系确认后大喜过望，马上承诺将有关满文档案资料翻译提供给台北故宫博物院，补充了《龙藏经》产生经过这块空白。

根据李保文的翻译，这部重达五十多公斤的《龙藏经》"从发起到完成，孝庄太皇太后都倾注心血。她在年仅十四岁的孙儿康熙皇帝支持下，力排众议，突破人、财、物各方面的阻力和困难，并在娘家蒙古科尔沁部族的支援下，费时两年终于完成她的写经夙愿，达成她为孙儿皇帝祈福及期盼'利乐众生，国泰民安'的宏愿"。翻译接着仔细将制作过程、人力、物力的投入一一说明。

虽然过去历任台北故宫博物院院长都曾或多或少地动过将这部《龙藏经》付梓发行的念头，藏传佛教直贡噶举派尊胜的直贡澈赞法王甚至出资赞助，希望能早日印行面世，但迟迟仍未能成事，原来这背后有一个不足为外人道的隐痛。

当初文物迁台暂时存置台中雾峰北沟时，因山洞库房渗漏，致使《龙藏经》第九十一函受潮，部分经叶粘黏迄今无法揭开。本有计划让精通藏文且善于书法的故宫人员胡进杉按康熙朝刊印本《藏文大藏经》抄写所缺的第九十一函，但古今混搭总让人觉得不甚合适，所以冯明珠（后也成为院长）建议当时的院长林曼丽，以清高宗仿效康熙《龙藏经》制作的《乾隆朝泥金藏文写本甘珠尔经》中的第九十二函（即康熙版第九十一函），同函复制递补较为理想，但此乾隆版《龙藏经》一百〇八函分藏两院，所需的第九十二函属北京故宫所有，须得其图像授权，未获林曼丽的采纳。

第二年，恰逢两岸关系有了明显改善，这项授权就成了破冰之旅的重要任务之一。双方协商同意"合作出版《龙藏经》，台北故宫博物院以《龙藏经》二套交换北京故宫博物院影像"。康熙《泥金藏文写本龙藏经》得以顺利印行，文物影像"合璧"，又找回历史，可以想见，多少两岸故宫的收藏彼此间还有许许多多剪不断的、千丝万缕的关联。

这时两位院长也在意想不到的地方有很多巧合，例如两位院长名字的最后一个字，一位是"淼"，一位是"鑫"，水和金都是中国阴阳五行之一，从五行来说，水消火、火熔金、金生水、金火不克，所以郑欣淼说："我和周院长，完全没有相克的地方，我们很合。"郑欣淼和周功鑫，听起来是"双欣（鑫）会"的谐音，两人又刚好同岁。

周功鑫离京前，两岸故宫互赠礼品，双方选的竟然都是《清明上河图》的复制品。北京的是张择端版本，台北的是清院本。时任台北故宫博物院副院长的冯明珠笑着说："《清明上河图》是桥多，我们需要桥来沟通嘛。"无意中的巧合和随口的一句戏言，点出双方对两岸的共同期望——"交流"和"沟通"。

2010年，北京故宫与台北故宫博物院的20余位人员，共同踏上了长达半个月重走文物南迁的"温故知新"之旅，行经四省八市，探寻了过去37个重要的故宫文物存放地点，拼凑出当年部分不确定的运输路线，重温昔日故宫人共患难的历程，展望今后再度携手合作的新归途之旅。

破冰之后，相当长的一段时间，两岸文博的交流盛况空前，不只是两岸故宫，许多文博单位的各种交流和合作也进行得如火如荼。其中到如今仍让人津津乐道的莫过于包括台北故宫博物院、浙江省博物馆、北京故宫博物院、中国国家博物馆、上海博物馆、南京博物馆、云南省博物馆和中国文物交流中心共同合作的"山水合璧——黄公望与富春山居图特展"。这幅元代文人画宗师黄公望的旷世代表作，在遭焚画殉葬劫难一分为二，成了《无用师卷》和《剩山图》之后，前者在清乾隆误定为伪画沉睡紫禁城，真伪画反成正品，此真伪二件皆随文物迁台来到台北故宫博物院，而《剩山图》流落民间最终辗转进入浙江省博物馆。为了《无用师卷》与《剩山图卷》再次山水合璧的这一刻，我们已经等待了数百年，终于跨越了两岸和时空的阻隔，印证了文化交流的决心和凝聚力。

2008年之后，随着大陆民众赴台旅游的大幅增长，参观台北故宫博物院的大陆游客从2009年的250多万人，增加到2010年的344万多人，2011年的384万多人，到了2012年更超过436万多人，而且与日俱增，直到2016年的那次政党轮替，一切突然又好像快回到2008年以前，但是人们内心深处，老是惦记着两岸故宫曾经有过的破冰之旅。

宫廷风情入镜头

> 人们对揭开紫禁城神秘面纱的兴趣，被一股方兴未艾的清宫电影风渐渐提升到了最高潮。

1983年，香港李翰祥导演借《火烧圆明园》和《垂帘听政》两部电影将华语观众带进清宫故事的世界，电影里咸丰皇帝的颠顶荒佚、兰贵人因同治华丽转身成慈禧太后、恭亲王奕䜣的内心挣扎促成辛酉政变和垂帘听政，原是杜撰的电影情节，却成了大部分人对那段清宫历史的唯一了解，那时剧中人物无止境的钩心斗角，无论手段是多么的阴险下流，李翰祥的镜头却一开始就仰视着紫禁城的大门，因为它代表着至高无上的皇权，也是由此，人们对揭开紫禁城神秘面纱的兴趣，被一股方兴未艾的清宫电影风渐渐提升到了最高潮。

蜚誉国际的意大利导演贝尔纳多·贝尔托鲁奇（Bernardo Bertolucci）有一天从高处把镜头朝下，俯视着故宫的大门，人们心目中至高无上的紫禁城，第一次在西方电影大师的镜头里，成了电影主人翁的精神道具，在不同情节中配合演出，不再只是一成不变地作为皇家起居朝政的电影空间，让全世界观众以视听感官效果体验到紫禁城的体温和情绪。这是中国政府第一次允许在故宫内实景拍摄的故事片，后来在 1988 年赢得了 9 项奥斯卡金像奖，这部电影名为《末代皇帝》(The Last Emperor)。

爱新觉罗·溥仪在他洋人老师庄士敦所写的《紫禁城的黄昏》和他写的《我的前半生》所折射出的，是一个在时代风暴中颠沛流离而不能自主命运的无助生命，这个故事题材深深地打动了贝尔托鲁奇的心。

镜头随着小溥仪第一次进入的宫殿，是一个怪异的场所，空旷而阴暗的罗汉堂正中央，放着一座豪华的大床，屋顶藻井中间悬挂着硕大的夜明珠，屋中圆柱盘绕着飞龙张牙舞爪，两侧的罗汉雕像面目狰狞。整屋子阴森森的气氛沉重得让人透不过气来。

当小溥仪走到大床前，镜头中出现了一张面具般的人脸，浓重的白粉盖住了肉色，眉眼和嘴唇的形状都是极不自然的油彩勾勒出来的，一旁的太妃、宫女、太监们，面无表情，毫无血色，如同僵硬可怕的陪葬陶俑，可他们还会走动，就显得更加恐怖。濒死的老慈禧简单地向溥仪交代了宫中的概况并且宣布他成为皇帝的决定后，便张着嘴咽了气。太监于是将一颗黑色珍珠塞进了她的嘴里，她的嘴当然就永远合不上了。

接着，不谙世事的小溥仪走回父亲跟前："阿玛，回家吧。"跪在地上的父亲却没做声，朝着他深深地磕下头去。

镜头从阴暗的罗汉堂转到了肃穆的太和殿里。殿外司仪的唱诵声更衬托出殿内的一片寂静，宫殿里小溥仪高高在上，摄影用固定镜头和小全景捕捉到他坐不住不耐烦地爬上爬下的镜头，然后覆住宫殿大门的黄色绸缎缓缓升起，宫殿外，司仪的喊声和如海潮般跪拜的人群，从宫殿平台、广场、密密麻麻跪满庭院的臣子们，摄影机移动拍摄着，由全景、大全景，甚至到远景……景别、运镜以及声音处理的极大反差，产生宫殿内外的段落效果，好像蕴含着一种看不见的精神力量，以视听形式作用于人的感官知觉，让观众体验到巨大的压迫感，从而对小溥仪的处境和未来的命运感到担忧。

宫殿、平台、台阶和广场，这些故宫的客观存在实体在大导演的镜头里被赋予了"压迫"和"隔绝"的意象，小溥仪日夜思念的"家"被重重宫殿和茫茫人海阻隔，遥不可及。

镜头接着转到寝宫内，小溥仪一边蹲尿盆一边看着太监摆弄着紫禁城的模型。太监拿起一个个宫殿模样的小木块："这是大内……"小溥仪突然发问："我今儿回家吗？"太监愣了一下："回家？还不回去呢！"怕小皇帝再纠缠，他赶紧再拿起一个模型："这是太和殿，皇上就是在这儿登基的……"讽刺的是，紫禁城固然威严坚固，这时真的就好像一个玩具，被人摆布把玩着，也像是它的主人一样，身不由己。

7年过去，10岁的溥仪已经认不出他的亲生母亲，最亲的人是喂他奶的二嬷，他还吃着她奶的情景被寡居的太后们看到，她们"为了皇帝的成长"，将二嬷送出宫去，溥仪绝望地追着二嬷小轿的场景，影像深入人心。

他从小院子冲出来，向着狭长的甬道尽头追去，二嬷小轿的影子依稀可见，甬道很窄很长，夹在高耸的两道红墙之间，墙是那么的高，那么的冰冷无情，只留下天上长长的一条蓝色间隙，须臾间，他已经处身太和殿广场，偌大的广场，空无一人，他还在追着，显得格外的渺小——尽管他是这里的主人，是广袤中华帝国的皇帝，但当他最亲的奶娘被夺走时，却束手无策。

镜头对准长大的溥仪，他听到知道亲生母亲吞食大烟泡自杀的消息，纵身骑上自行车，想飞奔回家去看望。那时刚下过雪，他沿着宫墙骑过了广场，又拐进了那条甬道，依然是两堵高耸的红墙，依然是延伸远去的窄道和被切割成一线的天空，依然是溥仪迫不及待的追寻着亲爱的人，只是，上次是奶嬷的离去，这次是亲娘的永别。

午门内站岗的卫兵队长已经看到便装推车的皇帝，当溥仪笔直地向宫门走去时，两扇大门轰然关闭，已经展现在眼前的宫外世界被巨大的红门隔绝在溥仪的小天地之外。面对溥仪"开门"的恳求，卫兵们只是以沉默地跪下作为答复。

溥仪将心爱的小白老鼠狠狠地摔死在宫门上！

糅合镜头切换、运镜快慢和场景变动来突显溥仪内心当下的强烈感受，演绎矛盾冲突情结，毫无疑问的，紫禁城也成为参与其中的角色。

接下来，溥仪采取了一个近乎疯狂的举动——爬上宫殿的屋顶，高喊着"我要回家！"他将层峦叠嶂的金色琉璃瓦当作道路，企图翻越出去。当他滑倒在琉璃瓦的时候，他侧头望向远方，那里一片模糊。他的眼睛重新聚焦——模糊的变得清晰，那是另一座宫殿的屋脊，高高的，挡住了他的视线，这座城里有太多的宫殿，时时阻挡在他前面，任凭他望眼欲穿。

贝尔托鲁奇以他独特的视角，让紫禁城来参与演绎溥仪的精神存在状态。毫无疑问的是，他真正地把紫禁城推向世界，一时之间，他的电影《末代皇帝》成了全世界认识故宫的窗口。

他的摄影队得到特许进入故宫拍摄，并不意味着让他享有在紫禁城内的特权。故宫方面对片场的管理非常严格，扮演庄士敦的国际巨星彼得·奥图（Peter Seamus Lorcan O'Toole）有一次因为忘记带通行证，被故宫警卫拒之门外。故宫内不允许机动车辆进入，即便奥图也只能用自行车作为交通工具进出片场。

拍片期间有一次刚好遇到英国女王伊丽莎白二世（Her Majesty Queen Elizabeth II）参观故宫，摄制组因为得到故宫对其拍摄紫禁城先有政府承诺的尊重，确保了影片的正常拍摄，完全不受干扰。但是故事性商业电影想进故宫拍摄紫禁城从此以后就永远不可能得到相同待遇，不论是国内或国外的影视公司，故宫的回应是一视同仁的"闭门羹"。

1998年初次热播的《还珠格格》捧红了饰演小燕子的赵薇，小燕子居住的漱芳斋一度成了故宫建筑物中最具当代知名度的所在。《还珠格格》剧中的漱芳斋其实是借用承德避暑山庄的烟雨楼拍摄而成的，故宫里真正的漱芳斋在乾隆时已经改建为皇帝听戏宴请的招待所，今日的漱芳斋也是不对外开放的贵宾休息招待场所。

随着接连不断的《新还珠格格》《甄嬛传》《如懿传》《延禧攻略》等宫廷大戏推出后形成的故宫热，借着影视效应散发出的魅力如今也成为故宫不容小觑的软实力。

后来，唯一有机会进入北京故宫拍摄影片的只有故宫纪录片。中央电视台拍过，日本 NHK 拍过，其中故宫博物院和媒体全面合作拍摄纪录片，2003 年中央电视台开拍的《故宫》应该是最受重视的一次。这次拍摄制作"汇聚了故宫方面的权威专家以及央视影视制作方面的精英力量"，央视在故宫权威专家的支持把关之下，对故宫建筑、文物以及故宫博物院工作现状等进行全方位的实景拍摄记录。

拍摄期间，为了避开正常参观的游人，摄制组只能在不开放的早晚时间进行。拍摄的间歇，有些组员只能将就着在冰冷的金砖上席地而眠。两年间故宫出动了上百名专家，央视邀请了曾获奥斯卡最佳音乐奖的苏聪（《末代皇帝》作曲）、奥斯卡最佳摄影奖提名的摄影师赵小丁（《英雄》《十面埋伏》摄影师）和日本著名摄影师赤平勉等加盟制作。

团队的艰辛付出得到了回报。《故宫》在央视一套黄金时段播出后，收视率达到了 3.09%，比当时最火电视剧《京华烟云》的收视率还要高。国内外发行和播映权的收入也让《故宫》成为央视纪录片中最赚钱的作品之一。

故宫新姿迎大众

说不定有一天，真能达到故宫博物院前任院长单霁翔所希望的，人们只要在休闲的时刻，不是在博物院，就是在去博物院的路上。

2005年7月18日故宫有了一个新的身份证，叫院徽，500多年来第一次，有一个标识能代表故宫，看到它，就知道绝对是和故宫直接相关的人、事、物，这在过去作为帝居宫殿的时期，是无法想象的，在现代讲求形象塑造和宣传效应的当下，它的浮现，意味着故宫博物院已经整装待发，准备以适合21世纪的新姿态，迎向大众。

不过这个象征故宫的院徽，着实得来不易。起初由国内外征集到的2788件应征方案，经专家及院领导评选的结果，无一入选。再从国内七八家颇具实力的专业设计公司中挑选出一家并由其特邀顾问邵柏林担纲设计，20年前也是他设计了《故宫博物院建院60周年纪念邮票》。设计过程中又经双方反复斟酌，在几乎十易其稿，不断推倒重来后，故宫院徽的设计总算

故宫博物院院徽

浮出水面。

　　四平八稳的"宫"字形设计,取其两"口"正好符合紫禁城"前朝后寝"的建筑理念;"宫"字下边不封口,寓意皇宫过去是封闭的,而今日的博物院是开放的;"宫"字的那一点则取材于"海水江牙"和"玉璧"的图形元素;造型上宛如海水托玉璧,取其珍如拱璧之意,象征故宫珍藏的一百多万件文物;外形结构用的矩形和故宫实际格局最为相像,与上方的玉璧构成"天圆地方";色彩则选择故宫典型代表颜色——黄色、红色、金色、蓝色为基调。整体设计富含中国特色,在世界众多博物馆标识中显得深具辨识度和文化特色。

　　在故宫注意到必须有自己的院徽标识之前,故宫早已经在国际人士的心目中是一支极鲜明的中国旗帜，是一座最耀眼的文化殿堂；它虽不轻易地，但也曾经开放了这座古老的殿堂，举办了几场有声有色令人终生难忘的世纪音乐会，无论亲临或听闻，至今仍是人们津津乐道的话题。

2001年6月23日，"高音C之王"帕瓦罗蒂（Luciano Pavarotti）以一曲《今夜无人入睡》（Nes-sun dor-ma！Nes-sun dor-ma！）点亮了北京的夜空。"世界三大男高音音乐会"在午门广场举行，帕瓦罗蒂、多明戈（José Plácido Domingo Embil）和卡雷拉斯（José Carreras）联袂为现场数万名观众献上了美妙的歌声。

选择这一天，是因为当天是世界奥林匹克纪念日，北京正在紧锣密鼓、快马加鞭地为"申奥"作最后的冲刺。演出前，国家主席江泽民在中南海接见了歌唱家和主办者。

午门前700平方米的舞台，20000平方米的观众席，2000余吨的钢材，1000立方米的木料，20000余平方米的地毯，超过2000千瓦的用电量，构成史无前例的浩大舞台工程。音响大师设计的音响系统声效，从舞台到最后一排，让现场的每一个观众都能完美的接收到三大男高音唱出的每一个音符，四百年的歌剧艺术，此时此刻，和五百年的东方宫殿，交相辉映。

北京最终也获得了2008年的奥运会主办权，这场音乐盛会成了申奥成功的最佳序曲。

2004年10月10日的另一场在午门举办的音乐会，也毫不意外地成了国际瞩目的文化盛事。让雅尔（Jean-Michel Jarre）以不太流利的普通话一字一字地说出："你们好，今晚，中国人民和法国人民心心相印。"雅尔音乐会的开场白就此为"法国文化年"揭开了序幕，这次法国的文化年活动是在遥远的中国进行，因为是两国元首牵头促成的，所以格外受重视，故宫的鲜明文化标识再次派上用场，打了个头阵。

已经在"雅典卫城""埃及金字塔"演奏过的雅尔，是法国最具传奇色彩的国宝级音乐家，也是欧洲最早尝试电子音乐创作的先锋之一。这场耗资 5000 万人民币的音乐会，采用了最尖端的高科技，同时有 15 台摄影机进行全数字直播，现场的 5.1 杜比数字音响系统也是世界上首次使用。表演高手雅尔不仅仅利用最尖端的音乐渲染气氛，还用中文调动现场观众情绪，喊着："天气冷不冷，音乐增加热度，让我们热起来吧。"从此，雅尔可以在他的音乐履历上添加一个令他永生难忘的骄傲纪录——曾在故宫演奏过。

故宫应该不会料到在经过 500 多年后，有一天，因为三大男高音，因为雅尔，在世界音乐史也留下浓墨重彩的一笔。

中国的元首也亲自为故宫代言，这是昔日的皇帝万万料想不到的。

2005 年 11 月 9 日，国家主席胡锦涛夫妇和伊丽莎白女王夫妇共同出席了一个故宫文物展，同时主持开幕剪彩。那是故宫出借珍贵文物四百余件给英国伯灵顿宫举办"盛世华章·中国：1662—1795"，向英国观众再现康熙、雍正、乾隆三朝政治、宗教、军事、文化、艺术等各领域的强盛和辉煌。

观展过程中，胡主席愉悦地以主人身份为女王介绍展品及中国的文化和历史，其为故宫文物及中华文化骄傲自豪之情溢于言表。策划展览的总顾问牛津大学莫顿学院院长杰西卡·罗森女爵士在陪同胡主席参观后说："真没想到胡锦涛主席对自己国家的历史文化如此热爱和熟悉。"

2010 年胡锦涛主席访问法国期间，特别于 11 月 4 日在爱丽舍宫与萨科奇总统共同见证了故宫与卢浮宫 2011 至 2015 年合作协议的签字仪式，同时表示："支持故宫博物院和卢浮宫博物馆建立长期稳定合作关系。"2011 年 9 月故宫和卢浮宫就联手在卢浮宫推出《重扉轻启——明清宫廷生活文物展》，当地所有的主流媒体都大力报道宣传，一时之间，巴黎到处看得见展览宣传主页用的康熙便服像，康熙皇帝的红色帽子和天蓝色的便服，就因胡主席"轻启"两院合作的"重扉"，从此走进法国群众的脑海里，令人久久不能忘怀。

故宫自己也努力迎向世界。2012 年 7 月在北京首都国际机场 T3 航站楼 E19 国际中转旅客休息区，出现一个"文化国门——故宫印象"的展示区，来往旅客可以利用里面的视频播放和互动，了解故宫，认识故宫文物，培养对中国历史文化的兴趣。

2006 年《故宫博物院》一文被选为新人教版语文八年级（上）的课文。中国的学童因此可以知道故宫的总体特征，从太和门——太和殿——中和殿……一直到御花园认识了故宫建筑布局，从文章中掌握了"矗立、鳌头、金銮殿、琉璃、额枋、藻井、中轴线、蟠龙……"等有关故宫的字词，潜移默化中，了解了故宫建筑艺术的独特风格和伟大成就，民族自豪感油然而生。

但是故宫已经不满足于教科书成为接近新生代的唯一途径，宣传迎合新生代，形象契合新时代，在网络发达的今天，在网上展现贴近大家的故宫已是大势所趋。

故宫陆续推出来的文创新玩意儿，就有一系列卡通人物形象的宫廷宝贝们，"小皇帝""小皇后""小阿哥""小格格"等穿用的都是宫廷服饰、配件，但是直观的形象特点就是"萌"，都萌得可亲，萌得可爱，结果培养纠集出一大票各自的"粉丝群"，男女老少都有，萌货儿成了大众喜爱追捧的热销品，变成一种"可带走故宫"的文化现象。

2008 年 12 月创立的故宫官方淘宝旗舰店充斥着讨人喜爱的各类新潮故宫商品，不断研发出来的故宫特色文化产品已成千上万，网上好评度达 99.4%，冰箱贴、瑞兽笔、玩偶、琉璃、手机壳五花八门，一经推出就受到广大群众的抢购，以电子商务的新形式来传播故宫文化，从销售业绩来看，其实还蛮有效的。

故宫还有效地掌握各类 APP 的应用，紧跟着科技的脚步，让故宫总是在现代人的指掌之间。2013 年 5 月，故宫推出首个 iPad 应用《胤禛美人图》，曾经很长的一段时间都保持着全五星的评价和编辑推荐；第二款 iPad

应用《紫禁城祥瑞》2014年6月份一上线就获得单日下载量超1.5万、单周下载量超10万的好成绩。

新时代人们离不开的微信、微博，自然也是故宫有心扩充网上粉丝的必争之地。故宫不时借着"故宫淘宝"微信公众号及"故宫淘宝"新浪微博，向人们传播故宫知识、传统文化和历史典故，一改教科书式的宣导方式，往往是采用形象活泼、语气诙谐的方式迎合现代人的口味，果如所料，十分受欢迎。

"故宫淘宝"在微信公众平台曾经有一篇《雍正：感觉自己萌萌哒》小文章，萌萌哒的雍正动画形象配上萌萌的文字，一改历史中雍正总给人性格多疑、为人狠辣的形象。这篇小文，把九幅《雍正行乐图》改成了动画版，还配上轻松幽默的解说——《射箭图》中，雍正拉弓搭箭，射向天空掠过的飞鸟，旁白却是："你飞向前方自由翱翔，朕却始终跟不上你的脚步。好累……"；还有《猎虎图》中，雍正和一头从山洞里探出头来的老虎对峙着，配的词是，老虎说："有种你进来！"而雍正则回："有种你出来啊！"……

故宫官网和微博今日已经成为故宫对外发布信息的主要窗口，也是故宫和广大公众交流沟通的主要平台。故宫网站平均日点击率由20万激增到100万人次以上，日访问量最高达到354万，网站访问量已经达到了8.91亿人次，这在世界博物馆的网站中遥遥领先。而故宫在新浪、腾讯、人民网的三大微博，也已经吸引了超过450万"粉丝"的关注。

故宫的"微故宫"和"掌上故宫"智能导览应用，让游览故宫更简单，手机操作就能对故宫了如指掌，甚至足不出户也能深入了解故宫古建、馆藏文物和虚拟展览等方方面面的信息。再等到故宫和华为合作建设的"5G故宫"完成时，观众就能通过手机，更方便地知道故宫正在办什么展览、展览在什么位置、展厅有多少人，而且很容易地找到最近的洗手间和茶室，了解最新发行的书刊和文创产品的信息。

这些应用和历届院长们心中一直有的共同理想也息息相关,那就是整体提高故宫服务的质和量。简单地说,就是在故宫内游客游览的品质不断提升,在故宫外关注和了解故宫的群体越来越大。

故宫 2002 年接待的观众首次突破 700 万人次,到了 2011 年增长了一倍,达到 1500 万人次,故宫"开始下定决心,不能让观众没有设计的再增长,要有所控制、设计"。历届院长们非常清楚,提高票价以价制量的方法,只对再次和多次的回头客有效用。所以为提升游客参观故宫的质感,院方对症下药。改善参观故宫的体验,从尽量扩大开放参观区域、展示设计多元化、限制每日客流量、要求网上预约购票及导引分散游客淡季参观、APP 导览改良等各方面着手;展览新品种的再"挖矿",则拓宽故宫涵盖的文化领域,这些年故宫整理出来的名人书信达 4.2 万件,是研究名人书法和他们与故宫"交往"不为人知历史的最佳素材,历年参加国家考古探察的成果,和院内投入大量研究的青铜器、碑帖、甲骨、乾隆御稿等领域,很多都是故宫专门而且拿手的课题。

故宫近年来展示方式的推陈出新,也让观众另眼相看[2]。比如这一两年来凤凰卫视和故宫博物院联手打造的《清明上河图 3.0》,就是一个别开生面的高科技互动艺术展演。它将北宋张择端的国宝级名画,变身化为二维互动长卷、孙羊店身历其境剧场、虹桥球幕三维影院和一个宋人文化体验空间,从各种维度最大化地营造观展的沉浸感和互动性。从故宫开始,这个展演后来到了香港,又到了广州……继续展演下去,吸引了大量的观众,成了名副其实的"流动故宫"。

无法亲临其境的故宫爱好者,现在有了"流动故宫"、"微信故宫"、"微博故宫"、"数字故宫"、"5G 故宫"和随科技无时无刻不在发展的"未来故宫",让故宫的实体限制不见了,参观故宫的年客流量已经从千万人次级,成为亿万人次级,甚至可以到十亿万人次级。

　　说不定有一天,真能达到故宫博物院前任院长单霁翔所希望的,人们只要在休闲的时刻,不是在博物院,就是在去博物院的路上。

玖

六百岁风华绝代

（2020）

百年大修迎大庆

到 2020 年故宫 600 岁华诞的时候，百年大修将全部完工，那时候，人们将能重新领略历史上康乾盛世之时故宫的面貌。

没有大工小修，故宫撑不到今天，没有讲究的修葺，故宫会是现代的拼装物。今天，故宫太重要，所以，修缮已经不再纯粹是工匠的事。

据记载，故宫博物院 1925 年成立后，第二年就有两项维修工程。除 1927 和 1970 年外，每年都有维修项目，即使在抗战沦陷期间，维修也未曾停过。从 1949 年到 2001 年，故宫各种维修项目合计有 600 多项。

2002 年开始的这一次大修，和以往的都不同。先是副总理李岚清提出维修要求，后经专家们研究出指导性的《大纲》，形成法规性的文件，再由文化部部长带头成立工程领导小组，投入近 20 亿的资金，19 年的时间，预计 2020 年全部完工。因为这是自 1911 年以来故宫的首次整体大修，故称"百年大修"。

这次"百年大修",简单地说,就如前院长单霁翔所讲的,是要"把壮美的故宫完整地交给下一个 600 年","到了 2020 年故宫 600 岁华诞的时候,百年大修将全部完工,那时候,人们将能重新领略历史上康乾盛世之时故宫的面貌"。

大修工程一开始没多久,就有一个重大的发现。在御花园内的钦安殿顶部,工人意外地发现藏文经卷,并且在随后的一个多星期内,又陆陆续续地发现了 3000 多卷佛教经典,全部是由藏文撰写的。

钦安殿是故宫最重要的道教宫殿,里面供奉的是真武大帝,据说是故宫的守护神,但是在供奉道教神灵的宫殿里,怎么会藏有藏传佛教的经卷呢?这些经卷的发现,引发故宫很多专家的兴趣和猜测,他们有人推测说,早在元朝的时候,藏传佛教就开始进入宫廷,明清两代更为盛行。这些经卷有可能是清朝皇帝放进去的,以此祈求自己更有智慧和力量,祈求他的王朝风调雨顺、国泰民安。这在一方面也体现出明清两代儒、释、道的相互融合。

一年以后,钦安殿修缮即将完工,除了少数经卷被留下来作进一步研究外,绝大多数经卷都被放回原处,"尊重历史""恢复原状"正是这次故宫大修所遵循的原则。

修缮古建不得当对古建将是一种破坏,但是即使不能完全"恢复原状""修旧如旧",这次的大修也有不得不为之的急迫性。故宫修缮须靠大量的传统材料和工艺,有传统工艺的老师傅再不利用机会传承,往后就无人会修故宫了。

故宫修缮需要大量使用到的一种传统工艺叫"地仗"。工人们把发酵的猪血、白面、桐油、砖灰等看起来毫不相干的几样东西和在一起,涂抹在木材的表面。据说涂抹"地仗"可以起到保护和防腐的作用。这是一种非常古老的传统工艺,都是通过工匠们一代代的口口相传而流传至今。而且调配"地仗"的各种材料的构成比例,是被严格保守的一个秘密。

据说，"至少从清朝开始，这种工艺就在修缮紫禁城的工程中使用。地仗灰的外面还有苎麻，可以使'地仗'不开裂。像大门这样面积较大的地方，最多要铺六层地仗、两层苎麻，行话叫'两麻六灰'。"

在故宫大修中，还有一道极为独特的工艺就是贴金箔。故宫使用的金箔是来自有几百年生产历史的南京金箔厂，将厚厚的金块变成金箔，需要锤打至少两万次。打好的金箔只有 0.15 微米厚，相当于头发直径的 1/500，薄如蝉翼、柔似绸缎、轻若鸿毛。贴金箔须要先涂上一层金胶，再把金箔粘贴在金胶之上，至少有十年以上经验的师傅才能贴得又好又快，用金又省。故宫专门为这次大修订制了 1000 万张金箔，修缮好的故宫势必更加金碧辉煌。

太和殿一直被人们称作"金銮殿"，的确也是紫禁城中用金子装饰最多的宫殿。但是铺设太和殿地面的砖虽然叫金砖，却完全与金子无关。这种由特殊工艺制成的金砖从明朝开始就一直是紫禁城的专用品，故宫里的重要宫殿中都铺设有这样的砖。这种独一无二的金砖出产在苏州郊外一个叫陆墓的小镇，几百年来，代代相传，延续至今。制作金砖需要选土、炼泥、澄浆、制坯、阴干、入窑六道工序。选好的泥土需要露天置放整整一年，以去土性，制好的砖坯也要阴干七个月以上，入窑后要用十万斤稻壳烧烤两个月，从泥土到金砖，要长达两年的时间。

金砖之所以叫金砖，一种说法是因它质地极为坚硬，敲击时会发出金属的声音；另一种说法则是因在明朝的时候，一块金砖价值一两黄金，所以被叫成金砖。

这次大修准备的金砖主要是用来铺设协和门外，重要大殿地面的金砖虽历经数百年，仍保存完好。我们现在看到的太和殿金砖，是清朝康熙年间铺设的，直到今天，它们依然光亮如新。

很容易理解，太和殿的修缮一开始就成了举世瞩目的重要工程。故宫特别和意大利文物保护机构携手就其石质文物、殿内宝座屏风、内檐彩画及殿内墙面等采用最先进科技手段进行护理，意大利专家还亲自动手向墙壁里注射树脂，以防止墙皮脱落，这是为了让太和殿墙壁完好的时间能够延长，他们也曾经在修复非常珍贵的达·芬奇（Leonardo di ser Piero da Vinci）壁画时使用过同样的技术。

这个故宫维修中最大的工程同时有很多人关心注意着，想时时了解进度，在条件许可的情况下，故宫也尽量满足这个愿望。接近太和殿的脚手架上虽然只能安装大型太和殿的外观图，围绕着殿身的工程围挡上设置了展板，用来说明太和殿的历史、结构和这次维修的设计和技术要点。不过，在太和殿两侧的中左门、中右门内特别设置了大屏幕，让大家可以观看太和殿大修工程的实时监控视频，因为博物馆修葺的一般情况，外界是完全看不到工程正在进行的状态。

2002年10月的一天，沉寂已久的武英殿建筑群突然开始人声嘈杂。这座曾经是纪晓岚修订《四库全书》的宫殿，因为梁架变形，只能被冷落在故宫的一角被当作库房来使用，这次它成了大修试点工程的对象之一。施工过程都按传统的工程作法，原有构件进行修理后按原状安置回位；当大木构件严重糟腐不能承受任何重量时，便进行更换；正殿则采取了拼接、内部加钢梁的办法，替换了完全腐朽的大梁。琉璃瓦的修复也采用费工费时的"老瓦施新釉"的办法，烧新釉的窑口也特地选择了"龙泉务窑"，一个从辽代开始就为皇家烧制瓷器、琉璃瓦的著名窑厂。

按计划，武英殿在修缮后将作为书画馆（后改为陶瓷馆）展厅，在修复过程中就不得不引进一些如消防报警器、防盗器、照明设备等必要的现代化设施，修复专家在不破坏古建本身的前提下，也尽量不让这些设置影响原有的古建氛围。

而装修后的午门展厅，则完全是一个大反其道的实例，它刻意突显出现代装置，那保护古建地砖的灰色地面，高大通体的金属展柜和钢结构框架架出的玻璃天花，用设计出来的流光照在这些保护装置上，营造出高雅不凡的现代质感，又以低度光线洒在内层的垂檐天花，带出古建彩饰的雍容华贵，这种别出心裁的新古结合，获得了 2005 年的"文化历史遗产保护创新奖"及"全国十大科技成就奖"，被认为有效解决了古建保护和利用之间的矛盾，而且成为故宫目前硬件设施最好、展示条件最佳的展厅。

建福宫花园南面的中正殿建筑群的修建是百年大修中的对外合作项目之一，这是在建福宫花园复建合作成功的基础上，香港中国文物保护基金会同意继续捐款修复。建福宫花园和中正殿佛教建筑群在民国初年溥仪准备清点清宫库藏的节骨眼上，被一把无情火烧得荡然无存，在近百年的岁月中，始终是故宫的一片废墟。重建的第一步是数十名故宫专家遍览清宫档案，搜集整理出 40 多万字的相关资料，技术人员再据此精确地绘制出建筑图纸。而且从不放弃追求恢复原状的信念，只要是有所依据。建福宫花园西墙的敬胜斋在清廷画师所留的《画太簇始和》中屋顶是硬脊式的，在复建设计几乎定案之际，工作团队偶然得知法国巴黎的陆军博物馆中有一张八国联军入侵北京的老照片上有敬胜斋，经过放大老照片求证，发现原来不是硬脊式，而是和乾隆花园中的倦勤斋一样是卷棚顶。工程在经过多方努力最终完成后，和老照片比对，除了一新一旧之外，其余都一样，这才是真正的尊重历史——恢复原状。

从来没有向游客开放过的乾隆花园北端的倦勤斋，是乾隆为自己退休准备的宫殿之一，内部装修豪华程度惊人，也是百年大修内部装饰修复的重要试点项目。

倦勤斋内的丹顶鹤壁画和屋顶藤萝装饰画运用了西洋透视法，产生了一般国画不具有的景深立体效果，所以档案记载这些画是出自意大利人郎世宁（Giuseppe Castiglione）之手，起先引起众人无限遐想，但认真探究就能发现郎世宁在倦勤斋完成前六年就已经过世，咸信画作至少大部分是由其中国学生王幼学完成的，但是那栩栩如生的须要高深西画技巧才能完成的丹顶鹤，专家推测应该是郎世宁生前留下的"备份"。

20世纪90年代，画家聂崇正以英文介绍了这些画作，在世界范围内引起了巨大反响。多家国际基金，其中不乏英国王子查尔斯（Prince Charles）等名流为成员的基金都表示愿意捐款用以修复倦勤斋，不过都被谨慎地谢绝。直到美国前总统老布什（George H.W. Bush）及夫人访问北京时专程到倦勤斋看画，据说老布什夫人当场拿出一张支票希望捐款，最后协商结果，由老布什夫人参与其中，总部设在纽约的"世界建筑文物保护基金会"出资数百万美元修复倦勤斋。

屋顶藤萝通景画的修复是倦勤斋室内修复工程最重要的一项，专家们必须先小心地揭取下来，再到裱画室进行修复。在裱画室里，专家们采用了一个新发明，将和好的面团粘掉画表面的尘土，这样既可以除尘又不会损伤画上的颜料。通景画虽然是贴在屋顶上，但是有极高的文物价值和独特性，所以修复的过程一点也不能马虎，和对待其他国宝书画一样，整个修复过程需要大大小小近百道的工序。

直接托裱在书画画背面的纸，一般叫"命纸"，因为命纸质地好坏直接关系画面保存时间的长短，通景画能在经过200多年后画面基本保持较好，完全是因为使用了一种高丽命纸，但是相同的纸，现在已经很难找到。美国专家建议用韩国生产的传统纸张，但是在有200多年的乾隆通景画背面托裱上外国生产的纸，故宫的专家们难以接受，他们坚持使用中国自己生产的纸张。经过一年的寻访，终于在安徽潜山的一个小山村，找到十分接近要求而且完全手工生产的传统纸张。再经过多次反复实验改良工序，前后历时三年多的时间，终于仿制出基本令人满意的高丽纸。

接着，七名专家经过一年多的共同努力，通景画的修复工作才告完成，但它暂时不会被贴裱到倦勤斋的屋顶上。这幅通景画还要等到倦勤斋其他修复工作完成时，作为最后一道工序，重新回到倦勤斋。

养心殿内景

2018 年 9 月 3 日院长单霁翔和前院长郑欣淼联袂登上养心殿屋顶，取出存放在正脊里的宝匣。这个殿的宝匣是故宫中第一个被发现的彩绘宝匣。宝匣上的彩绘是祥龙图样，侧面还写着"嘉庆六年"的字样，这种"镇宅"用的宝匣，过去见到的多是素面的铜、锡、木制的匣，虽然匣内装着的总是大同小异类似五丝、五药、五谷、五石等与阴阳五行相关的物品，和经卷等有关祈福的物件，但是彩绘的宝匣是第一次见到，可以想见此宫殿在故宫的特殊地位。

养心殿从清雍正皇帝开始就已经取代了内廷乾清宫的地位，成为皇帝寝宫和日常理政的中心，曾经有八位皇帝在此居住执政。这里有雍正夜以继日批阅奏折的西暖阁，有乾隆珍藏心爱书帖的"三希堂"，还有慈禧太后垂帘听政的东暖阁。在热播清宫剧它中作为帝王寝宫，也成为频频亮相的"网红"宫殿。因为历史和现代交互作用因而更加提高其知名度的结果，养心殿的重新开放，变得格外让人期待。

养心殿从 2015 年 12 月闭门谢客后，却一直没有动工修缮，大门紧锁了两年八个月。原来养心殿修护被定为故宫古建维修保护有史以来的第一个"研究性保护项目"。两年多来，研究人员开展了 33 项课题研究，进行了文物记录及撤陈、文物残损病害修复、古建筑勘察测绘、匠人培训选拔等实际又结合探索性的工作。

院长们由正脊取出宝匣这个很有仪式感的文物保护举动，就是标志着修缮工程将正式进入实施的阶段。

养心殿重新开放后，将忠实还原历史场景，开放范围将从过去的 30% 扩大到 80% 以上。观众可以进入原状陈列的室内，观赏里面的建筑细节、文物陈设及家具摆设，感受一下皇帝起居工作的历史氛围。养心殿共有室内陈设 1890 件，其中包括 194 件书画、304 件纺织类文物、600 多件金属类文物和 23 件钟表类文物等，殿外还有 18 件金属类文物、2 件石质类文物、古树 15 棵等，几乎囊括了故宫所有文物的类别。

养心殿建筑主体是取明代官式建筑风格，内部装修则带有满族炕上文化色彩，更难得的是引进西方绘画形式，开创清廷独有的"通景画"艺术形式，都将呈现在观众眼前。御膳房也将以原状陈列方式和养心殿形成一个皇家起居文化的小天地，让人遥想清朝当年的生活，又忆起清宫剧中的点点滴滴。

为了 2020 年故宫 600 岁大庆，故宫精心策划的东西向轴线原状陈列展，是以乾清宫为中心，向东有毓庆宫、奉先宫、宁寿宫，向西有养心殿、慈宁宫、泰寿宫。但毫无悬念的，在这一东西向原状陈列轴线中，养心殿势必成为热门景点，将再次成为游客皇家故地采风必到之处。

故宫等到了自己的 600 岁，总算又看到自己在康乾时代的盛景，幸哉！

文化遗产属世界

可能因为故宫的条件太优越，当初申遗时，基本上是无须审议直接通过，反而是申遗成功之后，故宫才开始作为世界遗产保护漫长的磨合期。

1972年，故宫恢复开放后的第二年，人们开始听说一个新名词"世界遗产"，但只限于对人类文明和自然界的遗产有意特别保护的圈子里，并不包括中国。中国第一次听说"世界遗产"是在1984年，有一位名叫侯仁之的北大教授在海外教学时被问道："中国有无数珍贵的文化遗址和风景胜地，为什么不加入《保护世界文化和自然遗产公约》，让世界更好地了解中国呢？"

侯教授一回国就推动中国政府加入这个公约，而且争取尽早成为联合国教科文组织内的世界遗产委员会的成员。成为公约的缔约国，它的文化和自然遗产就有资格被考虑，而世界遗产委员会就是作决定的机构。

1985年，中国正式加入这个公约，随即开始申报世界遗产，一下子申报的六项世界遗产——故宫博物院、周口店北京人遗址、泰山、长城、秦皇陵（含兵马俑坑）、敦煌莫高窟——都获得成功。故宫名列其中第一位，以故宫的条件，绝对当之无愧。

"世界遗产"是指人类共同继承的文化或自然遗产，它包括亿万年的地球史上，人类发展过程中遗留下来的不可再生的深具历史、艺术和科学价值的人造工程、人与自然的联合工程、考古遗迹或自然景观等。

一位外国专家参观故宫后，曾意味深长地说："我们现在有的，你们将来都会有；而你们现在有的，我们永远不会有。"看看中国今日的发展，还不得不佩服他的真知灼见。

故宫即使和世界各国著名的皇宫相比，也不遑多让。若从历史的久远、范围的大小着眼，更能突显其领先的地位。

法国巴黎的卢浮宫（Musee du Louvre），自1541年改建成皇宫，历经路易十四、拿破仑等皇帝，二百多年间经历四次改建，一度成为欧洲政治文化中心，建筑面积不及故宫的1/4。

巴黎近郊的凡尔赛宫（Chateau de Versailles），作为法兰西宫廷长达107年（1682—1789）的时间，建筑面积占11万平方米，是故宫建筑面积的2/3。

英国的白金汉宫（Buckingham Palace），1826年乔治四世将原来的建筑改建成真正的宫殿，1837年维多利亚女皇移居这里后基本一直维持原状，建筑面积相当于紫禁城的1/10。

莫斯科的克里姆林宫其实是一组建筑群，号称欧洲最大的宫城，初建时期早，相当于当时莫斯科的1/4，但和故宫相比，面积尚不及一半。

日本东京的皇宫，在明治六年（1873年）已付之一炬，重建的皇宫在二战期间同样被焚毁，今日的皇宫已非昔日的皇宫，它位于东京的中心地带，仍是日本天皇及其家庭成员居住的宫殿，全部面积（包括御苑部分），有 21.7 万平方米，尚不及故宫的 1/3。

北京故宫即使不算 12 世纪金、元两代遗留下来的琼华岛御苑部分，仅就现存的自明永乐十八年（1420 年）建成的紫禁城计算，占地有 72 余万平方米，其中建筑面积约 17 万平方米。紫禁城虽然在明、清两代曾持续不断地营建、重建、改建、扩建，但基本规模还是维持明永乐时期所确定的紫禁城，其中仍有许多五个多世纪前的古建。所以，可以说，北京故宫在世界著名皇宫中，是历史最悠久、建筑面积最大、保存最完整的一座封建王朝的皇宫。

北京故宫博物院依托明清皇宫建筑、皇室旧藏文物及超越世界其他皇宫的种种客观条件，并且是充分实现"原状陈列""原址保护"基本原则的博物院和文化遗址，成为世界上极少数同时具备艺术博物馆、建筑博物馆、历史博物馆、宫廷文化博物馆等多元特色的博物馆。所以在世界文化遗产的各种不同的衡量标准面前，故宫博物院出类拔萃地满足了每一项要求。

可能因为故宫的条件太优越，当初申遗时，基本上是无须审议直接通过，对于世界文化遗产应该如何保护却并不清楚，反而是申遗成功之后，故宫才开始作为世界遗产保护漫长的磨合期。

被认可为世界遗产即是人类共同的遗产，所在地自然有保护其安全延续的责任，从某种意义来看，世界遗产已经属于全世界，不再是一个地方所独有的，它的安危将是大家所关心的。世界遗产委员会和有关专家一再地强调，故宫作为世界遗产应该要有"缓冲区"，以保持世界遗产的完整性和安全性。

故宫习于旧态，其实一开始并没有太多的危机意识和保护世界遗产的急迫感，可能更多的是因为事权不一，即使上心，也使不上力。

离故宫不远的北京饭店 18 层有座观景台，那里可以俯瞰市中心全景。

以前中外游客到观景台登高望远，饭店导览总是把客人往西南角带，让大家看高楼林立的长安街、游人如织的天安门广场和金碧辉煌的故宫，而西北角则往往被有意地忽略掉。

西北角就看得到一片低矮的房子，在方圆六公顷的面积里挤着3000多户人家，居民户均建筑面积26.84平方米，平均两平方米多一点的地方就有一个人，十分拥挤。这是距故宫红墙仅一街之遥的"南池子"，是真正的"皇城根儿"，原来在明清时期属皇城禁地，只有皇亲贵族才有资格住在这里。1917年张勋复辟失败后，一把大火将原有的深院阁楼烧成了废墟，一些当时生活在社会底层的平民在废墟上用破旧砖头垒起了自己的家，最后形成了以大杂院为主的民居风貌。1976年唐山大地震后，这里私搭乱建的情况变得更加严重，原本狭小的院落也被违章建筑塞满，到了2001年，不少院子都只剩下一条过道。

这里民居生活条件也较恶劣，有近千户居民只能共用5座公共厕所，危旧房已占到91.96%，狭窄的胡同连消防车都过不来，拥挤不堪的住房让许多人家搭起了上下铺，落后的市政条件使水、电、气、热等基本生活设施都显得捉襟见肘。大杂院里的生活有着自己的小天地，窘迫难堪的生活处境随着一代代人的成长和老去并没有改变多少，还是挤在小板凳上写作业，还是排着长长的队伍等厕所，娶亲新房还是就在山墙边再搭一间……

这就在故宫身旁的脏乱，随时可能一发不可收拾的火灾隐患，正好是大家关心的世遗"缓冲区"的规划和执行的问题。缓冲区的划定目标是最大限度地保持故宫周围的历史风貌，北京市曾经作了划定大、中、小三个范围的缓冲区方案，对外公布后，网上八成投票者赞成以最大范围规划缓冲区。面积最大的方案最南端为正阳门，最北至北二环，最东达皇城根遗址公园，最西处则达西皇城根；故宫占地面积86公顷，建设控制区占地面积597公顷，缓冲区占地面积780公顷，共计1463公顷。

这意味着缓冲区以内（这1463公顷）兴建的新建筑和构筑物，都必须符合建设控制要求，建筑高度、体量、色调、风格都不得破坏故宫的环境风貌。缓冲区以内的胡同、四合院将得到严格保护，主要街巷原则上不再继续加宽。所以，皇城、什刹海、国子监、南锣鼓巷、北锣鼓巷就成了不能轻易更动的历史文化保护区。

2003 年以后，北京饭店的导游开始乐于把客人往西北角带了。这边景色已经有了明显的改变，除了远望可以看见原来郁郁葱葱的景山和微波粼粼的北海，近看则有建成不久花木扶疏的皇城根遗址公园和清流见底的菖蒲河公园。导游还会特意指着楼下一片古色古香的四合院告诉客人说："那就是北京刚刚修缮完工的第一片历史文化保护区——南池子。"

世遗组织对故宫"世遗"特殊身份的监管，并没有在故宫执行缓冲区的规划后就松手了。2008 年的 7 月，又要求故宫启动世界遗产监测方案的研究工作。2011 年，监测中心成立，2014 年 5 月，故宫发布的监测报告是国内的首份报告。

世遗监测报告所监测的对象不只涵盖 17 万平方米的文物建筑、180 万多件院藏文物，室外陈设文物 815 件、古树名木 448 棵，还有对故宫周围环境的质量包括观众动态、环境质量、安全防范、动植物等的监测。往细的说，安全防范必须做到雷击即时报警、精密记录分析故宫的雷击规律等等；动植物监测必须有效掌握到白蚁虫害监测和防治，譬如现在就有 1600 套白蚁监测设备正实时监看着太和殿、毓庆宫、慈宁宫花园等十多个地方，它们只注意着同样一个东西——白蚁。

可以肯定的是，许多的防护工作都在幕后默默进行着，大多数人永远无法察觉。随着科技的进步和大数据时代的来临，监测和分析会变得更容易更普遍，但世遗组织走在世界的前沿，为了保护世界人类的共同遗产，总是会设置更高更难的标准。可喜的是，中国政府总能从善如流，不辞辛劳做到最好，至今，中国世遗申报成功总数已达 55 项，位居世界第一，虽然总有先前的准备工作和成功之后的大量防护监测工作，仍无法阻挡中国申遗的热情和诚意。

　　北京市正在准备的皇城申遗和中轴线申遗，同时都包括有故宫在其中为重点保护文物。说不定不久将来的有一天，当你穿梭在故宫熙熙攘攘的人潮中，突然不小心掉了手机，引起了一阵骚动，将同时有三个世遗监测中心，分别开始分析监测到的录像，研究骚动起因、再发生的频率和你的"终极"危险性。

科技古法求永恒

专业人员仍旧本着锲而不舍、精益求精的精神，继续追求站在文物保护科技的最前沿，但有时候最有效的文物保护方式还是最古老的方法。

为了下一个600年，守好故宫，传统古法、创新科技，都无法缺席。

就像金砖无法用现代最新的烧砖方法烧出那历久弥新、铿锵坚硬的质地，地仗也无法被油漆取代，因为现代油漆刷不出那说不清的厚重和层层衬底的持久不衰。但是现代新科技可以精确地分析地砖、内檐彩画、汉白玉栏板、琉璃瓦受北京工业化后大气污染腐蚀的程度，促使科技人员采取有效的保护方案，延长建筑文物的寿命。

故宫基本上是木、石、砖、瓦所构筑而成的，这些构件不但保存着大量的历史信息，依照文物保护尽量保存原件的原则，也不适宜大面积的更换，所以不断研发更科学的保护方法，成了故宫一支80多人的专业队伍的日常工作，除了对故宫古建及建材保护的研究，他们的工作还涵盖院藏各类材质文物的保护和修复的研究。

早些时候到故宫游览，无法不注意到几乎每个宫殿的屋顶都长着杂草，厉害一点的，还长出一棵一棵的小树来，对屋顶上琉璃瓦的侵蚀破坏，可想而知，这些侵蚀造成大部分的釉面严重剥落，既影响观瞻，又危及琉璃瓦和建筑本体的安全。故宫就针对这个问题，成立一个专项攻关小组，联合多家科研机构和生产厂家，朝着原件挂釉复烧的方向，共同研究寻找解决方案。用来解决这一问题的方法正式的名称是"剥釉琉璃文物原件挂釉复烧"和"高分子材料涂层"，满满的现代科学味。

地砖古法烧制过程中有一个"钻生"的传统技艺，是钻油让地砖颜色加深，同时又可以使砖的强度加强。故宫团队也联手相关院校研究机构，对"钻生"的工艺及使用材料进行不同尝试的改性试验，最后也达到提高地砖的耐候性能。

有时候最有效的保护就是用最直接最古老的方法。

故宫内的古树也是有年纪的活文物，故宫大部分地方并不容易看见树，尤其三大殿周围，若有树，广场空旷气势顿减，破坏了威严氛围，而且五行中皇帝属土，木克土，殿旁不应有"木"。所以故宫里的古树名木大多集中在御花园。

末代皇帝溥仪和皇后婉容曾在御花园的一对连理柏树前合影，就是白居易《长恨歌》中"在天愿作比翼鸟，在地愿作连理枝"所向的"连理枝"，其实是人为培育的两株柏树，经过漫长岁月，慢慢上部连接在一起，下部分开，形成"人"字形的名树活文物，同样的连理枝在御花园还有四株。如果没有妥善保护，成了众人照相的热门背景，它们很快的很容易的就会老树凋零。所以，故宫里的树都以最古老的方法——结实的围隔——保护起来，也证明是有效的。

御花园里的连理柏

有时候，古老的方法却只是迷信，是完全没有效果的。

1984年6月2日承乾宫被雷击中，被击中的刚好是古法的避雷设施——正脊中的宝匣。故宫的宫殿比较讲究的都会在正脊安置一个宝匣，宝匣里面大多特意放一些和阴阳五行有关的吉祥物，这次装着5条绸制布条，字条上印着"九天应无雷声普化天尊玉枢宝经"，金、银、铜、铁、锡五种同样大小的小元宝，还有24个直径27毫米的带孔金大钱，每个约重5钱，上有"天下太平"的字样，这个宝匣薄铁制成的，长30厘米，宽25厘米、厚3厘米，不大，这雷击却不偏不倚地正打在这个盒子上，因为全金属，引雷电，正好招来它祈求"九天应无雷声"避雷保平安完全相反的结果。

虽然故宫每次修缮宫殿后都将宝匣归位，但已经不是为了避雷的迷信，而是为了尊重历史、恢复原状，从1955年开始故宫成为国内率先使用避雷针的第一个文物单位后，不断的优化更新避雷设置。1985年开始，还装了雷击计数器，以统计了解雷击接闪的情况。统计结果显示，光从1993年至1994年一年的时间里，就显示太和殿接闪一次，景阳宫东针接闪一次，钟粹宫西针接闪一次。不但证明现代避雷有效，也证明雷击频繁，守护故宫，避雷工作时刻不能松懈。

故宫建成600年来，有记载的火灾就近100起。过去的防火设施，最醒目的莫过于有着岁月痕迹的大水缸，故宫角落几乎随处可见，看到时，不少人都能兴奋地重复导游曾说过的，这些水缸冬天为防水结冻，始终在缸底用柴火加温防冻不停歇，他们可能不知道的是，水缸有分铁缸、铜缸和鎏金铜缸不同级别，而且最大的直径160厘米，高120厘米，重3392公斤，可容水2000升，比一辆水罐消防车的贮水量还要大。

比较不醒目的是以墙的形式达到隔火、灭火目的的隔火墙，后三宫分别在凤彩门、龙光门以南、端则门、基化门以南的1.6米处，就有隔火墙，由于构思巧妙，几乎看不出这些墙的梁、柱、枋、斗拱、椽飞和望板都是用石料雕刻而成，没有一点木材，从外观看和周围建筑没有两样。根据专家鉴定，这些隔火墙都是故宫的原始建筑。

过去曾是重要消防设施的金水河、古井、水缸，现在多半只是故宫景观的一部分，取而代之，已经是一套布网在全院隐秘处而且自成系统的临时高压消防供水管网，网路直通河道的储水池、加压泵房，解决了供水量及供水压力不足的问题。一旦发生火灾，既可以用市政管网供水，必要时也可以用河道充足水源供水。而过去故宫失火大隐患的煤火取暖问题，早在 1977 年引进热力工程系统后就获得根本性的解决。

故宫进行消防工程挖方时，在慈宁宫区地下发现明代仁寿宫的基础，这些基础的底下，先有密集排列的钉了两米多高的柏木桩，桩上再纵横铺排着四五层同样的木桩，仿佛一个木材垛。曾经有传说，明成祖营造紫禁城时，为了防止敌人挖地道潜入皇宫，便以横七层竖八层的形式，把大块城砖埋填进地基之中，再浇灌石灰把它们粘合成一个整体。在景运门外安装热力管道施工时，施工人员确实碰到了一层一层码放的砖。

建筑地基关系建筑结构耐震、安全系数，故宫整个地基和故宫地质、水系分布息息相关，为了研究清楚故宫地基是否如传说中的"一块整玉"，故宫动员了现代科技团队和技术，解码故宫的底细。

探勘结果发现，故宫基本是在一个人工地基垫层上，但深浅不一，深的有如太和殿达 8 米多，浅的有如内务府地基只有 0.7 米，和一般民房相差无几，每组建筑的基础各有不同，但绝非如传言中厚厚的一整大块。不过，这并没有让故宫防震顾虑有所减轻放松。

唐山大地震后，故宫马上进行对文物、文物陈列、文物库房有关抗震对策的种种实验，实验结果也运用到具体的文物保护工作中。曾经针对地上库房防盗、防尘、防震的不足想以地下库房作为一劳永逸的解决方案，但是有专家认为在故宫建地下库房会改变地基的结构，动摇地上建筑的基础。最后决定于 1986 年先期建设一座 5000 平方米的地下库房作为试点，在挖掘过程中只在表土层发现唐代墓碑，附近的热力工程发现地下一排疑似河道围堤的大木桩，试运行安全成功，才有了 1997 年二期 17000 平方米的地下库房，加入保护文物的行列。

地下库房用的虽是当时最先进的科技，有恒温、恒湿及一流的防盗消防设备，为了不将有机文物的虫霉隐患也带进地库，还发明了大型环氧乙烷熏蒸消毒设备、大型低温低冻杀虫设备、古代丝织品文物霉斑清除法、多功能洗画机、负压书画保存筒等有针对性的科技结晶，一般人看了这些名称，恐怕已经觉得所有的文物保养问题都完全解决了，不过，专业人员仍旧本着锲而不舍、精益求精的精神，继续追求文物保护科技的最前沿。

文物地库目前储存 90 余万件文物，接近院藏文物的半数。地库完成当时最先进的科技条件，到今日又有改进升级的空间。比如不能针对不同质地藏品的温湿度要求有所调节，还有更急迫须要解决的是，"二期地库采用水冷式空调，上方储备了 50 吨水作为冷却水源，目前冷却管、蒸发器已锈蚀，一旦开裂，文物将遭灭顶之灾"。

有时候最有效的文物保护方式还是最古老的方法。

九龙壁库房从 20 世纪 50 年代开始就成为故宫博物院瓷器主要贮存地之一，保存有清康熙到宣统各朝瓷器近 30 万件，在院藏文物中占极大分量，长久以来，这些瓷器都是放在库内近 5 米的高架上，这些高架有的四层、有的五层，所有文物都是裸露码放在这些高低不一的架子上，摆放位置最高离地 4 米多，遇上火灾、地震等突发性事故，根本无法大量抢救，必定造成不可估量而且无法挽救的损失。除此之外，库房无法密封防尘，防漏条件也不甚理想，同时，若有老鼠等小动物走动，都可能带来不应有的文物损伤。

鉴于此，故宫从 1995 年开始组织人手力量花费了近六年的时间，一件一件的细心整理、包装保护，最终装运文物 4412 箱，合计 281451 件（套），拍摄资料负片底片 9534 张，以从根本杜绝隐患。

比较有意思的是，当故宫闭馆之后，除掌管3800把钥匙的钥匙房不关门外，工作人员会巡视所有区域，再一层一层地关上宫门，除保安人员外，任何人都不能在红墙内逗留。但当夜幕低垂，故宫内悄无一人时，却是另一群"神秘"员工开始执勤的时候，它们踮着脚尖，无声无息地，管的是其他员工、设备和科技总管不好的古老问题——鼠患。

故宫全院32个部处，有20多个部处收留流浪猫，不少员工的抽屉里放着猫粮、猫药，有些猫到了冬天也有进暖气房取暖的特权，东华门几个岗亭，一般会备上一个不锈钢碗，冬天碗里的水结冰，值班人员还会定时加温水在碗里，猫儿们就会像自家人一样放心地喝水起来。

据说有些流浪猫是过去皇帝妃子宠爱的宫猫的后代，有些可能是宫外跑进来的猫，不过，现在都安享着现代故宫所能给的"尊贵"。接近200只的"宫猫"队伍，曾被单霁翔前院长盛赞为一群捕鼠的大内高手，其中有一只还特别幸运地被他命名为"平安"。

故宫追求的平安不只是概率，而是百分百的平安，所以总是在扫除安保死角。

故宫目前员工车辆750辆左右，并且有不断增长的趋势，每天临时进故宫办事停放的流动车辆约150车次，若以每天停放1000辆车，每辆车平均携带30升汽油来估算，合计有3万升汽油，如此巨大数量的易燃易爆物放置在宫里，其实是十分危险的。2013年，单院长就捡了约1000个烟头。自2013年8月15日，故宫不能携带打火机进入后，平均每天没收1万多个打火机，4个月就没收了100多万个打火机。

今日故宫的保安可说得上已经是密不透风。在观众行走路线上安装了47组二维激光扫描设备，通过数据平台可以实时反映9个区域的观众实时人数、各通道通过人数。在故宫全部范围内安装各种探测器5600余个，各类摄像机1300余台。有趣的是，在电话号码表上，曾经正经八百地印着一个保安的单位名称——狗窝，后来觉得不雅才改成"犬舍"。

在西华门附近有一栋青瓦红墙和故宫建筑风格一致的建筑，是古建部十几年前专门设计的，一有生人走近，犬吠声就此起彼落的串连起来，那里就是30多条"犬侍卫"的家，电话表上的"犬舍"。第一位"犬侍卫"是一条叫虎子的杂交德国牧羊犬，那是20世纪80年代保卫处职工带进故宫的，就被抓义工充当了5年编外的"犬侍卫"。当1992年故宫警犬队正式成立，编制里则是个个受过专门训练的"大内高手"。

他们的日常责任是参与各宫殿的封殿检查。有一次，故宫外墙大修，总有心怀不轨的人半夜试图爬上来，后来是"犬侍卫"驻守在城墙上才平安无事。还有一次，动用一个连的兵力都找不到的一个人，最后还是靠这些大内高手，才在隆宗门附近的一个土堆里找到。激愤的人员，扫荡每个角落的摄像头，在那些紧要关头，都显得苍白无力。

"侍卫犬"做着4万年来同样的工作，就像其他少不了的古老配方，和人、设备和不断进步的科技，共同守护着故宫，只求一个平安、永恒的故宫。

故宫学方兴未艾

故宫学已经开始进入人们的视野,和人们的关系,其实比想象中还近。

前副院长李文儒曾经这样描述故宫的发展:"15 至 19 世纪的紫禁城——20 世纪的故宫博物院——21 世纪的故宫学。"故宫学的发展方兴未艾,故宫学已经开始进入人们的视野,和人们的关系,其实比想象中还近。

故宫学不再是一般博物馆所关注的特定文物的研究,它可以宽到关联着今日中国人重视的某些礼仪文化的源头,也可以窄到解密人们身旁中式建筑的风水格局,而且这一切的研究都是从故宫开始,也可以从一个故宫有关的假想命题开始。

传说有一次乾隆皇帝和纪晓岚在宫里散步,走到了玉带河边。乾隆心血来潮,想要给这个以聪明过人出名的臣子出点难题,就对纪晓岚说:"爱卿,昨日一妃子给我生了个孩子,朕命你以此为题写首诗。"纪晓岚也没问孩子的性别,张口便说:"吾皇昨日降金龙。"乾隆摇头说:"是个女孩子。"纪晓

玖 六百岁风华绝代 | 331

玉带河

岚偷偷吐了一下舌头接着说："化作嫦娥下九重。"乾隆双手一摊："生下来就死啦。"纪晓岚哎哟一声后说："料得人间留不住。"皇上才说："扔在玉带河里了。"纪晓岚赶紧又说："翻身落入九龙宫。"

当然一个轻松诙谐的宫廷小故事，其中也能有大学问。

这件事真发生过吗？清宫档案专家从档案资料可能可以确认：一、乾隆妃子产女的记录中，第二天曾有见纪晓岚的记录？二、见到后，有无散步玉带河的事实？三、有无散步中对话中诗句的记录？

若无档案资料，乾隆曾经留下4万余首的诗，平均起来几乎一天至少写下一首，有些像今日的微信朋友圈、微博朋友圈晒新闻，如此有趣之事，绝对是晒新闻的好材料，诗稿中定会有蛛丝马迹。故宫保存部门的专家可以缩小范围找寻答案。

从诗词本身来看，是否符合纪晓岚诗风、当时的诗风及仄韵要求等有关诗词的探讨，又是诗词学者研究的领域。

乾隆和纪晓岚一起散步，这在君臣分际极严的封建时代，是否可能？聊天内容如此随意，在史官亦步亦趋记载皇帝生活点滴的情况下，是否可能？这又是宫廷文化专家、宫廷历史学家可以进一步探讨的。

至于玉带河里能否丢小格格的尸体，又牵涉宫廷丧葬文化和礼俗规范，譬如清代有无水葬或是婴尸随水漂的习俗，小格格几岁需要厚葬等宫廷丧葬礼制要求等。而玉带河本身的深入研究也可以是一个大课题，如玉带河的外围主流筒子河就曾开放让老百姓种荷花，但是有须付租金的商业规矩等，那玉带河的功能和来源是什么？

玉带河在明永乐开凿之时就充满了古代风水和现实用途等种种考虑。玉带河只是护城河在紫禁城内的那一段，自西北引入紫禁城后由东南出，这其中蕴含一系列的风水理论，五行西方属金，所以又称内金水河，西北为八卦之乾位，位天门，为阳，而东南则为八卦之巽位，位地户，为阴，内金水河暗含阴阳相交。而内金水河源自积水潭，积水潭之水又源自天寿山瓮山泊诸水，所以内金水河乃与天寿山地脉相连，天寿山不是普通的山，它可是明成祖朱棣钦定的龙脉，内金水河便成为风水讲究龙脉的延伸。内金水河在紫禁城底下四通八达的涵洞和出水的井口，同时又承载着皇宫内生活用水、消防、调节湿度温度等实际功能。

明永乐年间开凿紫禁城的护城河，即俗称筒子河，当时只围绕紫禁城东、北、西三面，独缺紫禁城南面。直到乾隆二十五年（1760年），乾隆才下令将筒子河河水从午门东阙门外下面的暗沟引入西阙门，再由午门前面石板道下的暗沟引向东流，经东阙门石板道下面的暗沟流入太庙的暗沟，这条"七十丈九尺九寸"的暗沟从此被定为午门暗筒子河，也形成今天筒子河的全部。不过，这些历程和发现都是故宫建筑、考古、历史学者积年累月的研究成果。

往前推，还可以追溯还原明成祖初建紫禁城时，将元代皇城墙南移金水河改道的种种历史真相，甚至更远到辽、金北京故都布局及玉带河的前身太液池的故事。元史、辽金史的专家就能以历史回顾的角度来看今日的筒子河、玉带河。

往近看，新中国成立以后，在1950年曾经对筒子河进行过一次整治，快50年过去了，直到河体年久失修，沿岸设施多处衰败，周边私建乱搭，环境恶化，河水污秽，触目惊心。1998年，故宫方面终于下定决心全面整顿，违建户全部迁走，改绿化带，河、岸全面整修，河底清出淤泥厚度达50厘米，治理完毕的筒子河城墙夜景一下子成了首都十大新夜景之首。2014年再次清河底淤泥，共清出7600立方米，厚度约15厘米。清出了白色iPad、柯达相机、男士皮夹、身份证等物品，直到今日，并没有捞出婴儿的骨骸。若想真正认真找出答案，可能还得有筒子河专家，研究一下清淤泥历史和有关记录。

故宫真的是处处有学问，处处可以研究。但是从一定高度，向未来、向远处看，能够将故宫的研究明确地囊括在一个学术范畴，让研究学者有所依凭继续深入扩大的探索，应归功于 2002 年新任文化部副部长兼故宫博物院院长的郑欣淼，他在 2003 年 10 月首次提出"故宫学"[1]的概念时，不但轻轻地揭开了故宫学的帷幕，也渐渐地形成一股力量，在学术界成为深具号召力的一面鲜明旗帜。

其实，故宫博物院自 1925 年创立后一直都有知名学者参与工作，其中不少北大教授及学生在初期还伴随着故宫历险患难，对故宫的业务和研究贡献良多。近几十年来，随着博物院工作业务的全面深入展开，学术研究更趋活跃，其中有中国博物馆学会、中国紫禁城学会、中国古陶瓷学会、中国文物保护技术学会、清代宫廷史学会、中国玉文化学会，或依托故宫，或以故宫专家为主，广泛地开展学术活动，这让故宫博物院新一代的学术群体也在迅速生成，在一定层面来说，故宫是在各文物领域养成精英研究员的良好土壤。

不可讳言的，故宫研究一直在藏品有关方面比较突出，这在博物馆界的学术圈中也是普遍现象，但故宫内涵涉及不只古建、文物，还有非物质层面的宫廷文化遗存、明清档案、清宫典籍甚至成为博物馆这一段经历，有必要更有纵深地展开和深入，不只是就某一个特定文物领域钻研，而是连接文化层面、历史背景、时空结点、时代解读等成"整体性的、体系性的、系统性"的探索，这在故宫学提出之前，是无法想象的。

这会是一个从自发到自觉慢慢形成共识的过程，也是一个努力的目标，由故宫学提供了必须的条件，朝着实现有切实可行的学术规划，行之有效的科研项目制度，及时发布和传播研究成果的学术平台，开放而富有创见的人才培养方向及创造一个严谨活跃的学术氛围的大方向迈进。

很明显的，故宫学已经让故宫内部发生了新的变化。过去认为是"资料"的 10 万多件文物被重新鉴别定级，对这些因历史原因不够重视的宫廷遗存有了新的认识。古代宫殿建筑工艺技术以物质形式存于建筑物中，但这些口传心授世代相传的工艺绝活儿，也是须要保护的文化遗产，所以百年大修的修缮过程都被全程追踪录像保存起来。2007 年，故宫还将中国官式建筑传统工艺和书画装裱工艺申报列入国家非物质文化遗产。故宫成为中华文化传承的载体也已成为院内默契，让院内 14% 非原院藏文物成为真正意义的院藏文物，对继续当代艺术文化的收藏及研究也开始有责无旁贷的使命感。

以保护文化遗产和弘扬传统文化为宗旨的《故宫学刊》于 2004 年创刊，原有的《故宫博物院院刊》和《紫禁城》也成功改版，和紫禁城出版社（2011 年改称故宫出版社）出版的书籍在故宫文化艺术成果的发布、积累、传播、交流方面发挥着重要作用。院古书画研究中心、古陶瓷研究中心、古建筑研究中心、明清宫廷史研究中心等陆续成立。

2013 年，故宫成立故宫研究院，提出故宫学的前院长郑欣淼受聘为院长，下设研究室、故宫学研究所、考古研究所、古文献研究所、明清档案研究所和《故宫博物院院刊》编辑部等，研究院采用项目管理的方式，为院内外、国内外相关领域的专家学者搭建开放的平台，可以就某一具体问题开展有针对性的研究。

故宫学提出后所形成的对内对外的凝聚力和影响力，是有目共睹的。故宫的一切，古建筑、文物藏品、历史遗存以及在此发生过的人和事，是一个不可分割的文化整体，这一认识是故宫学得以产生的重要依据，不但有利于进一步挖掘故宫的历史文化内涵，也使流散在院外、海外、国外的清宫旧藏文物、档案文献有了一个学术的归宿。

郑欣淼院长认为："基于此，两岸故宫在学术研究上的交流就是不可避免的，人为的阻隔只能是暂时的，事实上这种交流也是在不断地发展。"

实际情况是，故宫学在台湾已经走进了高校，台湾"清华大学"从 2009 年秋季起，开设了《故宫概论》课程，80 个选修名额，电脑报名者达

2000 余人，听课的人挤满教室内外。在内地，反应更明显，中国社会科学院研究院在文物及博物馆专业硕士教学中即开办故宫学课程，浙江大学则专门设立了"故宫学"研究中心。

可以想见，故宫学的发展，已势不可挡。

两岸共筑故宫梦

> 只是不知道哪一天，台北故宫博物院的专家才能够按图索骥，把故宫珍宝放回它原来的位置，而不是在你我的梦里。大家心里都明白，那将是最美好的一天。

两岸的故宫博物院同根同源，在经历许多共同过去，皇朝的尊享荣贵、"民国"的颠沛流离后，又分别在两岸，以各自的优势在世界文博界中绽放异彩。

北京故宫博物院、台北故宫博物院与法国卢浮宫、英国大英博物馆、美国大都会博物馆并驾齐名。北京故宫博物院更以其为世界现存规模最大最完整的古代木结构宫殿建筑群，名列世界五大宫殿之一。近年英国伦敦《艺术报》(*The Art Newspaper*) 评比世界最受欢迎的十大博物馆，台北故宫博物院名列第七，同时也是亚洲地区唯一上榜的博物馆。

很少有博物馆能称其收藏绝大多数都是有根有据的皇家收藏。更重要的是，因为是皇家所藏，是承续过去历代皇家珍藏，已经不只是当代最高、最经典的艺术结晶，也是承载着中华数千年文化的载体，最能完整地代表中华民族发展的文明历程。所以，故宫在中国人心目中是"国宝"的地位，是无法取代的。

在封建王朝时代，"朕即天下"。在"家天下"的观念里，整个天下都是帝王的，皇宫里的所有物品，都是帝王的财产，谁也动不得。乾隆皇帝曾经规定，宫中的一切物件，哪怕是一寸草都不准丢失。养心殿有一个景泰蓝小罐里盛着36根一寸长的干草根，他拿了几根放在几案上，叫人每天检查，少一根都不行，这叫"寸草为标"。溥仪曾回忆说："这堆小干草棍儿曾引起我对那位祖先的无限崇敬，也曾引起我对辛亥革命的无限愤慨。"

溥仪自然憎恨辛亥革命和主其事的"中华民国国父"孙中山所提倡的"民有、民享、民治"，因为辛亥革命，他从拥有天下到几乎一无所有。刚开始有一阵子还有些混乱时，他在后三宫的小朝廷为解决经济拮据问题还曾公开拍卖和抵押院藏文物，甚至偷运文物出宫。民国政府成立古物陈列所展览的文物，是从沈阳故宫和热河行宫运来的20万件皇家藏品中挑出的，在溥仪洋人老师庄士敦的书里，这20万件文物成为被"借"来而且尚待民国政府购买的皇家藏品。

国人眼见溥仪盗卖偷运珍宝出宫，国宝一天一天在流失，群情愤慨，报纸舆论呼吁抢救文物，认为这些珍宝古物是"全国五千年之文物"，"并非一代一人所得私有"。其实早在群起抨击溥仪之前，故宫已不再是清帝一人所有，也不是政府所有，故宫作为中华文化遗产已是全民所有，甚至是属于全人类共有的文化财富。

当故宫被认定为世界文化遗产时，是同时包括故宫里的文物藏品的，故宫藏品也是世界文化遗产的重要组成部分，和故宫建筑是不可分割的。虽然这丰厚的文物遗产目前被分在北京故宫博物院和台北故宫博物院，但同是中华民族文化遗产的事实及由衷生出共同文化根源的认同感，是无法被抹杀的，两岸故宫博物院因此都承担着不让所藏文物"少一寸草"的守护责任，同时也肩负着为延续中华文明而努力的历史使命。

这个历史使命的圆满达成，其实在很多地方需要两岸故宫博物院通力合作。曾经有一位资深的台北故宫博物院专家感叹地说，他毕生最大的心愿，就是有一天能够在北京故宫的每一个宫殿里，用着当初迁台保留的文物字号，一一找出这些文物的原来位置，恢复原状，还原历史。

当初清室善后委员会清点文物的原始清单在台湾，不在大陆，那份本身也是快百年历史的文物清单，清清楚楚地记载着所列文物所在宫殿及相关套组的编序。它们好像每个文物的身份证，告诉你它的出处和排序，忠实地告诉你逊帝溥仪被赶出宫那一天，他所能看到宫里摆设的每一景、每一物。

这套编号系统是既古老又科学的，用的每一个国字都代表不同的宫殿，而国字使用则是按《千字文》中一个字一个字地排序。之所以采用《千字文》，因为它是一千个不曾重复的汉字所组成的韵文，早在距今八九百年前，南宋绍兴御府中的书画收藏就已采用《千字文》编号，明末著名大收藏家项元汴也用此编号。元赵孟𫖯《鹊华秋色图》画幅的右下角有墨书"其"字，乃《千字文》第702字，全句是"勉其祗植"，这"其"字就是项元汴珍藏品的《千字文》编号。清宫内廷管理文物时，也常以《千字文》为代码。

北京故宫博物院承继的故宫文物也有清室善后委员会编的《千字文》号码，但后因采用新编号系统，就不予重视，若非特别保留，或者不常提出展览，它们的《千字文》号签得以依旧粘贴在原件上，经常展出的文物往往不易查得其《千字文》号码，年轻一辈的典藏人员则多不明了《千字文》号码的意义，更无从加以重视。

无论在历史追踪或文物研究上，两岸故宫一定还有许多可以互补共赢的机会。

北京故宫博物院的 186 万多件藏品和台北故宫博物院的 69 万多件藏品相比，有数量上的绝对优势，特定收藏品类在质上虽各有千秋，有些独一无二的国宝文物，北京故宫有，台北故宫博物院便不可能再拥有。所以，两岸故宫博物院"雍正大展"和《龙藏经》的合作、两岸《富春山居图》两残卷的山水合璧才会显得那么珍贵，那么令人难以释怀。

2019 年 8 月 24 日嘉德艺术中心举办了一场别开生面的展览，展品全是北京故宫借给展方的 132 件宫廷艺品摆设的物座，那时物座又称"抬举"，虽是配件，但都按各艺品量身订制，精工巧作，件件美轮美奂，本身就是文物，但是都不见物座真正的主人——原来都在台湾。可以坦白地说，它们的"落单"就是文物迁台这数十年来不完美缺憾的忠实见证。

不过两岸故宫博物院也好比兄弟爬山各自努力，也都风生云起地打出属于自己的一片天。

台北故宫博物院一直以它较大数量集中展出的精美中华文物享誉世界，甚至外界往往认为真正好的故宫收藏都在台北。这个印象可能在不久的将来会有所改观，2018 年北京故宫正式启动北院区项目，预计 2022 年 6 月整体开放，展品数量有望超过北京故宫本院。

北院建设主要解决大量大型珍贵文物（如家具、地毯、巨幅绘画、卤簿仪仗等）因场地局限无法及时、大规模地科学保护和有效展示的问题，同时让传承传统文物修复的技艺等非物质文化遗产有机会向公众展示。

故宫本院内展示的文物大部分在古建筑内展出，受空间、格局、设备等条件限制，展出文物约 3 万件，仅占故宫 186 万多件藏品的 2%，无法让观众体会故宫珍贵文物的整体面貌。同时，受到文物建筑特性的多方限制，众多文物得不到及时的保养及修复。

北院院区建成后，将有效扩大故宫文物展示数量，同时运用先进技术提高展示水平，展览的质量会有明显的提升。院区内还将形成故宫文物修复和安全保护的平台和中心，为故宫提供更安全的文物调度储藏空间及更完善的学术研究设施。

北院院区项目位于北京海淀区西北旺镇，向北有长城、十三陵，向南有圆明园、颐和园，未来有望形成一条重要的文化旅游路线。项目占地总面积62.01公顷，总建筑面积102000平方米（其中包括文物展厅35000平方米、文物修护用房20000平方米、文物库房23000平方米、数字故宫文化传播用房9500平方米、观众服务用房2500平方米、综合配套设施用房12000平方米等）。

曾经花了5年时间探讨两岸故宫博物院的日本记者野岛刚说过："北京故宫太大了，不像是博物馆。我希望有一天，北京故宫的建筑和文物能分开。"看样子，他希望的那一天会在2022年北院院区对外开放的那一天来到。

北京故宫还计划在香港开一个分店，多一个帮手宣扬中华传统文化，正式名称是香港故宫文化博物馆，也是预计2022年建成。建筑设计人是著名设计师严迅奇，香港很多地标建筑如香港政府总部、湾仔会议展览中心旧翼等都出自他之手，他的设计理念是将中国传统的视觉与空间美学以现代手法重新诠释，博物馆建成后外形就像一座"鼎"，上宽下窄，不过整体风格是现代化的。3万平方米的建筑面积里，展示空间就有7600平方米，其他还有许多游客文化互动体验设施等。很快，北京故宫将以更大范围、更开放、更有吸引力的方式，把昔日的皇家宝藏一一展现在世人的面前。

台北故宫博物院在找帮手方面稍微早了一步。2015年12月28日台北故宫博物院南部院区开馆试运行。这个故宫南院筹建计划从萌芽到实现历时超过十五年的时间，其间因为台湾权力更迭，经过多番波折，前后共经历五位院长，最终由冯明珠院长在其任内完成此颇为艰巨的任务。不过，南院在台湾嘉义璀璨登场之后，从此，台湾文化氛围南北严重不平衡的态势也能得到改善。

要想体会南院设计，若没有亲临其境无法感受到设计者的巧思，主建筑体未开大型窗户并大量采用铸铝、钢构、混凝土等建材形成"实量体"的质感，呈现中国书法浓墨的厚重效果，故取名为"墨韵楼"；一旁以灰蓝色玻璃帷幕为主基调的弧形建筑，形成透明清亮飞白的"虚量体"，则取名与同名书法形韵相似的"飞白馆"；间以渲染笔意点缀的方式带出中庭景致、装置灯及充分流线感的至美桥。

浓墨、飞白、渲染这三种流动量体象征中华、印度、波斯三股文明彼此交流，相互融合，却又各自独立，交织成源远流长多元的亚洲文明，也带出南院以亚洲文明为主轴的展览路线。五个常设展为亚洲佛教艺术、亚洲织品、亚洲茶文化、认识亚洲（新媒体艺术）及嘉义发展史，其他五个展厅则为不定期更换的专题特展。展览基本构思连接中国以东亚文明为大亚洲文化重要部分的思路。

数十年来台北故宫博物院因业务及客流增加的需要曾有过数次扩建，对台北故宫主体建筑进行全面翻修及展厅升级的工程，也讨论规划多时，目前当局已通过预算案，只等排定暂时闭馆及合适的施工时期，届时，嘉义南院将暂时独揽展览大任，台北展品预计将转移南院展出，南院成了台北故宫不可缺的代理帮手。

尽管两岸故宫博物院都增添新帮手，不过，大家心里都明白，北京故宫博物院和台北故宫博物院原是同一个故宫，藏品品类极为相似，互补性最强，尤其又经过数十年的积淀和发展，真正才是彼此最合适、最有力的帮手。只是不知道哪一天，台北故宫博物院的专家才能够按图索骥，把故宫珍宝放回它原来的位置，而不是在你我的梦里。

大家心里都明白，那将是最美好的一天。

注 释

壹 北京紫禁终建成

[1] 奉天承运,意指皇帝受命于天,继承新生的气运。它是中国封建帝王诏书的开头套语,也是君权神授理论的具体文字表现,虽源于秦朝,但真正正式使用在帝王诏书上,却是从明朝开始。春秋战国流行用"天命"的说法为统治其臣民的根据,秦朝与其以前的朝代不同,以"五德运行"为其"奉天"的根据,《史记》有载"周得火德,有赤乌之符。今秦变周,水德之时。昔秦文公出猎,获黑龙,此其水德之瑞"。依五行之理,水胜火,所以,秦取代周,秦崇尚黑色,皇袍玄色,其来有自。秦的"奉天"乃"水德""当运"使然,后来封建社会的皇帝兼用天命和承运这两种虚构理论,自称"奉天承运皇帝",也因此,秦朝成了"奉天承运"一语的理论源头。现代许多人将其误读成"奉天承运,皇帝诏曰",其实,正确读法应该是"奉天承运皇帝,诏曰"。这是由于书写"皇帝"须换行顶头以示尊敬,才造

成如此易犯的错误。

[2] 唐朝四个时期的诗中都有提到"紫禁"（即皇宫），各举一例如下：初唐骆宾王的"紫禁终难叫，朱门不易排"，中唐韩翃的"先朝亲与会龙华，紫禁鸣钟白日斜"，盛唐王维的"芙蓉阙下会千官，紫禁宋樱出上兰"，以及晚唐白居易的"朝从紫禁归，暮出青山去"。

[3] 明朝洪武元年（1368年），朱元璋称帝，以应天府（今江苏南京）为南京，汴梁（今河南开封）为北京，并于次年在临濠府（今安徽凤阳）兴建中都。汴梁虽定为北京，只为维持重视北方边防的名义，在成为陪都的十年期间，未曾兴建宫殿，而人力物力全集中于中都凤阳城池及宫殿的建设，南京宫殿的扩建工作也因此被搁置，直到洪武八年（1375年），朱元璋放弃营建中都的计划后，才集中力量完成了南京城的建设。

[4] 中国古建筑的特色是木结构，所以营建紫禁城的首要工作即采木。永乐帝自下令建筑北京宫殿后，即派遣政府各部官员，以"钦差大臣"身份监督采运木材，分赴盛产木材的四川、湖广、江西、浙江、山西、福建各省，从备料的阵容来看，可谓全国性的动员。营建宫殿所需的石料有汉白玉、青石、花岗岩、花斑石，其中最主要品种为汉白玉石，产地为北京房山县的大石窝和涿州的马鞍山。由于采集量大，明朝时在这里驻有工部及御史衙门官员，专门监督采运。明永乐年间营建皇宫和整个国都的建设同时进行，皇宫用砖和各王府、皇陵、城墙以至修建长城所用的砖，来自河北、山东、江苏、安徽、江西、湖南各省，主要省份为山东、河北和江苏。尤其皇宫铺地所用方砖系从苏州烧制，称为苏州砖，又称"金砖"，砖质细致耐磨，不易断裂，这种经过桐油浸泡加工制成的砖，经久耐用，有的至今还油光黑亮，一经擦拭就整洁如新。而皇宫所需琉璃即从昔日北京近郊的海王村迤西

（今琉璃厂街附近）及黑窑厂（今陶然亭路和黑窑厂街一带）烧制，它们生产的琉璃砖瓦只限用于皇宫及皇家敕建的庙宇，所以都是官窑。

  肇建紫禁城究竟动用了多少人力财力，实在难以估算，在高度集权的统治之下，对农民劳动力的剥削无异额外之赋，同时官吏上下交相贪污，自然无法统计准确的花费；而农民、工匠、军役又时常轮替，所以不易得出确切累计人数。翰林侍讲邹缉曾上书永乐奏曰："陛下肇建北京……耗费国储工作之夫动以百万"，这里说的"动以百万"是包括整个北京城和皇宫的工程所用的人力。明初全国人口大约一亿，以当时全国尚可用壮男劳力约有200万，此百万人大约占整个可用壮男劳力的一半，说是举国之力并不夸张。

  [5] 十三陵是明代十三位皇帝的陵寝，坐落于北京市昌平区天寿山麓，总面积120余平方千米，其地处东、西、北三面环山的小盆地之中，群山环抱，中部为平原，陵前有小河蜿蜒。明十三陵的修建自长陵开始，到明朝最后一位皇帝崇祯葬入思陵为止，其间230多年，先后修建了13座皇帝陵墓、7座妃子墓、1座太监墓。总共埋葬了13位皇帝、23位皇后、2位太子、30余名妃嫔及2个太监。

  [6]《清明上河图》为北宋张择端仅见的存世精品，作品以长卷形式，采用散点透视构图法，生动记录了北宋汴京（今河南开封）的城市面貌和当时社会各阶层人民的生活状况，属北宋风俗画。中国传世名画之一，属国宝级文物，具有极高知名度，现收藏于故宫博物院，每次展出都吸引众多慕名前来的观众，2005年为庆祝故宫博物院80岁生日，曾经展出，之后十年，只曾在香港特区和日本展出过，但都未全部展开，2015年9月8日至11月8日在故宫武英殿展出，长528厘米的《清明上河图》全卷铺开陈列，吸引了空前人潮前来观看，竟有耐心排队苦等十多小时才得一窥全貌的忠实观众。2020年适逢故宫600岁生日，此画也排定展出，再造高潮。

[7] 北京的中轴线是世界城市史上极为难得的一条建筑艺术轴线，但是中国测绘科学研究院的退休老人夔中羽先生在 2005 年的《地球信息科学学报》提出其研究发现：北京南北中轴线居然不是正南正北。中国的很多城市都有中轴线，而且往往是和子午线相一致的。他是以中午"立竿见影"的试验方式，测算出北京中轴线偏离正南正北的子午经线约 2 度十几分。造成"偏离"误判的主要原因是：他把"北京时间"与"紫禁城中轴线上的时间"混淆了。北京时间是现今采用的东经 120 度的时间，而非紫禁城实际上东经 116.39 度的时间，所以用北京中午时间来定竿影自然产生偏差，将此因素考虑进去之后，故宫中轴线便不存在偏离的问题。相传 20 世纪 50 年代因为施工的关系，曾从地安门地下挖出一只石鼠，从正阳门地下挖出一只石马，天干地支鼠为子、马为午，传说若属实，可能就是元建大都设定"子午中轴线"的遗迹。

[8] "洿其宫而潴焉"原出自《礼记·檀弓》，引申有推翻前朝不适位之君，不但杀之，还要将其宫殿捣毁污玷掩埋，以告示天下，引起共鸣，与天下共弃之的含义。这是中国古代王朝兴亡易代的恶劣传统，即新兴的王朝要破坏被打败王朝的都城宫殿，销其王气，绝其复辟之望。自项羽焚毁秦朝咸阳宫殿（传说也包括渭河南岸的阿房宫，但考古证明其时尚未完工）起，史不绝书，有赤眉军烧西汉长安宫殿，董卓烧东汉洛阳宫殿，朱温烧唐长安宫殿等。但也有不毁宫殿的，如唐太祖李渊开国后沿用隋朝的大兴宫（改名太极宫），宋太祖赵匡胤也保留了后周的宫殿。

[9] 洪武五年（1372 年）曾在北平做官的宋讷在他的《西隐文稿》中有提到元故宫的诗："郁葱佳气散无踪，宫外行人认九重。"这首诗描述在宫外还能辨认九重，可见元大内那时并未成为废墟。另有在洪武三年到十三年在北平当按察使的刘崧，他曾有描述元宫的诗句"宫楼粉暗女垣欹，紫苑尘

飞辇路移"。这个景象是描述宫殿上的彩画山径黑暗了，宫城上的女儿墙也歪斜了，由这个景象也可推测出当时元宫还未被拆毁。

[10] 1964年中科院考古所曾进行过地下挖掘研究，从文华殿和武英殿取出的土方可以证明，在文华、武英两殿的东西平行线上，原来应该是元皇宫南围的金水河；由从景山和地安门桥等地所得的地下资料证明，元大内的中轴线就是明紫禁城的中轴线。1962年考古所在东直门角楼下挖掘出元代城墙河渠石桥，又在拆除西直门城楼时，发现埋藏着元西城墙的和义门残基．这些地下资料证明，元大都的东西城墙和明、清两代的东西城墙都在同一条直线上，更加能证明中轴线一直没有移动过。

[11] 传说中黄帝的龙脉在中原黄河流域，大禹的龙脉在今四川汶川县的九龙山，商汤的龙脉在黄河流域，周朝的龙脉在岐山，秦朝的龙脉在咸阳，汉朝的龙脉在沛县，晋朝的龙脉在河内，隋朝的龙脉在弘农，唐朝的龙脉在长安、陇西、太原，宋朝的龙脉在开封、巩义、洛阳一带，元朝的龙脉在内蒙古草原，明朝的龙脉在安徽凤阳，清朝的龙脉在长白山。总而言之，各朝的龙脉明显地都在各自的龙兴之地。

[12] 明朝风水邪说盛行，明思宗朱由检也迷信风水厌胜邪说，差人盗挖明末农民起义军首领李自成的祖坟。据说挖开时确有异象，内有蝼蚁数石，火光闪烁，劈开棺木，发现尸骨青黑长满黄毛，脑骨处有一有角赤蛇盘踞，一跃一丈多高，为民间所谓"地龙"，乃子孙当官发财之吉兆。得知明朝皇帝污毁其祖坟，李自成咬牙切齿、大发雷霆，当起义军打到安徽凤阳时，他也不客气地将明祖坟给烧了，把朱元璋父亲的陵寝给挖了；攻下京城逼死朱由检后，李自成还打算动十三陵，传说因出现异象，他担心报应而作罢，实际可能是遭明军反击，而且清军入关在即，才不得不停手。李自成最

终还是亡了明，挖祖坟之迷信不攻自破。

[13] 传说紫禁城在明代就开凿了七十二口井，这些井的井水大多清凉甘甜，很适合饮用，尤其以文华殿宫区传心殿的"大庖井"最有名，因为水质最好，可以与玉泉山的水质媲美，故有"玉泉山第一，大庖井第二"的说法。现在在紫禁城仍可看见为个别水井量身定做的井亭，兼为美观及保护水源清洁之功能。直到今天，故宫水井仍能天旱不降，水涝不升，实不得不佩服古人之智慧。

[14] 五行是一种系统观，广泛使用于中医、堪舆、命理、相术及占卜等方面。中国古代哲学家用五行理论来说明世界万物的形成及其相互关系。五行即木、火、土、金、水，古人视其为自然万物起源的基本物质，木为生化的基础，木生火、火生土、土生金、金生水、水生木，是谓"比（邻）相生"，金胜木，中隔水；水胜火，中隔木；木胜土，中隔火；火胜金，中隔土；土胜水，中隔金，是谓"间（隔）相胜"。五行相生相胜，终而复始，循环不已，而有春（木）、夏（火）、秋（金）、冬（水）及四时（土兼四时），而有东（木）、南（火）、西（金）、北（水）及四方（中配土），由此孕育万物众生。用五行原理观察色彩则有五色，青（木）、赤（火）、黄（土）、白（金）、黑（水）。遂得五行之性，木主生，火主大，土主化，金主收，水主藏。

贰　明朝从此当皇宫

[1] 天坛是明清两代皇帝每年祭天和祈求五谷丰收的地方。祭天作为人类祈求神灵赐福禳灾的一种活动，曾经是中国古代先民生活中的重要组成

部分。中国从传说中的"三皇五帝"时代到清代，一直举行祭天典礼，可称得上源远流长。天坛始建于明永乐年间（1403—1420），以严谨的建筑布局、奇特的建筑构造及瑰丽的建筑装饰著称于世，是按照中国传统礼制建立的国家祭坛。自明永乐十九年起，共有22位皇帝亲御天坛，向皇天顶礼膜拜祭祀。辛亥革命以后，中华民国政府宣布废除祭天祀典，并于1918年改天坛为公园。

［2］ 午门是紫禁城正门，是皇帝颁发诏书的地方。除此之外，还有许多其他用途，但是并不包括民间流传"推出午门斩首"的用途，明清皇宫门前法度极为森严，犯人斩首绝非此地，而是必须押往专门的刑场处决的。

［3］ 科举是中国古代通过考试选拔官吏的制度，士子应举可以自己报名参加，不需要由公卿大臣或州郡长官特别推荐，这改善了之前的用人制度，彻底打破血缘世袭关系和世族的垄断。从隋朝大业元年（605年）开始实行，到清朝光绪三十一年（1905年）举行最后一科进士考试为止，经历了1300年。明代科举考试形成了完备的制度，将科举考试分为三级：乡试、会试、殿试。乡试第一名叫解元，会试第一名叫会元，加上殿试一甲第一名的状元，合称三元。连中三元，是科举场中的佳话，被称为"三元及第"，而历史上获此殊荣的只有15人，清代只有两人：钱启和陈继昌。

叁 白山黑水新主人

［1］ 烫样就是立体模型，是中国古建筑特有的产物，是为了给皇上御览而制作的，是用硬纸板、秫秸和木头等粘贴制作而成。模型制成之后，需要用小烙铁将细节烫平，所以叫烫样。"样式雷"一家自清康熙年间到清末，

几代人在样式房长班，留传下来的"样式雷"烫样，内容上，包括圆明园、万春园、颐和园、北海、中南海、大内（故宫）、景山、天坛、东陵等；形式上，包括单座建筑烫样和组群建筑烫样两种。

[2] 南书房是清代皇帝文学侍从值班之所。设于康熙十六年（1677年），光绪二十四年（1898年）撤销。南书房位于乾清宫西南，本是康熙读书处，命侍讲学士张英、内阁学士衔高士奇入值，此为选翰林文人入值南书房之始。清代士人视之为清要之地，能入则引以为荣。由于南书房"非崇班贵檩、上所亲信者不得入"，所以它完全是由皇帝严密控制的一个核心机要机构，随时承旨出诏行令。南书房地位提高，是康熙皇帝削弱议政王大臣会议权力，同时将外朝内阁的某些职能移归内廷，实施高度集权的重要步骤。

[3]《富春山居图》是元代画家黄公望于1350年创作的纸本水墨画，以浙江富春江为背景，约80%内容为桐庐境内富春江景色，20%为富阳景色。《富春山居图》被誉为"画中之兰亭"，中国传世名画之一，属国宝级文物，具有极高知名度。此画原为黄公望为其师弟郑樗（无用师）所绘，几经易手，并因"焚画殉葬"事件而身首两段。前半段《剩山图》现收藏于浙江省博物馆，《无用师卷》现收藏于台北故宫博物院。

[4] 鸡缸杯是明成化斗彩杯之一，"斗彩"是明清彩瓷中的名品，尤其在成化时期有着标杆性的辉煌成果，其制瓷的工艺是将釉上五彩和釉下青花相结合，形成釉上、釉下彩绘互相争奇斗艳的艺术效果。鸡缸杯于成化即身价惊人，清康熙、乾隆、嘉庆、道光各朝均有仿制品，今日四件仍为私人收藏之鸡缸杯也往往成为国际拍卖会的弄潮儿，1999年4月在香港苏富比举办的拍卖会中，一件品相完好的鸡缸杯，拍出了2917万元港币的天价，成为当时中国古代瓷器在拍卖市场成交的最高纪录；2014年香港苏富比的拍

卖会再次拍出历史最高价,一件鸡缸杯拍出2.8124亿港元,由上海藏家刘益谦拍得。

［5］"垂帘听政"指太后临朝管理国家政事。皇帝继位时如果年纪幼小,可以由小皇帝的母亲辅政,但是根据宫廷的规矩,朝中官员不得直视和接触皇太后,所以辅政的皇太后一般坐在皇帝理政厅堂侧面的房间里,在房间和厅堂之间挂一帘子,听官员们与皇帝谈论政务。于是,这种由皇帝母亲辅政的制度,就被人们形象地称为"垂帘听政"。

太后临朝的制度始于汉朝,但"垂帘听政"的制度却到唐朝武则天时期才真正开始,此前的太后临朝并不垂帘。影响较大的太后临朝有汉代吕太后和邓太后、唐代武则天、清代慈禧太后等。

［6］"褪衣廷杖"这种刑罚自古有之,主要用来在朝廷上杖打朝臣。在施刑之前要在众目睽睽之下,剥去受刑者的衣服,再施以杖刑,是一种非常羞辱人的刑罚。到了清朝后宫,往往是犯了事的宫女、太监才会受到"褪衣廷杖"。慈禧开了先河,让珍妃遭受这种极其羞辱人的刑罚。

肆　溥仪经营小朝廷

［1］紫禁城曾经是历史博物馆、古文物陈列所、故宫博物院的家。历史博物馆是我国筹备最早的博物馆,1912年6月,时任教育总长的蔡元培提出筹建国立历史博物馆,7月9日,筹备处在国子监成立,胡玉缙为筹备处主任,但逢乱世一波三折,筹备工作屡次中断,1918年因国子监地处偏僻交通不便,将筹备处转至紫禁城午门,至1926年馆藏已有数万件,决定开馆展出,终于在1926年10月10日于午门开馆展览,1954年5月间毛泽

东主席两次亲临午门参观的展览，其实即为历史博物馆举办的，直到1958年天安门广场东侧建成新馆后才迁出紫禁城。古文物陈列所则为民国政府将热河（承德）避暑山庄及奉天（沈阳）故宫遗留约20多万件文物收归国有，运京保存及展出，由时任内政总长的朱启钤主持于1914年10月在紫禁城前朝部分开馆展览。在古物陈列所开馆后的11年，即1925年10月10日，故宫博物院于紫禁城内廷设立，1948年3月古物陈列所正式并入故宫博物院。

伍　皇宫变成博物院

[1]　1926年3月12日，在冯玉祥的国民军与奉系军阀作战期间，日军军舰掩护奉系军舰驶进天津大沽口，炮击国民军，守军死伤十余名。国民军坚决反击，将日军驱逐出大沽口。日军竟联合英美等八国于3月16日向段祺瑞执政府发出最后通牒，提出撤除大沽口国防设施的无理要求。3月18日，李大钊带领5000多人在天安门集会抗议，要求拒绝八国通牒。段祺瑞执政府竟下令开枪（有一说法是，段祺瑞当天并不在执政府里，开枪的命令也不是他下的），当场打死47人，打伤200多人，李大钊、陈乔年均在斗争中负伤，制造了震惊中外的"三·一八"惨案。

[2]　1925.9.29—1926.3.17：依《故宫博物院临时理事会章程》，成立故宫博物院理事会，李石曾担任理事长，先暂不设院长，由理事长主持院务。

1926.3.18—3.25：段祺瑞借"三·一八"惨案通缉李石曾、易培基，故宫群龙无首。

1926.3.26—7.13：第一次改组，故宫博物院董事联席会议、故宫博物院理事会推举庄蕴宽为维持员，接替李石曾主持院务。

1926.7.14—9.30：第二次改组，故宫进入保管委员会时期，内阁议决成立故宫保管委员会，赵尔巽、孙宝琦为正副委员长。

1926.10.1—10.12: 无人负责。

1926.10.13—1927.9.19: 第三次改组，进入故宫维持会时期，维持会推江翰、王宠惠为副会长。

1927.9.20—1928.6.17: 第四次改组，进入故宫管理委员会时期，国务院议决成立故宫管理委员会，王士珍为委员长，王式通、袁金凯为副委员长。

陆　故宫迎来新纪元

［1］象牙席是广东地方官进献清朝宫廷的贡品，制作时间在清雍正、乾隆年间，具体制作方法早已失传。据说，这种制品只能在南方制作，因北方气候较干燥，象牙在劈削成片时容易断裂，更不可能编织成席。除此之外，当时可能配制出一种特殊药水，用来浸泡象牙，使其软化，然后再劈成薄细条编织。总之象牙席工艺相当复杂，造价非常昂贵，所以一直以俭朴自居的雍正皇帝曾下旨不要再制作。故宫收藏之象牙席长216厘米、宽139厘米，由许多宽不足0.3厘米的象牙薄片织成，织纹呈"人"字形，席的四周又以染成黑色的象牙片织出三道花边，是精湛的古代工艺品，也代表华贵帝后生活的极致用品。这件珍品性如竹席，但更加光洁平滑，柔韧性极强，至今依然可以展卷自如。20世纪60年代山东省博物馆又从民间征集到1件象牙席，唯席边角略有损坏，按鉴定结果与故宫那件风格完全一致，估计为宫中流散之物。也是60年代时，库房清理原清宫物品时在一堆台湾竹席中意外发现一件长210厘米、宽132厘米的象牙席，保存状态完好。传世珍品象牙席仅存上述3件，2件收藏于北京故宫博物院。

［2］《石渠宝笈》是清代乾隆、嘉庆年间的大型书画著录书，共有三

编，由乾隆皇帝命令大臣编纂，初编成书于乾隆十年（1745年），共44卷；二编成书于乾隆五十八年（1793年），共40册；三编成书于嘉庆二十一年（1816年），共28函。书中收录的均为当时清宫宫廷所藏之书画作品，其中收录藏品计有数万件之多，分为书画卷、轴、册九类；每类又分为上下两等，真而精的为上等，记述详细；不佳或存有问题的为次等，记述甚简；再据其收藏之处如三希堂、乾清宫、重华宫等，各自成编。一套现存北京故宫图书馆，一套现存台北故宫博物院。

石渠宝笈书画收录分类也不尽完美，既有中国书画史上璀璨夺目的瑰宝，也有大量历代伪作和仿作，还有分类失实的例子。如在许多人心目中号称台北故宫博物院镇馆之宝的《溪山行旅图》在石渠宝笈只被归为次等作品，当然这幅画真正被重视也是因为被工友无意中发现范宽的署名，经时任副院长的李霖灿研究，被证实为北宋范宽真迹而声名大噪，人们相信其为当今唯一无争议之范宽画作。

［3］《秘殿珠林》为佛道书画著录书，著录清内府有关佛教、道教之书画藏品，共24卷，清张照等编，清乾隆九年（1744年）内府朱格抄本。卷首有凡例、总目，各卷前有细目。分历代名人画（附印本绣锦缂丝之类）、臣工书画、石刻木刻经典、语录科仪及供奉经像等类。各类用阮孝绪《七录》之例，先佛后道，再循以往鉴赏之通例，先书后画，依次著录册、卷、轴等。所著录书画亦分上、次二等。以往《宣和画谱》等书亦收录释道内容，但专以释道书画别立一书者，此为首例。

柒 风雨飘摇故宫挺

［1］唐山大地震发生时，故宫东华门内南值房西山墙震塌、午门东城

墙堞墙走错、贞度门西次间隔断墙向南倒塌、英华门东南望柱外闪、东北角楼迤南城墙震坏、皇极右门后檐塌落、承乾宫后殿西大吻开裂、交泰殿东南内檐金柱受震后错位、畅音阁檐头垂脊倒塌下落、重华宫后檐西垂脊塌落、宁寿宫东次间檐内天花板断裂、宁寿宫大殿玻璃震碎、建福宫东次间雀替脱落等。大体而言，没有严重至整个宫室震毁，只有局部震伤的情况发生。

捌　继往开来新格局

[1]　其实，两岸故宫第一次的"官方"交流可往前推至 2005 年 1 月 18 日，当时台湾中华文经协会会长张平沼及台北故宫博物院发言人林天人博士一行来到北京故宫博物院，林天人是在台北故宫博物院院长石守谦"默许"下以"私人"身份到访，双方就两岸故宫互办展览及合作交流事宜进行了商谈，并且将商谈纪要作成备忘录。

[2]《上新了·故宫》第一季于 2018 年 11 月 9 日至 2019 年 1 月 11 日播出，播出期间广受欢迎，还获得第 25 届上海电视节白玉兰奖综艺类最佳电视综艺节目的奖项。第二季是目前仍热播中的电视文化新类型节目，本节目是故宫与北京电视台等影视单位合作出品的创新型文化综艺节目，打破了大家对故宫的刻板印象，"零距离"走进公众视野，每期节目中，嘉宾作为新品开发官跟随故宫专家进宫识宝，探寻故宫历史文化，并与顶尖跨界设计师联手高校设计专业的学生，每期诞生一个引领热潮的文化创意衍生品，打造"创新"与"故宫"相结合的制作模式。

玖　六百岁风华绝代

[1]　在"故宫学"概念提出的前后，郑欣淼院长曾写了《故宫的价值与故宫博物院的内涵》、《关于故宫与故宫博物院》、《紫禁城与故宫学》及《故宫学略述》等相关文章，对这概念进行了深入明确的阐明。其实"故宫学"的酝酿可以追溯到更早的时间，1999年时任国家文物局副局长的郑欣淼参观故宫举办的"清代包装艺术展"，这展览让他十分震惊："那么好的包装，皇家的材质、工艺，本身就是艺术品，却长期被忽视。"他在《我看清代宫廷包装艺术展》一文中谈到，从展览中得到启发，"加强了对文物内涵的理解，拓宽了文物概念"。

故宫大事记

1406年（永乐四年）：明成祖下令仿南京紫禁城营建北京宫殿。

1416年（永乐十四年）：明成祖颁诏迁都北京。

1420年（永乐十八年）：北京紫禁城竣工。

1421年（永乐十九年）：紫禁城成明朝新皇宫，几个月后前三殿被雷击失火焚毁。

1436年（正统元年）：开始重建前三殿及乾清宫，历时10年完成。

1557年（嘉靖三十六年）：紫禁城雷击失火，前三殿、奉天门、文武楼、午门全部被焚毁，至1561年始全部重建完工。

1597年（万历二十五年）：紫禁城雷击失火，烧毁前三殿、后三宫。复建工程直至1627年（天启七年）才完工。

1644年（崇祯十七年）：闯王李自成领军攻陷北京，明朝灭亡。李自成撤退时，紫禁城已有部分毁损不堪使用。同年清顺治皇帝从沈阳迁都至北京。

1683年（康熙二十二年）：开始重建太和殿等建筑，至康熙三十四年（1769年）基本完工。

1735年（雍正十三年）：乾隆皇帝继位，此后60年间紫禁城进行大规模增建和改建。

1813年（嘉庆十八年）：天理教林清率起义军攻打紫禁城。

1860年（咸丰十年）：英法联军侵犯北京，咸丰帝自紫禁城走避热河承德避暑山庄。

1900年（光绪二十六年）：八国联军攻陷北京。八国联军在紫禁城阅兵。

1911年（宣统三年）：武昌起义，清帝退位。逊帝按照与民国政府签订的《清室优待条件》，继续住在紫禁城内。

1923年：建福宫发生火灾，夷为平地。

1924年：冯玉祥发动"北京政变"，驱逐溥仪出宫。

1925年：在紫禁城原址建立故宫博物院。

1933年：故宫博物院文物南迁，以躲避日本侵华战火。

1948年：故宫博物院南迁文物部分运往台湾。

1949年：北平稳定后，故宫博物院恢复开放。

1961年：经国务院批准，故宫被定为全国第一批重点文物保护单位。

20世纪五六十年代，陆续有人提出故宫修建计划，后因种种原因被搁置。

1965年：台北故宫博物院于台北外双溪成立。

1966年：故宫因"文化大革命"关闭。

1971年：故宫重新对外开放。

1987年：故宫被联合国教科文组织列入世界文化遗产名录。

2002年：故宫启动"百年大修"规划，预计2020年全部完工。

2003年：文化部副部长兼故宫博物院院长郑欣淼首次提出"故宫学"

概念。

2009年：两岸故宫博物院首次正式携手合作在台北故宫博物院举办"雍正大展"。

2015年：台北故宫博物院南院在台湾嘉义落成开幕启用。

2022年：预计故宫博物院北院建造完成。预计香港故宫文化博物院落成。

……